"… 두려워하지 말라
나는 네 방패요
너의 지극히 큰 상급이니라"
– 창세기 15:1하 –
OREM IPSUM

이 소중한 책을

특별히 ______________________ 님께

드립니다.

영혼의 오솔길

오늘도 주님 안에서 굳건히 살게 하소서 365

하루하루를 새 빛같이 환한 마음으로
살아가고 싶은 마음을 고백한 글

강영희 지음

나침반

들어가는 글

"주님을 알리고 싶다는 진실한 마음으로…"

평범하고 믿음이 부족한 사람이 감히 믿음에 관한 글을 쓴다는 자체가 매우 죄송하기 그지없습니다.

그러나 주님을 아는 지식이 부족하여 헤매던 전날의 어려움을 경험하면서 주님을 바르게 전하고 싶은 열정이 샘솟아 또다시 글을 쓰게 되었습니다.

'글을 써서 주님을 알리고 싶다'는 진실된 마음으로 다시 용기를 내었습니다. 그리고 '믿음만이 살길'이라는 저의 마음을 담아 한 편, 한 편 써내려간 묵상 글입니다. 믿음도 능력도 부족한 사람이 쓴 글이지만 많이 애독해 주시고 주님의 은혜로 공감이 된다면 글을 쓴 사람으로서 큰 보람이 되겠습니다.

주님을 알기 전의 저는 지금보다 더 외롭고 쓸쓸하고 보잘것없는 사람이었습니다. 그런 저를 사랑으로 보듬고 아껴주시는 주님의 사랑을 보다 많은 사람이 느낄 수 있기를 바라는 마음입니다. 주님의 도우심으로 누군가에게는 사무치게 어려운 일들을 위로하는 작은 힘이 되기를 간절히 소망합니다. 감사합니다.

– 저자 강영희

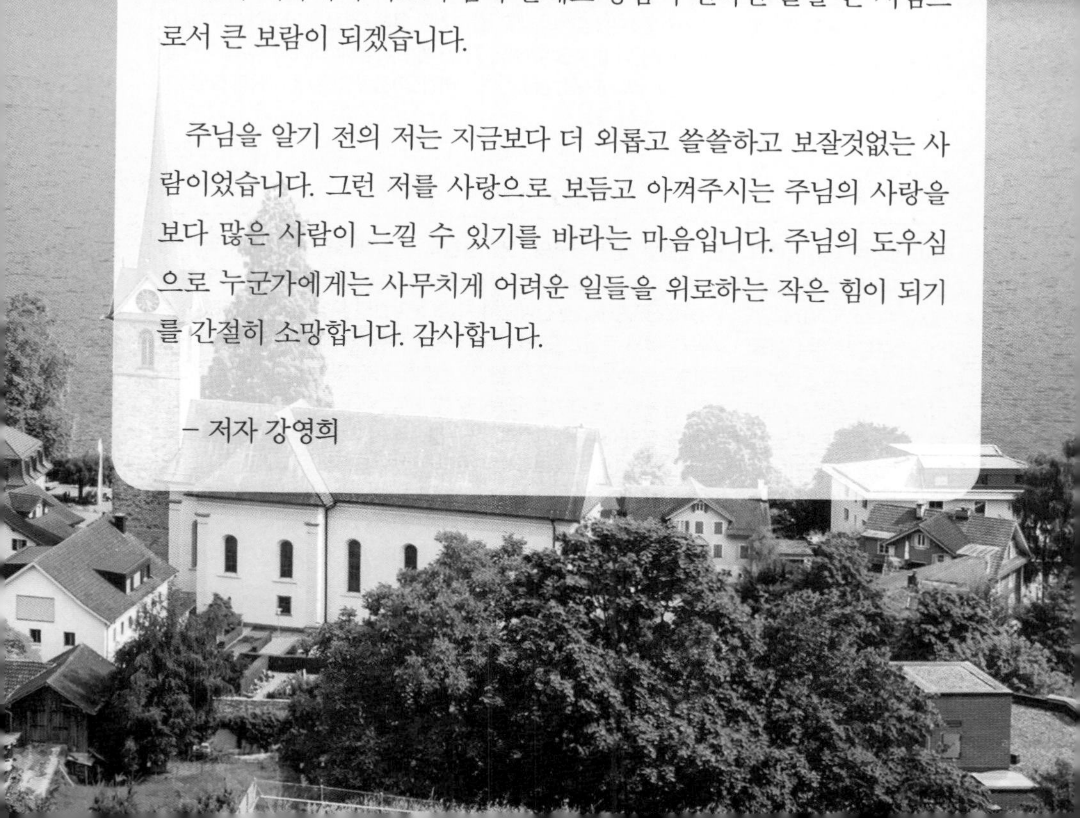

차례

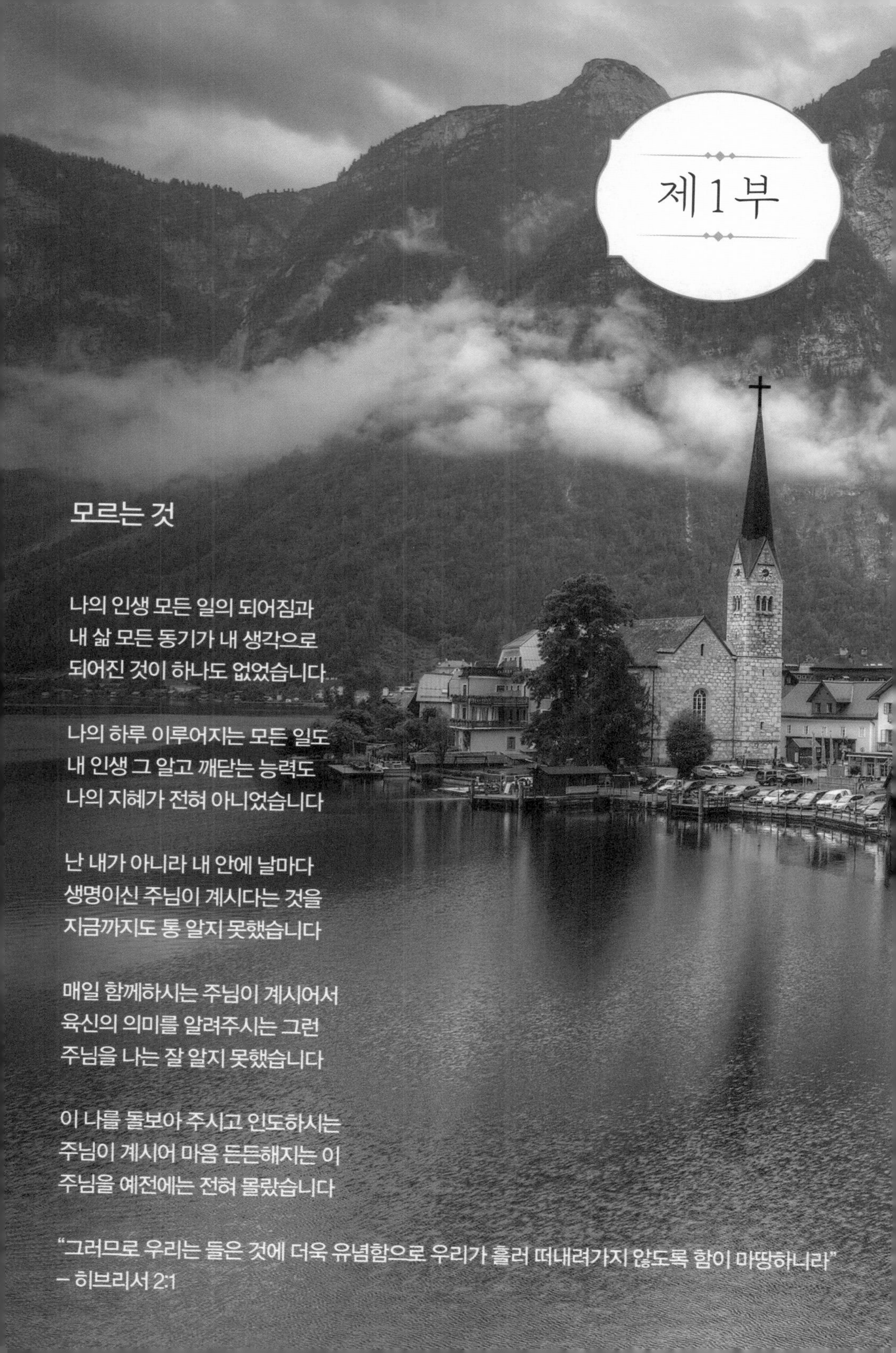

제 1 부

모르는 것

나의 인생 모든 일의 되어짐과
내 삶 모든 동기가 내 생각으로
되어진 것이 하나도 없었습니다

나의 하루 이루어지는 모든 일도
내 인생 그 알고 깨닫는 능력도
나의 지혜가 전혀 아니었습니다

난 내가 아니라 내 안에 날마다
생명이신 주님이 계시다는 것을
지금까지도 통 알지 못했습니다

매일 함께하시는 주님이 계시어서
육신의 의미를 알려주시는 그런
주님을 나는 잘 알지 못했습니다

이 나를 돌보아 주시고 인도하시는
주님이 계시어 마음 든든해지는 이
주님을 예전에는 전혀 몰랐습니다

"그러므로 우리는 들은 것에 더욱 유념함으로 우리가 흘러 떠내려가지 않도록 함이 마땅하니라"
– 히브리서 2:1

001

새 빛

오늘 하루도 밝은 해가 온 땅을 환하게 비추면 마음이 밝아온다. 이 세상, 이 하루는 주님이 주신 날이니 새 빛같이 환한 마음으로 살아가야 한다. 그리고 보고 듣는 것마다 새로워서 주님께 감사만 하면 마음이 편안해진다.
이 편한 마음도, 감정도 믿음으로 해야지 다른 것으로 하면 안 된다. 사람들은 세상에서 피곤하게 살아간다. 그러나 이 하루도 새 빛처럼 빛나는 주님 은혜로 사는 날이라고 생각하면 마음에 기쁨이 온다.
오늘 하루도, 보이는 환경도 모두가 주님이 주신 선물인 것을 아는 이것이 믿음 안에 오는 큰 복이 된다.

사람들은 순간마다 수없이 들어오고 나가는 기복적인 감정을 따라 살아간다. 감정에 이끌리며 살아가는 육신은 매우 연약한 존재가 된다. 오늘도 믿음 안에서 이런 사실을 모른다면 어떻게 주님을 믿을 수 있는지 생각해 보아야 한다. 그러나 이 순간도 새 빛같이 밝게 밝아오는 하루로 받으면 몸도 마음도 가벼워진다. 그리고 이 땅은 주님 은혜로 사는 곳이라는 사실만 알면 편안히 살아갈 마음이 온다.
현재 이 세상을 살아가는 그 자체만으로도 주님 앞에 감사한 마음이 오면 이 하루도 새 빛처럼 밝게 빛나니 이것이 믿음 안에 오는 큰 복이 된다.

"빛은 실로 아름다운 것이라 눈으로 해를 보는 것이 즐거운 일이로다" – 전 11:7

새 마음

오늘 하루는 주님이 주신 날이다.
새로운 날인 오늘은 믿음으로 시작하는 날이니 기쁘게 받아야 한다.
또 주님 은혜로 사는 이 하루는 어제보다 중요한 날이니 더 보람있게 살아가야 한다.
이 세상의 그 하루는 주님이 주신 복된 날임을 아는 사람은 이 날을 감사로 받아야 한다. 그리고 육신은 한계가 있는 존재이나 이 좋은 믿음을 주신 주님을 아는 사람은 주님을 의지하는 믿음으로 나아가야 한다.

오늘도 주님께 받은 축복 된 날인 것만 알아도 삶의 의미는 크게 달라진다.
주님은 이 땅에서 살아갈 능력을 주신다. 그리고 주님 은혜로 세상에 태어난 사람은 주님을 믿어야 한다.
오늘도 새롭게 열리는 새 날을 맞이하면 믿음으로 사는 일이 무엇을 말하는지 알게 된다. 또 오늘 하루도 새 마음으로 받으면 마음에 기쁨이 온다. 그러나 세상 그 삶에 여러 가지 사건이 오면 혼자는 도저히 살아갈 수 없는 곳이나 주님과 동행하면 편안히 살아갈 마음이 온다.
오늘도 이 세상 그 삶은 믿음 안에서 새 마음으로 사는 날인 것을 아는 사람은 주님을 따른다.

"하나님이여 내 속에 정한 마음을 창조하시고 내 안에 정직한 영을 새롭게 하소서" – 시 51:10

003

새 날

사람들은 오늘 하루도 무슨 일이 일어날지 알 수 없는 미지의 세계를 살아간다. 그러나 그 삶 속에 갑자기 어려운 문제가 오면 그때는 어떻게 해야 할지 생각해 보아야 한다.
세상 그 매사에 보고 느끼는 모든 일도 주님이 아신다는 것을 아는 사람은 주님을 붙든다. 그리고 주님을 믿음으로 세상을 살아갈 힘이 오면 믿음의 소중함을 알게 된다.
이 세상 그 인생 자체는 매우 바쁘고 고단하나 복의 근원이신 주님을 믿으면 기쁘게 살아갈 힘이 온다. 세상에서 보고 느끼는 모든 것도 주님이 주시는 복임을 아는 사람은 이날을 감사로 받아야 한다.

주님이 세상을 살아갈 힘을 주시는 이유는 믿음으로 살아야 한다는 응답으로 받는다. 그러나 살아가다가 삶의 방향을 잃거나 어려움이 온다면 그것을 어떻게 해결해야 할지 그 해답을 믿음 안에서 찾아야만 한다. 그리고 믿음만이 온 삶에 능력이 된다는 사실을 아는 사람은 주님을 믿어야 한다.
이 세상 그 하루는 주님 은혜로 사는 새 날임을 아는 사람은 믿음을 붙든다. 오늘도 주님을 따르는 믿음만이 삶에 큰 힘임을 아는 사람은 주님을 의지해야 한다.

"너는 내일 일을 자랑하지 말라 하루 동안에 무슨 일이 일어날는지 네가 알 수 없음이니라" – 잠 27:1

새 힘

이 세상 어려움을 아는 사람은 주님을 붙든다.
현재 믿음이 무엇인지 아는 사람은 주님을 따라가야 한다.
오늘 하루 되어가는 모든 일도 주님이 도와주신다는 것을 아는 사람은 주님을 의지해야 한다.
사람이 주님을 믿으면 주님은 그의 믿음을 기쁘게 여겨주신다.
그리고 주님을 마음에 모시면 주님은 생각지 못하는 기이한 길을 열어주시고 그 삶에 은혜를 더해 주신다.
오늘도 세상에서 힘들고 어려울 때 주님을 의지하는 믿음은 그 무엇과도 비교할 수가 없다.

오늘 하루도 삶 속에 오는 놀라운 주님의 은혜는 믿음이 아니고서는 알 수가 없다. 이 세상 그 사는 환경은 매우 힘드나 주님을 믿으면 비록 가난하고 어려워도 행복한 삶이 된다. 이 세상 그 하루는 늘 피곤하나 믿음 안에 오는 주님 은혜는 삶에 큰 위로가 된다. 이 귀한 믿음을 아는 사람은 이 은혜의 주님을 아니 즐겁게 살아가야 한다.
이 세상 그 가는 길에 그 어떤 어려움이 와도 주님만이 삶에 새 힘이 되신다는 것을 아는 사람은 주님을 붙든다.

"소년이라도 피곤하며 곤비하며 장정이라도 넘어지며 쓰러지되 오직 여호와를 앙망하는 자는 새 힘을 얻으리니 독수리가 날개치며 올라감 같을 것이요" – 사 40:30–31(상반절)

005

믿음의 담대함

믿음은 영혼의 윤활유다.
믿음은 영혼을 편안한 곳으로 이끌어 준다.
주님을 믿으면 마음에 담력이 와서 어떤 어려운 일도 다 이겨지는 이것이 믿음 안에 오는 능력이 된다. 믿음으로 매사에 복음을 생명의 희소식으로 듣는 사람은 복음을 따라 담대하게 살아간다.
험한 세상, 인생의 파편이 난무한 곳에서 의지할 분은 오직 주님 한 분뿐이다. 그리고 세상 사람들은 삶의 문제를 육신의 힘으로 해결하려고 애를 쓰나 육신은 한계가 있는 존재임을 알지 못한다. 세상 삶 속에서 불가항력적인 문제가 오면 그때는 어떻게 해야 할지 미리 준비하지 못한다.

큰 어려움이 와서 마음이 답답할 때면 믿음만 되어도 그리 슬프지 않게 살 수 있을 것이다. 그러나 진실하게 주님을 믿으려고 애를 써도 그 믿음이 잘 되지 못한다.
이렇게 믿음이 어린 사람이 주님을 의지하고 산다는 것은 매우 기상천외한 사건이다. 오늘도 그 삶이 힘들고 어려운 사람은 주님을 믿어야 한다.
인생에 대한 소망이 없는 사람이 주님을 믿음으로 담대하게 살아갈 힘이 오면 이것이 삶에 큰 도움이 된다.

"악인은 쫓아오는 자가 없어도 도망하나 의인은 사자 같이 담대하니라" – 잠 28:1

006

믿음의 소원

사람들은 많은 생각을 가지고 살아간다.
의욕이 많은 사람은 성공 지향적으로 나아가면서 세상 욕망을 관철하기 위해 전력을 다한다. 그리고 거기서 잘 되면 좋아하고 실패하면 낙심한다. 하지만 낙심할 때가 되면 앞으로 어떻게 해야 할지 돌아보아야 한다.
사람이 주님을 믿으려면 육신의 능력과 온 삶을 주님께 맡겨야 한다. 그동안 육신의 뜻과 결단으로 살아온 삶의 방향을 주님을 믿는 믿음으로 돌려야 한다. 세상에 태어나 사는 그 의미가 무엇인지 아는 사람은 이 믿음을 깊이 생각해 보아야 한다.

믿음으로 살아가려면 마음을 주님께 맡겨야 한다.
그리고 믿음 안에 오는 주님 은혜를 모른다면 삶의 의미를 다시 생각해 보아야 한다.
사람이 그 믿음이 바르지 못하면 삶도, 마음도 바르지 못해 문제가 된다. 그러나 주님을 소원하는 믿음은 온 삶을 행복하게 해준다. 이 세상 육신이 허무한 사람은 믿음이 귀하다는 것을 알아야 한다.
오직 주님을 믿고 주님을 소원하는 참된 믿음만이 구원으로 들어가는 거룩한 길임을 깨달아야 한다.

"의인의 소원은 오직 선하나 악인의 소망은 진노를 이루느니라" – 잠 11:23

007

믿음의 실상

사람은 하나님의 예정하심을 따라 태어났다.
하나님 예정 속에 태어난 사람은 하나님을 믿어야 한다.
이 좋은 믿음을 아는 사람은 주님을 붙든다. 그리고 주님을 바르게 믿으려면 온 삶의 목적을 믿음에 두어야 한다. 그런데 아직 주님이 누구인지 알지 못하고 세상만 알고 사니 문제가 된다.
또 예수님이 누구신지 모른다면 저 높으신 하나님을 아는 길도 사라진다.
믿음은 매우 실질적이고 현실적인 진리에 기초한다. 그러나 그 인생의 목적을 믿음에 둔 사람은 이 믿음을 소중하게 여겨야 한다.

사람들은 주님이 하나님의 아들 되심을 믿는다.
그리고 주님을 믿으면서 '나는 왜 사는가?' , '세상 삶에 그 행복은 과연 무엇인가?' '믿음은 무엇인가?'에 대해 고민하면서 교회를 다닌다. 그러나 세상은 악하게 살아도 장수하며 행복하게 사는 사람도 많다.
사람들은 이런 불합리한 세상을 살아가지만 어떻게 사는 삶이 바른지를 아는 사람은 믿음을 붙든다.
믿음은 하나님 아들이신 주 예수 그리스도를 따르는 삶을 말한다.

"믿음은 바라는 것들의 실상이요 보이지 않는 것들의 증거니" — 히 11:1

믿음의 때

믿음이 무엇인지 아는 사람은 마음 관리를 잘한다.
삶의 한계와 육신의 무기력을 경험한 사람은 주님을 의지한다. 그리고 무모한 육신의 어떠함과 무가치함을 아는 사람은 믿음이 무엇을 말하는지 돌아보아야 한다. 사람이 늘 불의, 불안, 불만으로 살아간다면 속히 거기서 벗어나는 길은 믿음밖에 없다. 그리고 이 헛된 세상을 보면 세상은 그리 믿을 것이 되지 못한다.
검은 유혹이 수시로 설치는 세상을 경험한 사람은 세상도 삶도 믿음이 아니면 아니라는 것을 깨닫는다.

믿음은 쉬운 일은 아니나 주님을 믿으면 주님 은혜로 사는 날이 돌아온다. 그러나 진실하게 주님을 믿는 일은 아무나 하는 일이 아니다. 잘 믿으려고 마음을 주님 앞으로 돌리는 일도 누구나 하는 일이 아니다.
주님을 믿으려면 이 땅에서 사는 동안 믿음의 기회를 놓치지 말고 주님 앞으로 나아가야 한다.
세상과 육신만 아는 사람이 믿음이 무엇인지 알려면 주님 안으로 들어가서 주님을 경험해야 한다. 또 주님을 믿고 따르면 기쁘게 사는 날이 돌아온다는 것을 믿어야 한다.

"믿음이 오기 전에 우리는 율법 아래에 매인 바 되고 계시될 믿음의 때까지 갇혔느니라" – 갈 3:23

009

성도의 능력

처음 주님을 믿을 때는 그 예배가 좋고 말씀이 좋아서 기쁘게 교회에 다닌다. 그러나 세월이 흐르면 예배도 무의미해지고 마음도 멀어지니 문제가 된다.

주님을 믿으려면 항상 좋은 일만 있는 것이 아니라 믿음의 상승과 하락의 과정을 겪어야 한다.

사람이 믿음이 어려서 방황하는 것을 보면 믿음은 진실한 마음이 없으면 안 된다는 것을 깨닫는다. 그러나 믿음은 하락의 과정에서도 자란다. 믿음은 올라갈 때뿐 아니라 내리막길에서도 꾸준히 주님을 믿어야 한다.

믿음은 육신의 능력으로 되지 못하고 세상도 사람도 마음대로 움직여 주지 않는다. 믿음은 매우 오묘해서 육신의 자의대로 되지 않는다. 사람들은 믿음이 깊어지려고 새벽에 교회를 찾고 기도원에 가고 성경공부를 하면서 애를 쓴다. 그러나 믿음 안으로 들어가는 길은 요원해서 육신의 방법이나 지혜로는 되지 않는다.

보이는 세상이 아니라 보이지 않는 거룩한 진리의 세계로 들어가는 믿음은 거저 되지 않는다. 그러나 그 어떤 어려움이 와도 상관없이 주님을 믿으면 믿음의 능력으로 사는 날이 돌아올 것을 기대해야 한다.

"너희 믿음이 사람의 지혜에 있지 아니하고 다만 하나님의 능력에 있게 하려 하였노라"
– 고전 2:5

성도의 충성

이 세상은 매우 냉정하다.
사람이 잘해 주지 않으면 모두 떠나는 이런 일은 마음에 고통이 된다.
타인에게 잘해야 함을 알면서도 다른 사람에게 잘해 주지 못하는 나 스스로를 보면 많이 변해야 한다.
바꾸어 말하면 사람은 하나님을 대적하면서 살아가는 존재다.
그러나 하나님은 살아 계신 분이라는 사실을 안다면 속히 하나님 앞으로 돌아가야 한다.
거룩하신 하나님을 알지 못하고 보이는 세상만 알고 세상을 따라가면 인생은 크게 살 맛이 나지 않는다.

이 세상은 매우 황량하고 무정한 것으로 가득하다.
믿음을 모르는 사람은 허전한 마음을 이기려고 세상 즐거움을 찾아다니나, 사람이 주님을 잘 믿으려면 세상을 너무 좋아하면 안 된다. 세상에서 그 인생이 행복해지려면 주님을 믿어야 한다.
외롭고 고독한 사람이 주님께 전념하는 믿음은 온 삶을 생기있는 곳으로 이끈다. 그리고 주님께 마음을 드리고 충성하다가 맛보는 믿음의 기쁨은 삶에 큰 힘이 된다.
세상만 알던 사람이 그 인생도 주님의 것이라는 사실을 안다면 주님께 충성하는 삶으로 나아가야 한다.

"그리고 맡은 자들에게 구할 것은 충성이니라" – 고전 4:2

011

성도의 바른길

세상 삶은 고난의 연속에 들어있다.
세상 어려움 속에 든 사람은 육신의 피곤함을 경험한다.
그러나 주님을 믿으면 피곤한 몸도 마음도 다 이기는 이것이 믿음 안에서 오는 기쁨이 된다.
사람이 주님을 믿으려면 삶도 마음도 진실해야 한다.
세상이 좋으면 세상밖에 모르고 살아갈 사람이 주님을 믿는 삶은 기적과 같은 일이 된다. 그리고 세상 삶의 어려움을 아는 사람은 이 믿음을 붙들어야 한다.

인생은 외로움 그 자체로 부자나, 가난하나에 상관없이 누구나 다 외로움을 겪는다. 세상 삶이 외롭고 어려울 때마다 주님을 붙드는 믿음은 마음을 편안하게 해준다. 그 믿음이 생명을 살리는 길임을 아는 사람은 시간을 헛되게 보내면 안 된다.
세상에서 가난하거나 부자이거나 상관없이 오직 주님 한 분으로 만족한 삶이 되면 그의 인생은 행복하게 된다. 세상은 요란하고 말은 많은데 주님을 믿으면 그 믿음이 그를 행복한 곳으로 인도해 준다.
성도는 이 귀한 믿음으로 사는 삶을 아는데 무엇을 더 가져야 하고 무엇을 더 구해야 하는지 생각해 보아야 한다.

"또한 너는 청년의 정욕을 피하고 주를 깨끗한 마음으로 부르는 자들과 함께 의와 믿음과 사랑과 화평을 따르라" – 딤후 2:22

성도의 도리

사람은 주님을 잘 믿어야 한다.
그리고 믿음이 되려면 육신 안에 깊이 감추어진 은밀한 것을 찾아내고 일깨워야 한다.
사람들은 바르게 살면 된다고 생각한다. 그러나 믿음은 외적인 행위보다 온몸과 온 마음으로 믿음의 진실을 찾아가야 한다. 세상 그 무엇도 일깨울 수 없는 신비한 진리의 세계가 믿음 안에 깊이 감추어졌다는 사실을 아는 사람은 주님을 따라가야 한다.
또한 믿음은 육신의 호기심만으로 들어갈 수 없으나 육신의 지적이고 예리한 호기심과 판단력은 믿음의 첫 단계에서는 매우 유용하다.
믿음은 육신의 힘과 능력으로는 되는 것이 조금도 없다는 것을 경험한다. 성도가 주님이 어떤 분인지, 하나님이 누구신지 알기까지는 시간이 매우 오래 걸린다.
하나님의 어떠하심과 하나님을 믿을 때 오는 복이 무엇인지 알려면 믿음 안으로 들어가 보아야 한다.
세상 지식은 인생을 살아가는데 매우 중요한 요소가 되나 믿음의 요점은 주님을 믿어야 산다는 것이다. 이 말은 매우 단순하나 그 말속에 내포된 주님을 아는 지식은 인간의 상상을 초월한다. 그리고 주님의 진리가 온몸에 입혀지기까지 나아가려면 성도의 도리가 무엇인지 생각해 보아야 한다.

"그러므로 우리에게 큰 대제사장이 계시니 승천하신 이 곧 하나님의 아들 예수시라 우리가 믿는 도리를 굳게 잡을지어다" – 히 4:14

013

마음 성전

믿음은 마음을 중요하게 여긴다.
그 이유는 바로 마음이 주님이 들어와 사시는 거룩한 성전이기 때문이다. 그런데 사람들은 마음을 모르고 육신에 반응하면서 육신이 원하는 대로 살아간다. 그러나 사람들 생각이 자리 잡은 곳이 마음이니 마음 관리를 잘해야 한다.
사람들은 마음의 느낌 대로 살아가면서 이 마음이 무엇을 말하는지 미처 생각하지 못한다. 사람이 주님을 믿으려면 이 육신과 마음을 바르게 단속해야 한다.

주님께 나아가 예배를 드리는 것도 마음을 드리는 것이고, 주님께 마음을 맡기는 일도 진실한 믿음으로만 된다. 주님을 믿으려면 마음에 관심을 가져야 한다. 그리고 마음 안에 들어오고 나가는 것과 마음에 느끼는 것이 무엇인지 늘 살펴보아야 한다.
사람의 마음을 들여다보면 좋지 않은 생각이 넘쳐나고 나쁜 감정이 가득 들어있는 것을 안다. 이런 마음의 불의함을 안다면 주님이 아니고는 살아갈 수 없는 죄인이라는 사실을 깨달아야 한다. 믿음으로 이 불의한 마음을 단속하는 일이 마음 성전이 바르게 세워지는 참된 길이 된다.

"누구든지 하나님의 성전을 더럽히면 하나님이 그 사람을 멸하시리라 하나님의 성전은 거룩하니 너희도 그러하니라" – 고전 3:17

마음 지키기

사람들은 주위 환경에 둘러싸여 보고 듣고 느끼면서 살아간다. 그리고 마음을 보면 날씨처럼 기복이 심한 것을 깨닫는다. 비바람과 번개 치는 날씨처럼 마음도 변덕이 많은 것을 안다. 사람들은 마음은 늘 그러거니 하면서 이 느낌을 간과하면서 살아간다. 그러나 주님을 믿으려면 마음을 돌아보아야 한다. 믿음이 어릴 때는 나쁜 일을 보면 죄라고 생각하나 주님을 믿으려면 이 혼탁한 마음을 보아야 한다.

사람은 자신의 마음이 바르지 않음을 깨달아야 한다. 육신은 제 마음 하나 마음대로 단속하지 못하는 사람이다. 그런 사람이 다른 이가 먼저 마음을 열어주기를 바란다. 그러나 다른 이에게 마음 한 곳도 내주지 못하면 사람 관계는 멀어진다. 사람이 믿음으로 살아가려면 마음이 무엇인지 아는 것이 매우 중요하다. 주님을 믿으려면 마음을 잘 살펴보아야 한다. 믿음을 모르는 육신은 마음의 느낌으로 살아가면서 마음대로 행동한다. 그러나 사람이 이 마음을 잘 챙기면 그 일이 창대한 믿음으로 이끄는 중요한 힘이 된다.

"입에서 나오는 것들은 마음에서 나오나니 이것이야말로 사람을 더럽게 하느니라"
– 마 15:18

015

마음 시선

오늘도 창가에 놓인 꽃을 보면서 하루를 시작한다.
아름다운 꽃을 보면 답답한 마음이 환하게 밝아온다.
마음을 환하게 밝혀주는 꽃을 보면 꽃의 순진함에 매료된다.
그것을 보면 사람이 무엇을 보느냐에 따라서 감정과 느낌이 달라짐을 깨닫는다. 추한 것을 보면 추하게, 아름다운 것을 보면 아름답게 변하는 마음을 보면 좋은 모습을 많이 보아야 한다.
오늘도 성도는 마음 시선이 어디로 향하는지 점검해야 한다.
밝은 꽃처럼 굴절이 없이 바르게 사물을 바라보고 있는지 보아야 한다.

생각해 보면 아름다운 꽃을 보면서 시작되는 하루는 주님이 주신 선물이다.
사람은 그 무엇을 보고 느끼냐에 따라서 마음이 달라진다. 그리고 사람이 주님을 믿으려면 마음 관리를 해야 하고 마음을 잘 지키려면 마음 시선을 믿음에 맞추어야 한다.
성도가 마음 시선을 주님께 맞추면 믿음은 점차 자란다.
믿음은 주님을 믿는다는 말로 되지 않는다. 믿음이 말로만 되지 못함을 아는 사람은 마음을 중요하게 생각해야 한다. 마음이 바로 주님이 들어와 사시는 거룩한 성전임을 아는 사람은 마음 시선을 주님께 잘 맞춰야 한다.

"하나님이여 사슴이 시냇물을 찾기에 갈급함 같이 내 영혼이 주를 찾기에 갈급하니이다" – 시 42:1

하나님 자녀의 사랑

날씨가 매일 바뀌는 것처럼 세상은 수시로 바뀐다.
이 세상에 영원한 것은 아무것도 없다. 사람은 서로 사랑한다고 말해도 인간의 사랑은 영원하지 않음을 누구나 다 안다. 세상에서 참된 사랑은 하나님 사랑뿐이다.
하나님은 그 인생이 멸망으로 내려가는 길을 보시고 긍휼히 여기시어 이 땅에 독생자이신 아들 예수님을 보내 주셨다. 하나님은 그 죄로 죽을 수밖에 없는 죄인을 십자가 부활 사건을 통해 구해 주시고 하나님 자녀로 삼아주셨다.
하나님의 자녀에 대한 지극한 사랑을 알려면 하나님 자녀의 의미가 무엇인지 알아야 한다.

하나님을 믿으려면 하나님과 깊은 관계 안으로 들어가야 한다.
하나님과 깊은 관계 안으로 들어가 하나님 자녀가 되면 하나님은 사랑 자체라는 것을 알게 된다. 그리고 사람들이 "너희 믿음이 어디에 있는가?"라고 묻는 것은 하나님 사랑을 얼마나 경험했는지와 관련되어 있다.
하나님을 모르는 사람은 하나님과의 사이도 친밀감이 낮아서 하나님 사랑이 무엇인지 깨닫지 못한다.
믿음은 하나님 자녀가 하나님을 사랑하면서 가는 길이다. 그러나 그 인생을 아시고 찾아오시는 하나님 사랑만이 사람을 행복하게 해준다는 사실을 아는 사람은 믿음을 붙든다.

"보라 아버지께서 어떠한 사랑을 우리에게 베푸사 하나님의 자녀라 일컬음을 받게 하셨는가…" – 요일 3:1(상반절)

017

하나님 자녀의 삶

사람들은 여행을 좋아한다. 자연을 바라보고 문화, 문명의 자취를 더듬고 음악을 들으면서 예술 세계에 빠진다. 그리고 국내 여행을 다니다가 양이 안 차면 해외여행을 다닌다.
그런 이에게 주님은 말씀하신다.
"너희가 무엇을 보려고 광야에 나갔더냐 바람에 흔들리는 갈대냐"(마 11:7)
그렇다. 사람은 주님을 찾아다니는 것이 아니라 높고 좋은 옷을 입은 이를 만나서 먹고 마시는 일을 즐거워한다. 그러나 그들과 먹고 마신 다음에 집으로 돌아오는 발걸음이 허전하다면 참된 만남이 아니라는 의미가 된다.

사람이 주님을 믿으려면 무엇을 따라가야 하는지 돌아보아야 한다. 하나님 자녀가 추구하는 믿음은 하나님을 만나서 하나님과 같이 하나님 안에 사는 삶을 말한다. 사람들은 이 믿음의 의미를 모르고 좋은 곳을 따라다니며 즐기고 사니 문제가 된다.
오랫동안 하나님을 믿어도 속에서 누리는 하나님을 모르니 세상만 알고 세상을 따라간다. 그러나 하나님 자녀로 살아가려면 하나님 자녀의 할 일이 무엇인지 보아야 한다.
성도가 하나님 자녀가 되려면 하나님 자녀(롬 9:8)의 의미가 무엇인지 생각해야 한다.

"하나님께 가까이 함이 내게 복이라 내가 주 여호와를 나의 피난처로 삼아 주의 모든 행적을 전파하리이다"– 시 73:28

하나님 자녀의 본분

세상에서 가장 좋은 만남은 주님 한 분뿐이다.
그러나 믿음이 안되어 주님을 잘 믿지 못했다면 믿음이 적은 그날을 되돌아보아야 한다.
믿음 없이 혼자서 모든 일을 해결하려던 헛된 시간만 흘렀다면 그 삶을 다시 생각해 보아야 한다. 그리고 어느 날 무심히 집어든 성경책에 마음을 쏟으면서 말씀을 읽는 시간이 지나간다.
또 시간과 장소를 준비하고 주님께 나아가 기도를 한다.
주님을 믿음으로 주님 은혜가 들어오면 마음이 편안해진다. 그러나 믿음을 취미로 알고 성경도 책상 위에 놓아둔 장식품이라고 여긴다면 믿음이 안된 그날을 다시 생각해 보아야 한다.

세상은 보이는 것을 따라가지만 이 보이지 않는 곳을 찾아가는 일이 믿음으로 가는 길이다. 남이 모르는 거룩한 길을 찾아가는 믿음은 아무에게나 주어지지 않는다.
사람이 믿음으로 산다고 해도 하나님 자녀의 본분을 모른다면 믿음이 자라는 길은 나타나지 않는다. 그리고 그 하나님 자녀의 본분이 무엇인지 알려면 믿음 안으로 들어가 보아야 한다.
그 전날 하나님을 모르는 속수무책의 시간만 지나갔다면 그 안된 믿음을 다시 생각해 보아야 한다. 사람이 바른 믿음이 되려면 하나님 자녀의 본분이 무엇인지 다시 생각해야 한다.

"너희는 다시 무서워하는 종의 영을 받지 아니하고 양자의 영을 받았으므로 우리가 아빠 아버지라고 부르짖느니라" – 롬 8:15

019

생수 같은 믿음

오늘 하루도 돌아보니 시간에 따라서 계획을 세우고 시간에 맞추어 깨고 일어난다. 그렇게 하루가 가지만 그 인생 그 하루는 늘 의미 없이 지나간다.
시간을 따라 반복되는 하루는 주님께 받은 은혜의 선물이다. 그러나 사람들은 은혜의 주님을 알지 못하고 허전한 마음을 풀려고 세상 즐거움을 따라다닌다.
세상에서 아무리 애를 써도 풀리지 않는 마음이 허전한 사람에게 주님은 말씀하신다.
"내가 주는 물을 마시는 자는 영원히 목마르지 아니하리니 그 물은 속에서 영생하도록 솟아나는 샘물이 되리라"(요 4:4)

마음이 빈 사람은 빈 삶을 채우려고 세상 즐거움을 좇아 다닌다.
이 세상 그 무엇으로도 채울 수 없는 허전한 마음이 영혼을 황폐한 곳으로 이끌면 힘들게 살아가야 한다. 그 인생의 허무함을 아는 사람은 여기서 벗어나는 길이 무엇인지 보아야 한다.
아무리 애쓰고 힘써도 안 되는 허전한 마음을 해결하는 방법이 무엇인지 아는 사람은 믿음을 붙든다. 영원히 목마르지 않게 해갈시켜주는 은혜의 생수로 가득 채우는 길은 믿음밖에 없다. 늘 마음이 비고 목이 마른 사람은 은혜의 생수이신 주님을 찾아가야 한다.

"나를 믿는 자는 성경에 이름과 같이 그 배에서 생수의 강이 흘러나오리라 하시니"
– 요 7:38

아름다운 믿음

오늘도 무심히 창밖을 바라본다.
파랗고 푸르게 변하는 자연을 보면 마음도 푸르게 변한다.
겨울이 가고 봄이 오면 수목들은 하늘을 향해 힘차게 솟아오른다. 말없이 파릇파릇 초록빛 날개를 흔들면서 하나님을 향해 영광을 돌린다. 그러나 하나님 형상을 입고 태어난 사람은 우주 만물의 창조주가 계심을 기억도 하지 못한다.
하나님을 믿어야 하는데 하나님을 알지 못하니 하나님을 믿지 못한다.
자연은 눈여겨보는 이도 없는데 하늘에서 내리는 비에 온몸을 흠뻑 적시면서 하늘을 향해 높이 높이 자라는 모습을 보면 슬며시 부러운 마음이 든다. 푸른 숲과 자연을 보면 하나님 은혜가 아닌 일이 없는 것을 깨닫는다.

사람이 주님을 믿는 일 또한 하나님 은혜로만 된다.
알게 모르게 환하게 미소짓는 푸른 자연을 바라보면 세상 만물도 하나님이 창조하신 선물임을 안다. 그런 하나님을 아는 사람은 나무처럼 믿음의 뿌리를 내리고 씩씩하게 높이 높이 믿음이 자라야 한다.
하나님 안에 영원히 사는 아름다운 나라가 있는 것을 안다면 이 소중한 믿음 안으로 들어가기 위해 하나님 앞으로 속히 달려가야 한다.

"내가 여호와께 바라는 한 가지 일 그것을 구하리니 곧 내가 내 평생에 여호와의 집에 살면서 여호와의 아름다움을 바라보며 그의 성전에서 사모하는 그것이라" – 시 27:4

021

진실한 믿음

세상에서는 진실한 사람을 만나기가 매우 어렵다.
세상에서 진실한 사람을 만나기가 얼마나 어려운지 아는 사람은 믿음을 붙든다. 이런 실패의 경험은 진실한 사람을 만나려고 애쓰는 일도 부질없는 것을 안다. 그러나 다른 사람보다 자신이 먼저 진실한 사람이 되어야 한다.
사람들은 진실한 사람 하나를 만나기 어려운 세상에서 살아간다. 그러나 나 하나라도 먼저 진실한 사람이 되지 않으면 진실한 사람은 영원히 만나지 못한다.

주위에 사람이 많이 있다 해도 본심을 육신에 맞추면 사람 관계는 오래가지 못한다. 그러나 세상에서 진실하신 분은 오직 주님 한 분이라는 사실을 깨달은 사람은 주님을 붙든다. 세상에는 영원한 것이 아무것도 없다.
아무리 진실한 사람도 시간이 지나면 다 사라진다. 그러나 주님을 믿으면 삶에 큰 도움이 된다. 주님은 진실하고 거룩하신 분으로 주님과 깊은 관계를 맺으면 행복하게 사는 날이 온다.
주님은 사람의 성정을 다 아는 분이시다.
사람의 마음을 다 아는 주님께 날마다 마음을 드린다면 진실하게 믿음으로 사는 날이 돌아올 것을 기대해야 한다.

"정직하게 행하며 공의를 실천하며 그의 마음에 진실을 말하며" – 시 15:2

인내하는 믿음

인생이란 무엇인가?
인생이란 곧 인내하는 것이다.
삶 속에 인내하는 법을 모르면 고난이 와도 오래 견디지 못한다. 오래 참는 미덕을 모르면 마음은 무너지고 낙심해야 한다. 사람이 세상 어려움으로 힘들 때 인내하는 힘을 모른다면 인내한 후에 오는 평안도 알지 못한다. 그 인생이 힘든 고난을 통과하려면 인내가 필요하다.
세상에서 계획된 일이 이루어지는 것도 떠나간 사람이 돌아오기를 기다리는 것도 다 인내하는 훈련 속에 들어있다. 고난의 때에 긴 인내의 터널을 넘는 힘을 알지 못하면 삶도 인생도 성공으로 나아가지 못한다.

인내의 미덕을 아는 사람은 오래 참는다.
세상도 육신의 힘으로 되는 것이 조금도 없는 것을 경험한 사람은 오래 참아야 한다. 그리고 잠잠히 주님 앞으로 나아가는 인내의 영성을 모르면 진실한 믿음이 되지 못한다.
그런데 그 인생에 왜 문제가 와서 사람 마음을 힘들게 하나….
그러나 사람이 주님을 믿으려면 인내하면서 주님을 따라가야 한다. 사람들은 세상에서 시련의 쓴맛을 경험하나 그 일도 믿음을 세우는 훈련 방법이라는 사실을 안다면 인내하는 믿음으로 나아가야 한다.

"모든 것을 참으며 모든 것을 믿으며 모든 것을 바라며 모든 것을 견디느니라"
– 고전 13:7

023

육신의 의미

사람들은 육신인 몸으로 살아간다.
육신이라는 말은 한마디로 '주 예수 그리스도 밖에 있는 몸의 상태'라고 정의할 수 있다.
하나님을 모르는 육신은 일마다 때마다 매우 정욕적이고 탐욕적으로 나아간다. 사람들은 육신의 욕망으로 나아가면서 누구에게도 지배받는 것을 싫어한다. 믿음을 모르는 사람은 육신으로 나아가면 다 되는 줄 안다. 이 육신이 주도하는 삶이란 혼과 몸의 오감을 통하여 보고 느끼고 반응하면서 사는 일을 말한다. 그리고 혼은 육신의 자아를 통하여 세상과 관계를 맺는 인간의 심리구조를 말한다.

육신 안에는 하나님을 아는 지식이 내재되어 있다.
사람이 하나님을 믿으려면 하나님을 아는 지식으로 나아가야 한다. 그리고 주님을 믿으려면 어둠에 둘러싸인 혼미한 육신을 믿음으로 깨워야 한다. 세상 죄로 굳은 육신이 주님을 믿으려면 육신을 깨우는 진실한 믿음으로 나아가야 한다. 사람은 육신의 생각을 따라가는 독립적인 존재로 육신의 요구를 수종 들면서 살아간다. 또 성도는 육신을 섬기면서 주님을 섬기는 이중적인 사람으로 살아가나 믿음으로 살아가려면 세상 검은 죄에 빠진 육신을 깨우고 일으켜야 한다.

"그러므로 형제들아 내가 하나님의 모든 자비하심으로 너희를 권하노니 너희 몸을 하나님이 기뻐하시는 거룩한 산 제물로 드리라 이는 너희가 드릴 영적 예배니라"
– 롬 12:1

육신의 모습

사람은 육신인 몸을 통하여 세상과 관계를 맺는다.
그리고 성도는 믿음을 통하여 하나님과 관계를 맺고 살아간다.
사람의 육신은 혼의 생각 즉 지성과 감정과 의지의 결단으로 나아간다. 사람은 육신에 예속되어 육신의 생각으로 나아간다.
또 육신은 하나님이 누구신지, 예수 그리스도가 무엇을 말하는지 전혀 알지 못한다.
이 육신이란 말은 검은 죄에 둘러싸인 죄인의 모습을 말한다.
성도가 주님을 믿는다고 말해도 육신만 알고 육신 중심으로 산다면 믿음은 늘 한쪽으로 밀려난다.

육신의 모습을 모르는 사람은 주님도 알지 못한다.
주님을 믿어야 하는데 육신 중심으로 사니 바른 믿음으로 나아가지 못한다. 또 섬기는 사람도 바쁘게 돌아가는 일정에 밀려서 주님을 마음 중심에 모시지 못한다. 육신은 세상을 따라 멸망의 길로 내려가도 그 사실을 깨닫지 못한다.
그러나 세상 멸망의 길로 내려가는 사람을 향하여 주님은 합당한 회개의 열매를 맺고(마 3:8) 살아가라고 말씀하신다. 사람이 주님을 믿으려면 죄인인 그 육신의 모습을 돌아보고 그릇된 육신을 깨우는 진실한 믿음으로 나아가야 한다.

"마음의 즐거움은 얼굴을 빛나게 하여도 마음의 근심은 심령을 상하게 하느니라"
– 잠 15:13

025

육신의 미약함

사람들은 육신을 떠받들고 건사하면서 살아간다. 그리고 마음대로 되지 않는 육신을 경험하면 육신만 아는 그 인생의 피곤함도 안다. 이 세상은 육신의 능력과 욕망으로 나아가면서 그 무엇으로도 육신의 욕망을 제어하지 못한다. 세상 육신은 안목의 정욕과 이생의 자랑(요일 2:16)으로 가면서 갖고 싶은 것은 다 가져야 만족한다. 이 세상 그 인생이 육신의 욕망에 매어 산다면 육신이 주는 기쁨은 그리 크지 않다. 이 육신은 세상 것을 다 얻지 못하니 육신은 인생에 큰 소망이 되지 못한다.

성경은 말한다.

"그 후에 내가 생각해 본즉 내 손으로 한 모든 일과 내가 수고한 모든 것이 다 헛되어 바람을 잡는 것이며 해 아래에서 다 무익한 것이로다"(전 2:11)

세상 육신으로 산 날들이 꿈처럼 공허하게 느껴지면 육신으로 가는 그 길에는 슬픔만 가득할 뿐이다.

이 세상 육신의 미약함은 무엇인가?

바로 믿음을 모르는 것이 육신의 약점이 된다. 믿음을 모르는 육신은 세월이 다 지난 후에 쇠해진 몸에 노년의 흰 머리만 휘날릴 것이다.

평생을 헛된 것을 붙잡으려고 버둥대다가 늙어 버린 몸을 안다면 이 미약한 육신을 믿음으로 돌려야 한다.

"내가 이런 사람을 위하여 자랑하겠으나 나를 위하여는 약한 것들 외에 자랑하지 아니하리라" – 고후 12:5

육신의 속성

사람들은 육신의 속성을 가지고 살아간다.
절제되지 않는 육신의 속성은 사람마다 특유한 본성을 드러낸다.
육신은 선하든지, 악하든지 누구나 육신의 특성으로 살아간다. 믿음을 모르는 육신의 속성은 세상 욕망으로 나아간다. 그리고 육신으로 행하다가 실수하고 좁은 속성을 드러낸다. 육신의 속성은 인내할 줄을 모른다는 것이다. 자유롭게 말하고 행동하면서 늘 잘 가고 잘하는 줄만 안다.

믿음이 아닌 육신의 속성은 인간 위주의 인본주의임을 깨달아야 한다. 사람은 육신으로 나아가나 어떻게 사는 것이 바른 믿음인지 구별해야 한다. 사람이 주님을 믿으려면 세상 죄에 근거한 육신의 속성을 주님 앞으로 돌려야 한다. 주님이 누구신지 아는 사람은 육신의 행동이 얼마나 무모한지 깨달아야 한다.
육신 중심의 욕구를 채우는 삶은 육신이 끝나는 날이 되어야 끝난다.
육신이 주도하는 삶은 믿음과 반대라는 것을 아는 사람은 이 걷잡을 수 없는 충동적 육신의 속성을 거절하고 주님 앞으로 돌아가야 한다.

"육신에 있는 자들은 하나님을 기쁘시게 할 수 없느니라" – 롬 8:8

027

육신의 근성

육신은 매사에 호기심을 따라간다. 믿음을 모르는 육신은 삶의 동기를 사람 관계에서 찾는다. 사람들은 자신의 소유, 가정, 직장이 행복을 준다고 생각하지만 이런 것은 언젠가는 다 사라질 때가 돌아온다. 그리고 사람들은 출세 위주로 나아간다.
세상 육신이 지향하는 성공과 부, 명예와 권력 등 인생 그 모든 것이 다 이루어지면 만족하고 행복하다고 말한다. 세상에서 원하는 모든 것이 다 이루어지면 그것이 바로 성공이라고 생각한다.

그러나 육신의 성공이 만족을 주는 것이 아님을 아는 사람은 믿음을 붙든다. 세상 육신의 탐욕과 근성이 온몸을 지배한다면 믿음으로 사는 것은 아직 아니다. 이 세상 육신은 얼마나 강한지 그 어디에도 속하지 않으려고 하면서 매사에 불안과 초조 속에 정욕적이고 탐욕적으로 나아간다.
이런 육신의 근성이 주종을 이루는 사람을 향해 주님은 육신을 부인하고 주님께 돌아오라고 하신다. 주님을 믿으려면 이 육신의 근성을 거절해야 한다. 교만과 거만과 악한 행실의 충동적이고 이기적인 육신의 근성이 사뭇 마귀(사탄)적으로 변하면 그것을 되돌리는 방법은 믿음밖에 없다. 사람이 믿음으로 살아가려면 주님을 믿는 진실한 삶이 되어야 한다.

"여호와를 경외하는 것은 악을 미워하는 것이라 나는 교만과 거만과 악한 행실과 패역한 입을 미워하느니라" – 잠 8:13

육신의 탐욕

육신은 삶에 필요한 것들을 얻으려고 애를 쓴다.
세상 삶에 무엇이 필요한지, 부족한지 채워야 할 것에 관심을 두면서 살아간다.
육신은 원하는 모든 것을 얻으려고 마음고생을 하니 주님을 잘 믿지 못한다. 육신은 매사에 얻어내고 받아내면 만족하지만 손해를 보면 안 된다.
이 탐욕적인 사람이 육신을 밀어내는 힘은 믿음밖에 없다.

무엇을 하고 싶은 것은 육신의 본능적 표현이 된다. 그러나 성도는 육신의 탐욕적인 행동이 무엇인지 생각해 보아야 한다.
세상 인생의 목적이 육신 성공에 있다면 그 앞날은 불투명해진다. 그리고 이 육신의 탐욕을 제어하는 방법은 믿음뿐이다.
만일 그가 육신 중심인 세상 죄로 물든 마음을 돌려 주님을 바라보기만 하면 주님은 알아주신다.

사람이 주님을 잘 믿으려면 마음과 육신의 탐욕을 이겨내야 한다. 세상 탐욕으로 가득한 육신은 믿음이 아니라고 생각하는 사람에게 주님은 믿음의 길을 조금씩 보여주신다.

"내 마음을 주의 증거들에게 향하게 하시고 탐욕으로 향하지 말게 하소서" – 시 119:36

029

마음 창

아름다운 꽃을 바라보면 마음이 밝아진다.
꽃을 보다가 마음에 잔잔한 흐름이 오면 그것이 귀하게 여겨진다. 그러나 무심하게 문득 어떤 생각이 들어와서 그 생각에 빠지면 육신은 바로 연약한 존재가 된다. 육신이 생각이 많아서 요동하는 삶은 그리 편한 것은 아니다. 그리고 그 복잡한 생각이 지난 후 돌아보면 그때 그런 생각을 왜 했는지 모두가 다 사탄(마귀)의 유혹이라는 것을 깨닫는다.
그동안 복잡한 생각에 속은 그 순간들을 돌아보면 육신으로 가는 길은 믿음 안에서는 다 헛되다는 것을 깨닫는다.

사람이 믿음으로 살아가려면 복잡한 생각을 비워야 한다.
'마음 창'에 쌓이는 혼탁한 잡념을 치우는 방법은 믿음밖에 없다. 마음 안에 문득 떠오르는 바르지 못한 생각이 드러난다면 속히 주님 이름을 부르면서 주님 안으로 들어가야 한다.
주님을 믿으려면 마음 창 관리를 잘해야 한다.
사람의 영혼은 불의한 것이라면 극히 작은 일 하나에도 매우 민감하다. 매사에 드러나는 생각이 불의할 때가 많음을 안다면 이 불의한 마음을 믿음으로 돌려야 한다. 그리고 마음 창에 쌓인 잡념을 물리치려면 주님을 믿어야 한다.

"마음이 청결한 자는 복이 있나니 그들이 하나님을 볼 것임이요" – 마 5:8

마음 문

사람들은 살면서 바라는 것이 너무 많다. 잘 살기를 원하고 잘 되기를 바라지만 세상은 사람 원대로 되지 않는다. 마찬가지로 사람은 주님을 잘 믿기를 원하고 주님 은혜를 받기 원하지만 잘 안되니 문제가 된다.
사람이 주님을 믿으려면 그 믿음이 주님 보시기에 합당해야 하고 삶도 진실해야 한다. 사람은 또 기도로, 말씀으로 믿음이 깊어지려고 애쓰지만 먼저 성도가 믿음으로 할 일은 주님 앞으로 마음을 돌려야 한다.

사람이 주님을 믿으려면 주님께 마음 문을 열어야 한다.
주님을 믿는 이에게 주님은 "누구든지 나를 따라오려거든 자기를 부인하고 자기 십자가를 지고 나를 따를 것이니라"(마 16:24)라고 하셨다.
십자가란 무엇인가?
어려운 짐을 다른 사람에게 떠맡기지 말고 스스로 감당해야 한다는 것이다. 사람들은 세상 짐을 지고 힘들게 살아간다. 그러나 성도는 그 인생의 모든 짐을 주님께 맡기고 주님 앞에 마음 문을 열어야 한다.
주님 앞에 마음 문을 연 사람에게 주님은 은혜를 부어주시고 믿음으로 가는 영광된 길을 조금씩 보여 주신다.

"생명으로 인도하는 문은 좁고 길이 협착하여 찾는 자가 적음이라" – 마 7:14

031

마음 관리

푸른 하늘은 맑고 깨끗하다.
파란 하늘을 올려다보면 마음 또한 어떤지 돌아보게 된다. 그러나 갑자기 비구름이 밀려들면 하늘은 온통 검게 변한다. 그것을 보면 사람 마음도 수시로 변하고 요동친다는 것을 안다.
오늘도 알게 모르게 문제가 와서 금방 어두워지는 마음을 보면 믿음은 마음이 중요하다는 것을 깨닫는다. 사람은 근심이 많고 우울한 마음을 잘 살펴보아야 한다. 그리고 순간마다 마음이 시키는 대로 살아가는 것 또한 이 세상 육신의 특성이 된다.

마음속 작은 근심 하나도 마음대로 하지 못하는 육신을 돌아보면 악이 난무하는 세상에서 어떻게 살아가야 하는지 난감할 때가 있다.
이런 마음 형편을 아는 사람은 반드시 주님을 의지해야 한다.
사람이 믿음이 되려면 나쁜 생각을 비우고 마음을 깨끗이 해야 한다.

사람이 주님을 바르게 믿으려면 검은 악이 자리 잡지 못하게 마음을 잘 관리해야 한다. 믿음으로 마음을 잘 관리하면 그곳에 주님이 오시어 행복하게 사는 날이 돌아온다는 것을 믿어야 한다.

"선한 사람은 그 쌓은 선에서 선한 것을 내고 악한 사람은 그 쌓은 악에서 악한 것을 내느니라" – 마 12:35

마음의 부패함

육신은 세상에서 충동적으로 살아간다.
육신의 충동적인 감정과 생각을 바꾸려면 마음을 믿음 안으로 돌려야 한다. 특히 믿음이 세워지려면 마음 관리를 잘해야 한다. 세상 즐거움을 따라가는 육신의 특성이 무엇을 말하는지 안다면 마음을 잘 지켜야 한다. 믿음으로 살려면 선한 생각을 해야 하고 어떤 일을 하든지 바른 마음으로 해야 한다. 바르게 주님을 믿으려면 마음이 바르게 세워지기 위해 열심히 노력해야 한다.

주님을 믿으려면 부패한(렘 17:9) 마음을 떠나보내야 한다.
마음에 그늘과 어둠이 스며든다면 속히 주님 이름을 부르면서 주님 안으로 들어가야 한다. 감정의 기복이 심할 때도 주님 이름을 불러야 한다. 주님 이름을 부르다가 부패한 생각들이 떠나가면 마음이 편해진다.
마음이 우울할 때도 주님 이름을 부르면 마음이 밝아진다.
이런 경험은 그의 믿음을 더 깊은 은혜 안으로 이끄는 동기가 된다. 세상 그 어떤 문제가 와도 주님 이름을 부르고 주님을 의지하는 법을 아는 사람은 마음이 편해진다. 그리고 주님을 잘 믿으면 마음의 부패함도, 불의도 떠나니 이것이 믿음 안에 사는 큰 복이 된다.

"마음에서 나오는 것은 악한 생각과 살인과 간음과 음란과 도둑질과 거짓 증언과 비방이니" – 마 15:19

033

영의 의미

사람이 믿음으로 구원을 받는 것은 알지만 구원의 확신이 없는 것이 문제가 된다.
구원의 확신은 말이나 생각이 아니라 믿음에 기초를 두어야 한다. 그리고 믿음이 무엇인지 모르면 구원도 복음도 알지 못해서 주님을 잘 믿지 못한다. 또한 성경은 아들을 믿는 자에게 영생이 있다(요일 5:11-13)고 한다.
성경은 또 너희 생명이 그리스도 안에 감추어져 있다(골 3:3)고 한다.
사람이 하나님을 아는 지식은 매우 부족하나 믿음 안으로 깊이 들어가려면 주님을 잘 믿어야 한다.

믿음이란 주님이 죄인을 받아주실 것을 믿는 것이다.
성도가 주님을 믿는 이유는 오직 주님만이 영생 구원을 주시는 분임을 알기 때문이다. 영생과 구원이 주님 것임을 아는 사람은 인생의 모든 일을 주님께 맡겨야 한다.
믿음 안에 오는 영혼 구원은 주님 은혜로 되어야 하고 영으로 나아가는 깊은 영적 믿음의 사람이 되어야 한다.

믿음이 되려면 영혼은 그리스도 안에서 신속히 주님께 영접이 되어야 한다. 그의 믿음이 성령님과 함께 하는 믿음이 되려면 영으로 가는 영의 의미가 무엇인지 깨달아야 한다.

"그러나 이제는 너희가 죄로부터 해방되고 하나님께 종이 되어 거룩함에 이르는 열매를 맺었으니 그 마지막은 영생이라" – 롬 6:22

영적 효력

사람은 영과 혼과 몸으로 구성되어 있다.
여기서 영이란 하나님과 관계를 맺는 기관을 말한다.
성경은 "너희의 온 영과 혼과 몸이 우리 주 예수 그리스도께서 강림하실 때에 흠 없이 보전되기를 원하노라"(살전 5:23)라고 한다.
하나님의 영은 성도를 믿음 안으로 이끌어 준다.
세상 육신은 오랫동안 정신적, 심리적인 장애로 많은 영향을 받으면서 살아왔다. 세상 육신은 주님께 나아가는 일을 늘 거스른다. 따라서 영과 혼과 몸의 장애로 믿음이 안되는 사실을 아는 사람은 육신을 잘 관리해야 한다.

성도가 믿음으로 하나님과의 인격적인 관계 안으로 들어가는 것이 바로 영교가 된다. 영이신 하나님 앞으로 나아가려면 영을 통해야지 다른 것으로는 되지 않는다. 영이신 하나님을 만나려면 사람 안에 내재된 영을 사용해야 한다.
사람이 영이신 하나님께 나아가려면 영적 믿음의 효력이 무엇인지 알아야 한다. 따라서 주님께로 인도해 주는 신령한 영이 사람 안에 깊이 감추어져 있음을 아는 사람은 이 잠든 영을 믿음으로 깨워야 한다.
영이신 주님께 영으로 가는 영적 효력으로 살아가려면 마음을 주님께 돌려야 한다.

"육으로 난 것은 육이요 영으로 난 것은 영이니" – 요 3:6

035

영적 믿음

사람이 주님을 믿으려면 주님을 전적으로 신뢰해야 한다. 믿음 안에서 자신이 큰 죄인임을 안다면 모든 죄를 주님 앞에 내놓아야 한다. 육신은 죄인이나 주님을 믿으면 주님은 그의 믿음을 의로 인정해 주신다. 사람이 주님을 믿으려면 구원의 확신이 와야 한다. 그리고 구원의 확신이 오면 바른 믿음으로 나아가야 한다. 만일 그가 바른 믿음으로 나아가려면 이 사람 안에 든 영의 기능으로 영이신 하나님을 찾아가야 한다.

사람이 주님을 믿어도 영이 무엇인지 모르고 영이신 하나님도 알지 못하는 원인은 '믿음이 어리다'는 뜻이다. 하나님과 사람과의 관계는 영원히 끊을 수 없는 영적인 관계다. 그의 믿음이 영의 하나님께 가까이 나아가려면 육신 안에 잠든 영을 깨워야 한다.

성경은 "누구든지 주의 이름을 부르는 자는 구원을 받으리라"(롬 10:13)라고 한다. 이 구원 안으로 들어간 사람은 스스로 죄인임을 알고 마음을 돌이켜 주님 이름을 부르면서 주님 앞으로 나아가야 한다. 그리고 영이신 하나님을 만나 영적으로 출생하는 것이 바로 믿음의 첫 출발이 된다.

사람이 주님을 믿음으로 받고 주님과 영교(교제)를 통하여 교제하는 삶이 되려면 영적인 믿음으로 나아가야 한다.

"아들을 믿는 자에게는 영생이 있고 아들에게 순종하지 아니하는 자는 영생을 보지 못하고 도리어 하나님의 진노가 그 위에 머물러 있느니라" – 요 3:36

영적 의탁

구원의 확신이 온 사람은 전적 영적 의탁의 길로 나아간다.
전적 의탁이란 하나님 뜻이 온전히 이루어지기 위해 온 삶을 주님께 맡기는 것을 말한다. 주님을 믿으려면 주님이 그 믿음을 인도해 주실 것을 또한 바라보아야 한다.
또 영적 의탁이란 온전하게 드리는 영적인 예배를 말한다.
그의 믿음이 하나님께 전적으로 영적 의탁이 되려면 전적으로 순종하는 영적인 믿음이 되어야 한다.

성도는 예수 그리스도를 영접하는 순간부터 그리스도를 자신의 구주로 받는다. 그리스도를 영접하려면 주님께 모든 것을 의탁하려는 마음 결단이 있어야 한다. 그러나 주님께 의탁하는 믿음은 처음부터 잘되지 않는다. 만일 그에게 하나님 뜻이 삶 가운데 온전히 이루어지면 하나님을 영적으로 의탁하는 믿음이 된다. 성도가 하나님께 전적 의탁하는 믿음은 오래 걸리고 주님을 영접하고 난 후에 영으로 가는 믿음은 주님 은혜로만 된다.

영생의 길이 주님께 있음을 아는 사람은 주님이 삶의 중심이 되어야 하고 믿음이 성장하려면 그 영혼과 몸을 주님께 전적으로 의탁해야 한다.

"가서 너희를 위하여 거처를 예비하면 내가 다시 와서 너희를 내게로 영접하여 나 있는 곳에 너희도 있게 하리라" – 요 14:3

037

영적 생명

사람은 영이 잠든 상태로 태어났다.
영은 하나님을 아는 기능을 가졌기 때문에 금방 태어난 아이(영)는 의지와 생각이 부족하여 하나님을 찾아가지 못한다.
마찬가지로 처음 믿는 사람은 막연하게 주님을 믿는 추상적인 믿음으로 나아간다. 그러나 그 믿음도 오래 걸리면 마음에 회의나 낙심이 들어와 은혜에서 멀어지면 믿음이 안되니 문제가 된다. 세상 죄로 멀어진 영의 느낌은 하나님이 누구신지 알지 못한다는 것이다. 영이 그 죄로 가려진 사람은 보이는 세상만 아니 주님을 잘 믿지 못한다.

믿음 안에 예배도, 기도도, 섬김도 은혜 되지 못하면 그것은 영의 문제가 걸려있기 때문이다. 사람의 영은 민감해서 하나님 앞으로 나아갈 때만이 맑고 투명해진다. 하나님을 아는 지식이 이 영을 통하여 깨달아지는 것도 영의 기능 때문이다. 사람이 그 죄로 가려진 잠든 영을 깨우려면 말씀과 기도와 회개로 나아가야 한다. 믿음으로 잠든 영이 깨어나면 매사를 영으로 분별하는 삶이 된다.

영으로 보고 듣고 사는 영적 생명이 안으로 들어만 오면 그것이 믿음 안에 오는 큰 보화가 된다.

"시몬 베드로가 대답하되 주여 영생의 말씀이 주께 있사오니 우리가 누구에게로 가오리이까" – 요 6:68

영적 지혜

믿음으로 주님과 인격적인 관계로 들어간 사람은 마음에 기쁨과 평화를 느낀다. 믿음 안에 오는 평안과 기쁨은 세상 것과 같지 아니하다고 한다.
주님 은혜로 충족된 영은 영혼이 만족하니 자족하는 믿음으로 나아간다. 그리고 사람 안에 그리스도가 들어오시면 죄와 사망 길에서 떠나 주님 생명 안으로 들어간다.
사람이 그리스도를 영접하는 것은 그가 주님 생명 안으로 들어갔음을 의미한다. 그리스도의 생명은 구원을 받을 때 이미 주어진다. 그런 믿음이 적은 사람은 그 세상만 알고 사는 육신의 헛됨을 깨달아야 한다.

사람이 주님을 믿으려면 세상 지혜나 능력과 육신의 현저한 것들을 믿음으로 비워야 한다. 오직 주님으로 만족한 믿음이 되려면 그리스도만이 삶의 전부가 되어야 한다. 그의 믿음이 영적 실재가 되려면 영이신 주님 앞으로 나아가야 한다.
이 세상 그 믿음 길에 오는 영적 지혜는 그 무엇으로도 설명하지 못한다. 다만 주님 안에서 누리는 풍성한 영적 지혜가 성도의 마음을 만지기만 하면 새롭게 사는 날이 돌아온다.
믿음 안에 오는 이 영적 지혜가 사람을 살려준다면 주님 안에서 취하는 영생도 빼앗을 사람은 아무도 없다.

"나 지혜로 말미암아 네 날이 많아질 것이요 네 생명의 해가 네게 더하리라" – 잠 9:11

039

영의 생각

「영」은 히브리어로 '루아흐'(רוּחַ) 곧 '하나님의 숨'을 말한다. 영이란 성령으로 사람 안에서 역사하시는 하나님의 힘과 권능을 말한다.
믿음으로 하나님의 힘과 권능인 성령이 사람 안에 역사하시는 것은 하나님이 영 자체이시기 때문이다.
성령은 바로 하나님 자신을 말한다.
사람 안에 내재하시는 하나님 영은 성령을 통해, 성령 안에서, 성령님이 마음에 오실 때만 하나님을 만나게 된다. 여기서 성령은 또한 위로자, 협조자, 변호자라는 뜻이다.

주님은 "성령을 받으라"(요 20:22)라고 말씀하신다.
성령은 성도 마음에 솟아오르는 영원한 샘물을 말한다(요 4:14).
영은 죽은 영을 그리스도 안에서 살리는 능력이 된다(롬 8:10-11). 성령은 성도 마음을 성전 삼아 그 안에 거하시고(고전 3:16) 그가 하나님의 자녀 됨을 증언한다. 그리고 주의 영이 계신 곳에 자유가 있다(고후 3:17)고 한다.

이 자유는 죄와 죽음으로부터의 자유, 영 안에서 오는 믿음 안에 오는 자유를 말한다. 또 사람이 하나님을 사랑과 자비로 느끼는 것은 이 영의 생각이 있기 때문이다.

"육신을 따르는 자는 육신의 일을, 영을 따르는 자는 영의 일을 생각하나니" – 롬 8:5

주님을 아는 지식

주님께 마음을 드리는 순간이 너무도 뜻깊은 하루, 주님 은혜의 에너지가 온몸을 물들이면 영혼은 매우 풍성해진다. 주님을 믿음으로 은혜의 충만한 에너지가 안으로 들어만 오면 그것이 믿음에 큰 동력이 된다. 믿음 안에 오는 이런 경험은 천지가 개벽할 정도로 신비한 일이 된다.
믿음 안에 오는 주님 은혜는 예전과 비교할 때 그 차이가 매우 크다는 것을 안다. 그리고 주님을 만나고 싶어 애를 쓰던 그날이 있기에 오늘이 있다는 것을 안다. 사람이 주님을 믿으려면 은혜의 보좌(히 4:16) 앞으로 나아가야 한다.

성도의 믿음을 아시는 주님은 그를 외면하시지 않으신다. 또 주님은 사모하는 마음을 보시고 마음 안으로 들어오시는 분이시다. 성도가 주님을 마음에 모시려면 바른 믿음이 되어야 한다. 그의 믿음을 아시는 주님이 마음을 열어 보이실 때가 돌아오면 주님은 사랑 자체라는 것을 알게 된다.
주님을 만난 사람은 주님을 아는 지식이 무엇인지 알기에 다만 침묵한다. 주님을 아는 지식은 그 무엇으로도 설명되지 않으니 오직 잠잠해야 한다.
주님을 아는 지식이 충만한 사람은 믿음이란 바로 주님을 사랑하면서 가는 길임을 안다.

"오직 우리 주 곧 구주 예수 그리스도의 은혜와 그를 아는 지식에서 자라 가라 영광이 이제와 영원한 날까지 그에게 있을지어다" – 벧후 3:18

041

주님 이름 부르기

사람은 서로 교제하면서 살아간다. 만나고 헤어짐, 그 일은 세상에서 누구나 겪는 일이다.
또 사람은 사는 동안 헤어지는 상실의 아픔을 겪는다. 그러나 성도는 주님과 헤어지면 안 된다. 세상에서 영원히 헤어지지 않고 함께 해주시는 분은 주님 한 분뿐이다.
주님은 영원하신 분으로 영생을 선물로 주시면서 나를 따라오라고 하신다.
오늘도 하늘 보화를 준비해 두시고 속히 와서 하늘 보화를 누리면서 살아가라고 하신다. 성도가 주님 말씀을 따라가 주님 안으로 들어가면 그제야 믿음의 참된 의미를 깨닫는다.

사람이 주님을 잘 믿으면 주님은 알아주신다.
주님을 마음에 두기만 해도 주님은 그를 잊지 않으신다.
세상 그 어디에 가 있든지 주님을 떠올리면 주님은 아시고 찾아와 주신다. 세상이 어려울 때도, 병들고 아플 때도 주님 이름을 부르면 오셔서 함께 해주신다.
세상에서 사람의 성정을 다 아시고 위로해 주시는 분은 오직 주님 한 분뿐이다. 이런 주님을 아는 사람은 주님 이름을 부르면서 주님을 따라가야 한다.
주님 이름을 늘 부르면(롬 10:13) 믿음도 바르게 세워져 주님을 기쁘시게 하면서 사는 날이 돌아온다.

"여호와 우리 주여 주의 이름이 온 땅에 어찌 그리 아름다운지요 주의 영광이 하늘을 덮었나이다" – 시 8:1

주님을 믿음

성도는 주님을 찾아다니는 거류민과 나그네(벧전 2:11)와 같은 존재다. 삭막한 광야 같은 세상에서 오아시스 같은 믿음을 찾아가는 것이 성도의 도리다.

광활한 사막은 모래바람과 뜨거운 태양과 암흑, 무서운 추위와 더위 속에서 목을 축일 물 한 모금도 얻을 수 없는 곳이다. 그 한 모금의 은혜의 물을 얻으려고 방황하는 삶이 바로 믿음으로 가는 길이다.

그리고 사람이 많이 먹어도 무엇인지 부족을 느끼는 것이 육신의 특성이다. 그런 육신의 허무함을 아는 사람이 찾아갈 곳은 오직 주님 한 분뿐이다.

사람이 주님을 믿으면 주님은 그의 믿음을 인정해 주신다.

그러나 그 무엇으로도 해결할 수 없는 빈 마음을 경험한 사람은 이 믿음을 반드시 붙들어야 한다. 마음이 갈하고 비어버린 영혼의 실상을 안다면 이것을 해결하는 방법은 오직 믿음뿐이다. 사람은 세상 척박한 환경 안에서 오는 공허한 마음이 무엇을 말하는지 생각해 보아야 한다. 이 갈하고 빈 마음을 아시는 주님은 그를 돌아오라고 부르신다.

믿음은 바로 주님 부르심을 따라가는 길이다.

사람들은 마음이 허전하면 세상 즐거움을 찾아다니나 비고 빈 마음이 찾아갈 곳은 주님 한 분뿐이다.

"예수께서 대답하여 이르시되 하나님께서 보내신 이를 믿는 것이 하나님의 일이니라 하시니" – 요 6:29

043

주님 영접하기

성도는 주일 예배를 드리면 다 된다고 생각한다.
그러나 주님이 주시는 은혜를 받으려면 믿음이 되어야 한다.
주님 은혜를 원하는 성도는 주님 은혜에 이끌림을 받아 주님 영광 안에서 살기를 원해야 한다.
주님 은혜로 충족된 사람은 영혼이 해같이 빛나는 힘으로 나아간다. 사람이 주님 안에서 누리는 은혜는 믿음 안에서 맛보는 큰 별미가 된다.
사람이 주님을 믿고 주님과 같이 사는 일만 되면 그 일이 삶에 큰 능력이 된다.

'믿음만이 다'라는 것을 아는 사람은 주님을 붙든다.
믿음은 주님을 따라가는 삶을 말한다. 주님을 아는 사람은 주님 안에 사는 기쁨이 무엇인지 다 안다. 그리고 주님을 믿음으로 은혜가 열리면 주님 사랑이 무엇을 말하는지 다 안다.
사람이 주님 은혜에 이끌림을 받아 믿음의 길을 따라간다면 그 앞길에 좋은 일이 생긴다.
사람이 주님을 믿으려면 반드시 주님을 영접해야 한다.
육신은 허무한 존재나 주님을 영접한다면 주님이 또한 그의 생명을 살려주실 것을 믿어야 한다.

"영접하는 자 곧 그 이름을 믿는 자들에게는 하나님의 자녀가 되는 권세를 주셨으니"
– 요 1:12

주님의 제사장

처음 주님을 믿을 때는 그 믿음이 쉽지 않으나 주님을 잘 믿으면 좋은 일이 생긴다. 자식이 부모를 생각하듯이 주님을 자주 생각하면 믿음은 속히 자란다. 사람이 주님을 믿는 이유는 주님만이 구원으로 들어가는 단 하나의 길이기 때문이다.
그리고 주님을 생각할 때마다 은혜로 오시는 주님을 안다면 믿음이 무엇인지를 알게 된다.
주님은 누구신가?
우주 만물의 창조주이시고 전지전능하신 하나님 자체로 영원한 생명 안으로 이끌어 주시는 구원의 주님이 되신다.

주님은 믿음 문을 열어주신다.
생명 구원 길이 주님 것임을 아는 사람은 믿음 안으로 들어가기를 원해야 한다.
주님 은혜를 아는 사람은 세상 것에 그리 연연하지 않는다.
주님 은혜의 어떠함을 경험한 사람은 그 나라와 그의 의를 구하는(마 6:33) 삶으로 나아간다. 성도가 주님을 향한 간절한 믿음을 나타내려면 주님의 신령한 제사장으로 세워져서 주님을 기쁘시게 하는 삶이 되어야 한다.

사람이 믿음으로 신령한 제사장으로 세워지면 그의 생명을 살리는 거룩한 길이 열린다.

"너희도 산 돌 같이 신령한 집으로 세워지고 예수 그리스도로 말미암아 하나님이 기쁘게 받으실 신령한 제사를 드릴 거룩한 제사장이 될지니라" – 벧전 2:5

신실한 부르심

봄빛이 무르익은 산에서 전해지는 그 초록 냄새가 마음을 기쁘게 한다. 세상 만물이 싱싱한 푸르름으로 다가오면 모든 자연도 주님이 주신 것을 알기에 감사로 받게 된다.
주님과 동행하는 순간의 귀함을 아는 사람은 주님을 붙든다. 이 푸른 숲의 생동감이 넘치는 순간도 주님 은혜임을 아는 사람은 주님을 기뻐하게 된다.
믿음이란 보고 듣고 느끼는 것마다 주님이 하신다는 것을 아는 것이다. 그뿐인가. 그 사는 환경 모든 일도 주님이 주신 것을 아는 사람은 주님께 마음을 돌려야 한다.

사방에서 나쁜 냄새가 넘쳐나도 그곳에 주님이 계신다는 사실을 아는 사람은 마음이 밝아진다. 세상은 냉정하고 차갑다.
죄의 냄새로 가득한 땅에서 주님을 믿는 신실한 믿음이 있으니 얼마나 감사한지, 그 인생에 앞길을 헤매지 않게 해주시니 얼마나 감사한지, 문제가 생기면 그때마다 의지할 주님이 계시니 얼마나 편한지, 생각할수록 믿음이 좋은 줄 안다.
이 주님께 돌아가는 마음은 바른 믿음으로만 가능하다.

믿음만 되면 무엇이 필요한지, 무엇이 더 있어야 하는지 다 아시는 주님을 아니 이 신실하신 주님 부르심에 늘 감사해야 한다.

"악을 악으로, 욕을 욕으로 갚지 말고 도리어 복을 빌라 이를 위하여 너희가 부르심을 받았으니 이는 복을 이어받게 하려 하심이라" – 벧전 3:9

신실한 은혜

주님 은혜가 비천한 육신을 살린다.
주님을 의지하고 바라보는 일이 삶에 큰 복이 된다. 주님 앞에 엎드리는 일도 진실로 행복임을 아는 이것이 마음에 기쁨이 된다. 이런 내면의 즐거움이 없으면 어떻게 주님을 믿을 수 있는가? 주님을 믿으려면 먼저 주님께 마음을 드려야 한다.
주님을 믿는다고 하면서 주님과 같이 사는 법을 모르면 믿음도 삶도 어려워진다. 신실하신 주님께 마음을 드리고 주님을 의지하면서 주님을 따르는 삶은 그의 영혼을 만족한 곳으로 이끌어 준다.

주님 한 분으로 기쁘고 주님만이 모든 것이 되신다고 고백하면 믿음도 자란다. 주님을 따르다가 은혜의 길이 열려서 믿음 안으로 들어간다면 주님 주시는 은혜의 맛은 말로 표현이 안된다.
성도가 믿음으로 살려면 세상 모든 일을 주님께 맡겨야 한다.
믿음으로 가는 그 앞길은 보이지 않고 매우 불투명해도 진리의 띠로 허리를 동이고 신실하게 주님 은혜를 사모하면서 주님께 나아가야 한다.

오늘도 주님께 나아가는 믿음을 주님이 기뻐하시니 신실하신 주님 은혜를 늘 따라가야 한다.

"그러므로 너희 마음의 허리를 동이고 근신하여 예수 그리스도께서 나타나실 때에 너희에게 가져다 주실 은혜를 온전히 바랄지어다" – 벧전 1:13

047

신실한 믿음

그동안 지식적, 신학적 강해 설교에 갇혀서 주님을 만나는데 너무 늦었다는 것을 이제는 안다. 물론 그 문제보다도 믿음의 문제가 더 심각하다는 것에 동의한다.
믿음이 어린 사람에게 처음부터 끝까지 말씀을 말씀으로 쪼개는 설교는 매우 힘들다. 그래도 듣고 또 들으면서 '믿음은 오래 걸려야 한다'는 것을 깨닫는다. 주님 말씀은 귀가 열려야 들린다니 더 어려운 일이 된다. 그리고 믿음이 되려면 마음의 불순물을 믿음으로 걸러내려고 애를 쓴 후에 주님이 마음 안에 들어오심을 또한 경험해야 한다.

사람이 자신을 돌아보면 육신은 바르지 않음을 깨닫는다.
그리고 척박한 마음 안에는 수많은 죄의 쓰레기가 넘쳐나는 사실을 보아야 한다. 사람이 그 추한 죄를 본다면 이 혼탁한 마음의 쓰레기를 치우는 방법은 믿음밖에 없다.
믿음으로 살아가려면 불의한 감정의 쓰레기를 다 흘려보내야 한다. 그러다가 마음이 점점 고요해지고 깨끗해지는 경험이 오면 믿음이 무엇인지 알게 된다.

더러운 죄의 쓰레기를 떠나보낸 후 주님 은혜의 빛이 환하게 비쳐오는 그때가 되면 신실한 믿음만이 생애에 힘이 된다는 사실을 알아야 한다.

"네 길을 여호와께 맡기라 그를 의지하면 그가 이루시고" – 시 37:5

신실한 긍휼

사람은 많은 이를 만난다.
사람을 만나다 보면 얼굴 모습이 다르듯이 사람마다 각자의 특성이 다르다. 사람의 다양한 모습을 돌아보면서 나는 누구인가? 나란 사람은 어떤 사람인가? 나는 어디서 와서 어디로 가는가? 등의 물음표의 의미에 주목한다. 그리고 육신을 돌아보면 나 역시 아무 소용이 없는 무식, 무모, 무능, 무취, 무익, 무의미한 인간임을 깨닫는다. 그리고 믿음을 모르고 살아온 인생의 무가치함도 알게 된다.

그동안 믿음을 모르고 세상만 알던 삶이 마음에 고통이 된다. 사람이 주님의 긍휼하신 사랑과 은혜를 모른다면 삶도 인생도 무의미해진다. 사람이 믿음으로 살아가려면 긍휼하신 주님 은혜 앞으로 나아가야 한다. 그런데 믿음이 안되면 긍휼히 여기는 마음도 생기지 않는다. 사람이 주님을 믿으려면 신실하신 주님 긍휼에 온몸을 맡겨야 한다. 주님께 온전히 내어 맡기는 마음이 없으면 자라는 믿음도 없다. 아무리 오래 믿었다고 해도 내면에 긍휼한 마음이 없으면 소용이 없다.

믿음으로 살아가려면 주님의 신실하신 긍휼하심에 온 삶을 맡기는 신실한 삶이 되어야 한다.

"너희가 전에는 백성이 아니더니 이제는 하나님의 백성이요 전에는 긍휼을 얻지 못하였더니 이제는 긍휼을 얻은 자니라" – 벧전 2:10

049

신실한 사랑

세상에는 온갖 종교가 많이 분포되어 있다.
한눈에 보아도 어느 길이 참 진리인지 분간하기 쉽지 않다.
사람은 자신이 믿는 종교와 신이 매우 바른 줄 안다. 그러나 그 이유를 잘 증명하지 못하고 철학적인 이유만 나열한다. 성도는 천지를 창조하신 하나님을 믿는다. 전능하신 하나님은 사람이 죄로 인해 사망으로 내려가는 인생을 긍휼히 여기신다. 그리고 하나님 아들 독생자 예수 그리스도를 보내시어 영생으로 들어가는 길을 열어주신다. 사람이 주님을 믿으면 영원히 사는 구원의 길이 열린다.

하나님 사랑으로 세상에 태어난 사람은 하나님을 믿어야 한다.
세상에는 많은 신이 있지만 유일하신 신은 하나님 한 분뿐이다. 성도는 목숨을 아끼지 않고 주님을 따라간 믿음의 선진들처럼 주님을 사랑하는 삶으로 나아가야 한다.
주님을 믿으려면 주님이 가르쳐주신 복음을 믿음으로 받아들여야 한다. 믿음이란 곧 유일하신 하나님과 그의 보내신 독생자 예수 그리스도를 아는 것(요 17:3)이라고 성경은 말한다.
주님을 구주로 영접한 사람은 자신을 하나님의 자녀로 삼아주신 그 사실을 믿음으로 받고 신실하신 주님 사랑으로 나아가야 한다.

"하나님이 세상을 이처럼 사랑하사 독생자를 주셨으니 이는 그를 믿는 자마다 멸망하지 않고 영생을 얻게 하려 하심이라" – 요 3:16

믿음의 길

사람은 육신의 고유한 기능을 가지고 살아가나 육신은 한계가 있는 존재라는 것을 알지 못한다. 사람은 아무리 잘 난 사람도 허무한 인생이라는 사실을 생각하지 못한다. 그러나 믿음이 되려면 세상 모든 가치가 주님 안에서는 다 허무함을 깨달아야 한다.

성경은 육신을 믿고 육신으로 가는 길은 사망이라고 말한다.

이 세상 육신은 고르지 않은 세상에서 홀대받는 인생이라는 것을 안다. 이 세상 높은 이에게도 가까이 나아가지 못하는 사람이 높으신 주님을 믿는 일은 기적 같은 일이 된다.

주님은 사람 모습을 다 다르게 만들어 주시고 각자의 고유한 모습으로 살아가게 해주신다.

세상에서 아무리 고상하게 생긴 사람도 믿음이 없으면 문제가 된다. 아무리 잘 난 사람도 주님을 마음에 모시는 믿음이 없으면 행복하다고 말할 수 없다.

육신은 세상을 좋아하고 세상 즐거움을 따라다니나 성도는 주님을 따라가야 한다. 주님의 참된 진리를 아는 사람은 세상 가치로 나아가면 안 된다.

믿음이 되려면 세상의 무가치함을 알고 주님을 믿는 진실한 믿음으로 살아가야 한다.

"육신을 따르는 자는 육신의 일을, 영을 따르는 자는 영의 일을 생각하나니 육신의 생각은 사망이요 영의 생각은 생명과 평안이니라" – 롬 8:5–6

051

믿음의 피조물

사람들은 세상에서 좋은 것을 매우 많이 가지고 싶어 한다. 그리고 출세와 부를 향해 끊임없이 전진한다. 그러나 세상에서 그 뜻을 이루는 사람은 그리 많지 않다. 또한 진실한 믿음으로 사는 사람도 극소수라는 것을 안다. 사람이 오랫동안 주님을 믿어도 그의 믿음이 세상 윤리 차원에 머문다면 믿음이 성장하는 길은 사라진다. 그리고 하나님이 주시는 복도 생명도 알지 못하면 믿음이 무엇을 말하는지 잘 알지 못한다.

사람이 믿음 안에서 궁금한 것이 있으면 가만히 있으면 안 된다. 믿음 안에 궁금증이 있으면 속히 찾아내고 풀어야 한다. 마음에 오는 모든 영적 의구심을 스쳐 지나가는 생각으로 무시하면 안 된다. 주님을 잘 믿으려면 주님께 마음을 드려야 한다. 사람이 믿음이 되려고 애를 쓰면 언젠가는 주님 은혜로 사는 날이 돌아온다. 믿음이 어리면 아무것도 알지 못하나 무엇을 어떻게 해야 하는지 성령님이 그 길을 알려 주신다. 성령님이 영적 교사가 되셔서 그 믿음을 인도해 주시기만 하면 풍성한 주님 은혜로 사는 날이 돌아온다.

그리고 하나님의 피조물인 사람이 새 믿음의 피조물로 변화되는 것만이 인생 최대의 목표가 되어야 한다.

"그런즉 누구든지 그리스도 안에 있으면 새로운 피조물이라 이전 것은 지나갔으니 보라 새 것이 되었도다" – 고후 5:17

믿음으로 바라봄

주님을 믿으려면 자신이 누구인지 아는 것이 매우 중요하다. 그리고 주님이 누구신지 알려면 믿음 안으로 들어가 보아야 한다. 세상은 출세 지향적으로 가나 주님이 누구신지 알고 싶으면 주님 안으로 들어가서 주님과 같이 살아 보아야 한다.
믿음의 첫걸음은 자신이 누구인지, 무엇인지, 어떤 존재인지 알지 못하면 믿음도 알지 못해서 교회 주변만 겉도는 인생이 된다. 사람이 주님을 믿으려면 부족한 육신을 돌아보면서 주님과 깊은 관계 안으로 들어가야 한다.

사람은 반드시 의지할 곳이 필요하다.
이 세상에 의지할 데가 아무리 많이 있다고 해도 성도는 주님을 의지해야 한다. 그리고 주님을 바라보는 일이 삶의 일상이 되어야 한다. 사람이 주님을 따르려면 주님 영광 안에서 살기를 원해야 한다. 그런데 믿음이 어려서 주님께 마음을 열지 못하는 시간만 지나간다.
사람에게도 마음을 열지 못하는 사람이 주님께 마음을 열지 못하는 고민 속으로 육신을 몰아간다. 속 말을 누구에게도 하지 못하는 사람이 주님을 바라보다가 믿음이 깊어지는 것은 기적 같은 일이 된다.

"믿음의 주요 또 온전하게 하시는 이인 예수를 바라보자…" – 히 12:2(상반절)

053

믿음으로 거듭남

믿음이 어리면 주님 은혜가 무엇인지 조금도 알지 못한다. 그리고 믿음의 세월이 오래 지난 후에야 너무 쉽게 믿어온 사람을 보고 후회를 한다. 사람이 주님을 믿으려면 바르게 믿으려고 애를 써야 한다. 그러나 믿음이 어리면 믿음의 효력을 알기에는 매우 무지하다.
그의 믿음이 막연하게 세상 지식과 철학 수준에서만 빙빙 돈다면 믿음이 성장하는 길은 열리지 않는다.

믿음이 크게 바뀌는 기회는 영혼이 거듭남을 체험해야 한다.
거듭남이란 영혼이 주님을 만나는 일생일대의 큰 사건을 말한다.
주님을 만난 사람은 주님은 생명 자체이심을 안다.
만일 그가 믿음 안에서 거듭남을 체험하면 마음에 큰 변화를 겪는다. 주님을 만남으로 영혼에 큰 변화를 겪은 사람의 마음은 매우 평안하다.
주님은 더러운 마음 안으로 들어오시지 않는 것을 알면 세상 소음이 마음을 점령하지 못하게 단속해야 한다.

사람이 바르게 믿으면 주님 은혜가 새 빛같이 밝게 비쳐와 영혼이 거듭나야 한다. 그리고 주님 은혜로 가는 바른 믿음의 길이 열려야 한다.

"예수께서 대답하여 이르시되 진실로 진실로 네게 이르노니 사람이 거듭나지 아니하면 하나님의 나라를 볼 수 없느니라" – 요 3:3

믿음의 신령함

이 세상은 믿음을 훈련하는 장소이다. 그런데 세상 곳곳에 어둠의 세력이 넘쳐나면서 주님을 믿지 못하게 방해를 한다.
어둠이 주님을 믿지 못하게 방해하는 것을 아는 사람이 그들을 이기려면 믿음이 신령한 차원으로 올라가야 한다.
믿음이 어릴 때는 나쁜 일을 보면 불의한 것을 아나 믿음이 자라면 눈에 보이지 않는 어둠의 실체가 있다는 사실을 깨닫는다. 사람이 그런 흑암의 세력과 직면하면 마음은 낙심하고 실망한다. 이 흑암의 시련 속에 든 영혼의 아픔이 무엇인지 안다면 영혼 관리를 잘해야 한다.

주님을 바르게 믿으려면 세상에서 보고 느끼는 모든 것을 믿음으로 직시해야 한다. 삶의 좌우를 돌아보고 죄를 직시하는 능력은 신령한 믿음으로만 가능하다.
마음 안에 들어오는 관념과 잡념은 곧 사탄이 주는 유혹이라는 사실을 깨달으면 즉시 거절해야 한다. 세상 근심, 걱정들 모두가 사탄의 꾀임이고 속임수라는 것만 알아도 믿음의 안목은 많이 달라진다.
주님을 믿으려면 사탄이 육신 안에 둥지를 틀지 못하게 잘 지켜야 한다. 이 흑암의 세력을 처리하지 않으면 안 되는 믿음을 아는 사람은 흑암을 물리치는 신령한 믿음으로 나아가야 한다.

"신령한 자는 모든 것을 판단하나 자기는 아무에게도 판단을 받지 아니하느니라"
– 고전 2:15

055

성장하는 은혜

믿음은 매우 어려워도 믿음 성장은 주님 은혜로 되어야 한다. 믿음이 성장하려면 성령님의 지도로 믿음이 자라야 한다. 바른 믿음이 되려면 세상이 무엇인지, 주님이 누구신지, 자신은 주님과 무슨 관계인지에 대해 관심을 가져야 한다. 주님 진리가 무엇인지 열려야 믿음의 어떠함을 깨달으면서 영적 성인이 되어 간다.
성도가 잘 믿으려면 그 마음 안에 주님 은혜가 들어와 주님 은혜로 자라가야 한다. 성도의 믿음이 성장으로 나아가지 못하면 주님의 은혜는 자연히 소멸해 버린다.

자연은 날마다 성장하는데 믿음이 성장하지 못하면 헛된 믿음이 된다.
믿음이 성장하려면 주님 은혜에 깊은 관심을 가져야 한다.
바른 삶이 되려면 성령을 받아서 성령의 능력으로 성령님의 인도를 따라가면 믿음도 깊어진다. 성령님의 역사가 무엇인지 아는 사람은 성령님의 능력을 덧입어야 한다. 그 어떤 일도, 그 무엇을 해도 모든 것이 주님 은혜라는 것만 알아도 믿음은 많이 달라진다.

순간마다 성도 마음에 그리스도의 성품이 점점 더 확장되는 일은 오직 주님의 은혜로만 가능하다.

"내가 이르노니 너희는 성령을 따라 행하라 그리하면 육체의 욕심을 이루지 아니하리라" – 갈 5:16

성장하는 기도

기도는 믿음을 성장으로 이끄는 원동력이 된다.
성도가 기도하려면 성령을 받아 성령의 소유가 되어서 기도해야 한다. 기도함으로 성령님의 역사하심이 무엇인지 깨달은 사람은 성령님을 따르니 그의 믿음이 성장하지 않을 수 없다. 성령을 받고 성령님 인도로 가는 믿음이 되면 주님과의 관계도 깊어진다.
믿음이 성장한다는 것은 바로 주님과 깊은 관계 속으로 들어갔음을 의미한다. 믿음 성장은 깊은 기도 안으로 들어감을 의미한다. 즉 기도만이 주님을 경험하는 믿음 성장의 중요한 요인이 된다.

믿음이 성장한다는 의미는 기도가 깊어졌음을 의미한다.
다시 말하면 믿음이 성장한다는 말은 기도 생활이 바르게 가고 있음을 의미한다. 주님께 드리는 지속적인 기도는 믿음을 성장시키는 요인이 된다.
주님과 친밀한 교제 안으로 들어가기 위해 기도하는 일은 진실한 믿음으로만 가능하다. 사람이 기도하다가 주님을 깊이 경험하면 그것이 성장하는 믿음이 된다. 그리고 믿음으로 주님의 은혜가 심정이 덧입혀지는 일은 성장하는 기도로만 가능하다.
그 하루 모든 시간도 기도로 지속되면 믿음의 영적 지경은 점점 더 크게 확장된다.

"무엇이든지 구하는 바를 그에게서 받나니 이는 우리가 그의 계명을 지키고 그 앞에서 기뻐하시는 것을 행함이라" – 요일 3:22

057

성장하는 생명

믿음이 주님 생명으로 성장하려면 주님 은혜가 와야 한다.
바른 믿음이 되려면 주님이 사람 안에 완전히 거하시도록 마음을 열어야 한다. 성도가 기도하다가 주님 생명을 체험하면 주님은 생명 자체라는 것을 안다. 믿음으로 생명의 주님을 만난 사람은 주님을 기뻐하는 삶으로 나아가야 한다.
주님 생명이 내재된 사람은 주님 생명을 공급받아 주님 생명으로 살아간다. 주님께 마음을 드리는 순간은 바로 주님 생명을 덧입는 순간이라는 것만 알아도 믿음의 인식은 크게 차이가 난다.

기도를 통해 영적 성장을 이루는 길은 매우 바람직하다.
주님을 바라봄을 통해 주님 생명을 깊이 체험하면 곧, 그의 믿음이 성장의 길로 들어가는 기회가 된다. 이런 경험이 믿음 성장으로 이어진다면 바른 믿음 안으로 들어가게 된다.
또 주님 관상을 통해 주님 생명을 체험하면 이 일이 믿음이 성장하는 기회가 된다. 성도가 주님을 관상하면서 주님을 내적으로 깊이 체험하면 믿음이 성장할 수밖에 없다. 성도는 성령이 마음에 들어오시게 하려면 모든 일을 성령님께 맡겨야 한다.
주님 생명이 속 안에서 크게 성장하려면 성령님과 동역하는 삶이 되어야 한다.

"그가 우리에게 약속하신 것은 이것이니 곧 영원한 생명이니라" – 요일 2:25

성장하는 믿음

믿음이 성장한다는 것은 주님 성품이 사람 안에 들어와 확장됨을 의미한다. 세례(침례) 요한은 "그는 흥하여야 하겠고 나는 쇠하여야 하리라"(요 3:30)라고 말했다.
사람이 주님 은혜로 살아가려면 육신의 힘을 내려놓아야 한다. 세상 관점, 높아진 이론, 육신의 의견과 고집이 쇠해져야 하고 쇠해진 그 안으로 주님 은혜가 들어와야 한다. 주님을 바르게 믿으려면 마음을 비우고 성령님의 인도를 따라가야 한다. 사람이 주님 소유로 살아가려면 성령님으로 새롭게 태어나야 하며 믿음으로 거듭난 사람은 세상을 따라가지 않는다.

사람은 잘 믿으려고 애를 쓰나 열심을 내지 못하는 경우가 많아서 잘 안되니 문제가 된다. 그 믿음이 성장하려면 성령을 받고 성령께서 내주 내재하시도록 마음을 드려야 한다.
성령님이 내주는 하셨지만 계속 내재하는 믿음만이 그를 성장의 길로 이끌어간다.

믿음이 되려면 마음 안에 성령님이 오셔서 성령님이 하시는 길로 이끌림을 받아야 한다. 그의 믿음이 성장하려면 성령님 은혜로 성장하는 충만한 삶이 되어야 한다.

"예수께서 대답하시되 진실로 진실로 네게 이르노니 사람이 물과 성령으로 나지 아니하면 하나님의 나라에 들어갈 수 없느니라" – 요 3:5

059

사람이 가는 길

모든 일은 무슨 일을 하든지 믿음으로 해야 한다.
그러나 그 일은 내가 한 일이 아니라 주님이 힘을 주셔서 한 일이라고 말해야 한다. 믿음으로 살려면 어떤 생각을 할 때도 그 생각이 내 생각인지, 사탄의 유혹인지 분별해야 한다. 이 세상 되어가는 모든 일도 주님이 하신다는 것을 아는 사람은 믿음을 붙든다. 그리고 다시 그날을 돌아보니 주님이 매사에 앞길을 인도해 주시어 사는 것에 대해 스스로 감격을 감추지 못한다.
무슨 일이든지 믿음만 있으면 힘든 일도 쉽다는 것을 경험만 하면 믿음이 무엇을 말하는지 알게 된다.

세상 모든 일도 주님이 하신다는 것을 아는 사람은 육신은 자랑할 것이 되지 못한다는 것을 안다. 그리고 무슨 일을 해도 주님께 의논하고 결정해야 한다.
어떤 길로 가야 하는지, 무엇을 어떻게 해야 하는지 주님 인도를 받아야 한다. 살아도 주를 위하여 살고 죽어도 주를 위해 죽을 준비(롬 14:8)를 해야 한다. 매사에 믿음 안에서 죽는 법을 아는 사람은 육신은 조금도 내세울 것이 없는 것을 안다.
믿음은 대접받고 인정받는 것이 아니라 매사에 비워야 한다.
성도가 바른 믿음이 되려면 더 큰 주님 은사와 은혜를 사모해야지 믿음은 거저 되지 않는다.

"너희는 더욱 큰 은사를 사모하라 내가 또한 가장 좋은 길을 너희에게 보이리라"
– 고전 12:31

사람 인생

사람은 삶의 문제를 인문학이나 철학에서 찾아보려고 하지만 믿음은 철학도 인문학적 지식도 넘어가야 한다. 믿음이 되려면 오직 주님만이 참 진리가 되신다는 확신이 있어야 한다. 그 인생의 모든 문제도 믿음으로 판별이 되어야 한다. 나는 어디에서 왔으며 나는 누구인가를 알려면 그 근원을 믿음 안에서 찾아야 한다. 그리고 자신이 누구인지 알려면 주님 안으로 들어가 보아야 한다.

주님은 사람의 인생을 예정해 주셨다.

그 예정하신 순서를 따라 세상에 태어나서 예정된 믿음을 따라 사는 것이 바로 사람의 인생이 된다.

믿음이 되려면 먼저 삶이 바르게 되어야 한다.

그 인생이 주님 것임을 아는 사람은 주님을 경외하는 삶으로 나아가야 한다. 성도는 육신의 힘과 세상을 넘어 주님을 아는 믿음으로 나아가야 한다.

참된 믿음은 주님의 핏값으로 사시고 구원해 주신 주님 은혜를 따라가야 한다. 사람이 주님을 믿는다고 하면서 세상과 육신만 안다면 그 길에 고난과 고생이 기다릴 뿐이다.

세상에서 믿음에 합당하게 살아가려면 주님을 잘 믿어야 하는데 그 일이 어렵다면 더 많이 노력해야 한다.

"여호와의 인자하심과 인생에게 행하신 기적으로 말미암아 그를 찬송할지로다"
– 시 107:21

061

사람의 도움

그 인생에 근심 걱정이 몰아칠 때면 마음이 흔들리고 어두워진다. 그러나 요동하지 않고 변치 않는 믿음을 주신 주님을 아니 매사를 감사로 받아야 한다.
어떤 어려움이 와도 마음이 안정되는 이것이 바로 믿음 안에 사는 비결이 된다. 세상 어려움을 아는 사람은 주님께 도움을 구해야 한다.
세상 삶에 도움을 받을 곳이 없고 의지가 없을 때 주님 앞에서 많이 울어본 경험이 주님을 믿는 근거가 된다. 세상 인생 모든 문제의 키이신 주님을 믿고 주님께 나아가 해결되는 이것이 믿음 안에 사는 비결이 된다.

인생에 큰 도움인 믿음을 아니 주님을 의지하는 힘 또한 주님이 주셔야 한다. 성도가 어려울 때마다 도움을 구할 주님이 계시니 얼마나 기쁜지, 힘든 일이 생기면 찾아갈 주님이 계시니 얼마나 귀한지, 문제가 오면 피할 곳이 있으니 얼마나 믿음이 소중한지를 아는 사람은 삶의 모든 문제를 주님께 맡겨야 한다.
이런 좋은 믿음을 주신 주님을 아는데 세상 그 무엇을 따라다녀야 하는지 깊이 생각해 보아야 한다.
세상 그 어떤 힘든 일이 오고 위험이 닥쳐도 믿음만이 삶의 큰 도움이 된다는 사실을 아는 사람은 오직 주님을 의지해야 한다.

"하나님은 우리의 피난처시요 힘이시니 환난 중에 만날 큰 도움이시라" – 시 46:1

사람의 선한 싸움

풀냄새 풍기는 이곳의 이 아름다운 꽃들은 누가 주셨나? 솔솔 부는 바람이 시원하게 느껴지는 날, 동산에 올라가 주님이 만드신 세상을 보면서 감탄하는 이 즐거움은 어디서 오는가? 온 땅이 푸른 순간 주님 은혜의 흐름으로 온 몸이 만족해지는 것이 믿음 안에 오는 큰 기쁨이 된다.
믿음이 주님의 선물임을 아는 사람은 주님의 선물인 인생도 주님께 영광을 돌리는 삶으로 나아가야 한다. 세상 만물도 주님께 영광을 돌리고 기쁨을 드리는 것을 보면 사람은 무엇으로 주님을 기쁘시게 해야 할지 고민해야 한다.

사람이 무엇을 보든지 선하게 보고 선하게 생각하는 마음은 바른 믿음으로만 된다. 그리고 세상 불의하고 추한 것을 보면서 그렇게 살면 안 된다는 응답으로 받는다.
믿음이 되려면 매사에 선한 싸움을 해야 한다.
마음이나 감정 안에 들어오는 혼탁한 것을 거절하는 선한 싸움만이 참된 믿음임을 아는 사람은 주님을 붙든다.

믿음은 고행이 아니라 즐거운 길로 주님을 믿으면 세상 그 어떤 일도 다 감사로 받게 된다. 그리고 믿음으로 하는 선한 싸움 안에 주님 은혜가 오면 이 은혜에 응답하는 삶으로 나아가야 한다.

"믿음의 선한 싸움을 싸우라 영생을 취하라 이를 위하여 네가 부르심을 받았고 많은 증인 앞에서 선한 증언을 하였도다" – 딤전 6:12

063

사람이 아는 것

세상에서 믿을 분은 오직 주님 한 분뿐이다. 그리고 주님을 믿는다고 하지만 게으르면 믿음은 자라지 않는다.
믿음은 말과 행동이 아니라 마음이 되어야 한다.
그의 믿음이 장성한 은혜의 분량에 이르려면 진실한 삶이 되어야 한다. 주님을 믿는다고 하면서 마음 없이 반복적인 예배로만 나아간다면 믿음이 안되는 시간이 너무 길었다는 것을 알게 된다. 그리고 의식적인 예배로 나아가다가 주님 은혜가 사라진다면 믿음이 안 되는 것을 아는 사람은 열심히 주님을 붙들어야 한다.

영혼이 겪는 슬픔을 모른다면 믿음은 성장으로 나아가지 못한다.
빈 마음은 곧 주님의 부르심이라는 것만 알아도 믿음은 달라진다. 그리고 주님을 편하게 믿어도 되지만 언젠가는 징계의 손이 미칠 때가 돌아온다는 것을 아는 사람은 미리 정신을 차려야 한다. 그리고 한 가지 아는 사실은 믿음은 살아있는 생물과 같아서 게으르게 믿는 사람을 그대로 방관하지 않는다는 것이다.
믿음의 때가 이르면 불시에 어려움이 오고 정신적인 피폐함을 겪으면서 주님을 반드시 믿게 만든다.
그곳에서 주님만이 천하만국의 주인이심을 안다면 성도는 주님 앞으로 속히 나아가야 한다.

“우리 하나님 여호와여 이제 우리를 그의 손에서 구원하사 천하 만국이 주만이 여호와이신 줄을 알게 하옵소서 하니라” – 사 37:20

사람이 들어갈 문

믿음으로 들어가는 문은 좁은 문이다.
좁은 문 안으로 들어가는 진실한 믿음만 되면 천지가 개벽할 정도로 믿음은 크게 변한다. 그 문은 우주 만물을 창조하신 하나님을 찾아가는 문이다. 그 문을 여는 방법은 오직 믿음으로만 된다. 세상 가치와 초등 학문으로 학습된 세상 관점을 넘어가지 않으면 열 수 없는 문이 사람 앞에 놓여있다. 그리고 낮은 마음 없이는 들어갈 수 없는 거룩한 문이 바로 주님을 찾아가는 문이다.

주님 안에서 누리는 참된 평안과 기쁨을 맛보려면 믿음 안으로 들어가야 한다. 믿음 안에서 맛보는 평안은 세상 것과 전혀 다르다. 그것을 아는 사람은 세상 모든 것을 허비하고라도 주님을 붙든다.
성도가 주님 은혜와 기쁨으로 살아가려면 잘 믿어야 한다.
믿음 안에 깊이 감춰진 거룩한 문은 주님 믿음으로만 열린다.
그리고 그 삶과 그의 믿음을 아시는 주님을 안다면 주님을 따라가야 한다.

주님 안에서 누리는 복이 얼마나 많은지 아는 사람은 반드시 믿음의 문을 여는 삶으로 나아가야 한다. 그 일이 잘 안된다면 더 노력해야 한다.

"좁은 문으로 들어가기를 힘쓰라 내가 너희에게 이르노니 들어가기를 구하여도 못하는 자가 많으리라" – 눅 13:24

065

소망 속의 인내

세상은 매우 차갑다.

조금이라도 유익이 없으면 모두가 떠난다.

사람이 서로 잘해주지 않는다고 불평을 한다면 사람 관계도 멀어진다. 그것을 보면 믿음은 너무나 멀고도 아득한 길이다. 그리고 다른 사람이 차가우니 나도 똑같이 그렇게 한다면 세상은 크게 살맛이 나지 않는다. 매사에 신뢰가 없는 곳에서 숨을 쉬며 살아가는 어려움을 경험해 본 사람은 믿음의 중요함을 안다. 세상 인생이 너무 고독하다는 것을 아는 사람은 이 믿음을 붙들어야 한다.

세상 어려움이 얼마나 힘든지를 아는 사람은 그 일이 주님께 나아가는 동기가 된다. 바르게 주님을 믿으려면 인내하는 힘이 와야 한다. 믿음을 인내(약 1:4) 하면서 주님을 소망하는 삶이 되어야 한다. 이 일이 바로 세상을 이기는 힘이고 믿음 안에 사는 큰 능력이 된다. 그 인생과 믿음이 무엇인지 아는 사람은 주님을 붙든다. 그리고 주님을 인내하면서 따라가는 믿음만 되면 인생의 한기도 사라진다.

이 세상 삶의 소망은 과연 무엇인가? 오직 주 예수 그리스도를 마음에 모시고 인내하면서 주님을 따라가는 삶만이 그 인생의 소망이 되어야 한다.

"주께서 너희 마음을 인도하여 하나님의 사랑과 그리스도의 인내에 들어가게 하시기를 원하노라" – 살후 3:5

소망의 방향

주님은 말씀하신다.

"누구든지 나를 따라오려거든 자기를 부인하고 자기 십자가를 지고 나를 따를 것이니라"(마 16:24)

자기 부인이란 세상 방법과 반대가 된다. 세상 사람은 인정받기를 원하나 성경은 믿음의 방향을 제시해 준다.
주님을 믿으려면 목숨도 버리라고 한다. 그러나 믿음 없는 사람들은 주님을 모르니 주님을 믿는데 이유가 많다. 주님을 믿으라고 하면 바쁘고 피곤하다고 한다. 세상 문제와 근심에 빠져서 주님을 잘 믿지 못한다. 사람이 주님을 잘 믿지 못하게 하는 원인은 자신에게 있는데 일 탓, 남 탓만 하니 문제가 된다.

그런 사람을 향하여 주님은 말씀하신다.
세상을 미워하지 않으면 주님을 따라가지 못한다고 한다. 육신을 먼저 생각하고 육신이 중요하다면 주님을 진실로 믿지 못한다. 사람이 주님을 믿으려면 세상 모든 일을 뒤로 해야 한다. 바른 삶은 믿음 없이 세상 육신으로 가는 길이 소용이 없음을 아는 것이다. 그리고 주님을 잘 믿으려면 세상 중심적인 사고와 관점을 믿음으로 바꿔야 한다.
주님이 마음 중심에 들어오시게 하려면 그 생각과 삶의 방향이 믿음으로 변해야 한다. 주님을 소망하는 일이 바로 영광된 믿음 안으로 들어가는 길이 된다.

"네가 이 세대에서 부한 자들을 명하여 마음을 높이지 말고 정함이 없는 재물에 소망을 두지 말고 오직 우리에게 모든 것을 후히 주사 누리게 하시는 하나님께 두며"
– 딤전 6:17

067

소망스러운 기업

믿음은 성도가 운영하는 기업(민 34:2)이다.
믿음의 한 가지 소망은 하나님 나라의 백성으로 사는 삶을 말한다. 그리고 성도가 운영하는 믿음의 기업은 주님이 주신 생업이다.
주님을 믿는 사람은 주님과 항상 같이 살아야 한다.
주님 은혜 안에서 살려면 진실한 믿음이 되어야 한다. 그리고 믿음으로 운영하는 믿음의 기업은 주님 은혜로 기쁘게 받아야 한다. 천상의 복을 소망으로 아는 사람은 성실하게 믿음을 기업으로 삼고 살아가야 한다.

믿음의 기업이란 주님을 믿는 일을 생업으로 삼는 삶을 말한다.
참된 믿음의 기업은 주님 안에서 오는 복을 누리면서 사는 삶을 말한다. 사람이 믿음으로 기업을 영위하려면 진실한 삶이 되어야 한다.
성도의 한 가지 소망은 사는 날까지 믿음의 기업을 영위하며 사는 삶이 되어야 한다. 세상 삶은 어려워도 오직 믿음의 기업만이 생애의 소망이 되어서 주님께 영광을 돌려드려야 한다.

성도가 믿음의 기업을 영위하려면 기업의 주인이신 주님께 소망을 두어야 한다.

"너희 마음의 눈을 밝히사 그의 부르심의 소망이 무엇이며 성도 안에서 그 기업의 영광의 풍성함이 무엇이며" – 엡 1:18

068

소망의 천국

이 세상 삶은 한순간이다.
그러나 이 세상 삶이 바로 천국 안으로 들어가는 유일한 기회임을 아는 사람은 주님을 붙든다. 세상에서 그래도 믿을 수 있는 주님이 계시니 얼마나 다행인가. 괴롭고 외로운 삶 속에서도 바라볼 천국이 있으니 얼마나 소망스러운가. 믿음은 지금 천국을 바라보면서 부지런히 주님께 나아가는 것이다.
이 세상 고독한 삶 속에서도 천국을 아는 사람은 천국같이 밝은 마음으로 사는 날이 돌아온다는 것을 믿어야 한다.

인생은 괴롭고 힘드나 천국에 소망을 둔 사람은 행복하게 살아간다. 인생이 아무리 힘들다고 해도 주님을 믿는 믿음이 있으니 어려운 삶도 넉넉히 다 이길 수 있다.
이 세상 어려움을 이기는 힘은 믿음뿐이다. 사람이 주님을 따르면 주님은 그를 외면하지 않으신다. 성도의 천국 소망이란 무엇인가? 현재 가진 것은 하나 없어도 예수 그리스도를 소유하는 삶을 말한다.

성도의 천국 소망은 세상 모든 어려움을 이기고도 남는다.
그것을 아는 사람은 인생의 소망인 천국을 향해 날마다 달려가야 한다.

"진실로 생명의 원천이 주께 있사오니 주의 빛 안에서 우리가 빛을 보리이다"
– 시 36:9

069

소망 속 안식

사람은 성공 지향적인 꿈을 꾸면서 살아간다.
위대한 인물의 전기를 읽으면서 자신도 그렇게 되기를 원한다. 그러나 믿음 안의 소망은 세상과 전혀 다르다. 믿음이 어릴 때는 잘 믿으면 성공하고 복도 받는다고 생각한다. 그러나 믿음 안의 진실은 그것이 아니라는 것을 깨닫는다. 사람은 믿음이 깊어지고 싶어 한다. 때로는 유명한 설교에 심취하고 믿음에 관한 책을 탐독하면서 은혜로운 믿음으로 살아가려고 애쓴다. 그러나 세상 성공만 알던 사람이 주님 안식으로 들어가고 싶은 간절한 소망이 믿음 안에서 오는 거룩한 꿈이 된다.

믿음으로 살아가려면 요동하는 육신을 바로잡아야 한다.
처음에는 믿음이 안되어 매우 실망하나 좌절하는 마음이 곧 실패라는 증거는 아니다. 오히려 잘 안되는 그 속에 고군분투하는 믿음이 참되다는 것을 아는 사람은 주님께 마음을 드려야 한다. 그 인생의 소망도 삶도 오직 믿음으로만 된다는 것을 아는 사람은 주님을 따라가야 한다.

세상 모든 일도 믿음으로 하고 세상 지위나 명예가 높아도 주님을 위해서 사용해야 한다. 그리고 세상 삶에 주님 안식만 들어오면 이 일이 바로 믿음, 소망 안에 사는 행복한 일이 된다.

"이미 믿는 우리들은 저 안식에 들어가는도다 그가 말씀하신 바와 같으니 내가 노하여 맹세한 바와 같이 그들이 내 안식에 들어오지 못하리라 하셨다 하였으나 세상을 창조할 때부터 그 일이 이루어졌느니라" – 히 4:3

소망하는 믿음

성도는 삶의 소망을 믿음 안에서 찾아가야 한다.
주님을 앙망하면서 주님께 소망을 두는 사람은 주님 한 분만으로 만족하면서 주님을 갈망한다. 세상만사 모든 일도 주님이 하신다는 것을 아는 사람은 주님을 유일한 생애의 소망으로 삼아야 한다. 사실 우주 만물의 근원이신 하나님을 모르면 어떻게 어려운 세상을 살아갈 수 있을까? 그러나 세상이 어려운 사람에게 믿음을 주신 주님이 고마워서 주님께만 소망을 두어야 한다. 세상 삶의 모든 동기가 주님으로만 된다는 것을 아는 사람은 믿음 안의 소망도 주님만 되어야 한다.

주님을 의지하는 삶은 생애에 큰 힘이 된다.
믿음 안의 소망이란 오직 주님 한 분만으로 만족한 삶을 말한다. 그리고 주님을 의지하는 참된 믿음은 그를 소망의 나라로 인도해 준다. 비천한 사람도 '실패의 장소에서도 주님이 아신다'는 것만 알아도 큰 소망이 된다. 그 인생에 숨이 끊어질 것 같은 어려움이 닥쳐도 주님 한 분만 의지하면 그를 소망스러운 곳으로 인도해 준다. 사람이 믿음으로 산다면 세상 낙심과 실패도 넉넉히 이길 힘이 온다.
이 세상 그 힘든 삶 속에 주님을 소망하는 믿음만이 비천한 영혼을 살리는 큰 힘이 된다.

"너희의 믿음의 역사와 사랑의 수고와 우리 주 예수 그리스도에 대한 소망의 인내를 우리 하나님 아버지 앞에서 끊임없이 기억함이니" – 살전 1:3

071

경건한 믿음

성도가 경건하게 살려면 모든 것을 주님께 맡겨야 한다.
세상 모든 근심 걱정도 주님이 다 아신다는 것을 아는 사람은 다 맡겨야 한다. 돌아보면 믿음은 평안할 때가 아니라 어려움 속에서 자란다. 세상에서 어려움을 당하고 힘들 때 주님을 찾아가는 경건한 믿음만이 세상을 이길 수 있다. 그리고 성도 삶에 시련이 오면 주님 안으로 피해야 한다.
주님만이 문제 해결의 키이신 것을 아니 주님께 모든 일을 맡기고 경건하게 주님을 따르면 어느 사이에 문제도 해결이 나 있다.

믿음으로 경건하게 사는 법을 아는 사람은 문제가 와도 별로 문제로 느끼지 않는다. 세상 삶이 아무리 어려워도 성도가 해야 할 일은 경건하게 살아야 한다는 것이다. 즉 진실한 믿음을 아시는 주님을 생애에 유일한 낙으로 삼아야 한다.
험한 어려움을 경험한 사람은 경건한 믿음의 비밀이 무엇인지 아니 모든 것을 주님께 맡겨야 한다. 참되고 경건한 믿음만이 주님께 나아가는 거룩한 길이 된다. 유한한 세상에서 믿음 안에 오는 경건한 삶의 기쁨은 영혼을 주님께로 이끄는 힘이 된다.

주님을 믿으면 세상도 넉넉히 이길 힘이 오니 이것이 바로 믿음 안에 사는 경건한 삶이 된다.

"그러므로 우리가 흔들리지 않는 나라를 받았은즉 은혜를 받자 이로 말미암아 경건함과 두려움으로 하나님을 기쁘시게 섬길지니" – 히 12:28

경건으로 깨우침

믿음이 안되어 아파하던 시절이 있었다.
마음을 아무리 낮추려고 해도 안되던 순간이 있었다.
믿음이 안되는, 돌 같이 굳은 마음을 보면서 실망하는 시간도 많이 흐른다. 믿음이 되지 않아 애태우던 시절도 지나갔다. 삶의 무수한 고비를 넘어가면서 허공만 치던 헛된 믿음이 마음을 아프게 한다. 믿음이 마음대로 되지 않는 모든 원인이 자신에게 있는 것을 모르고 늘 근심을 한다. 세상 그 무엇도 마음대로 되어보지 못한 사람이, 주님을 마음대로 조정하려는 어리석고 비천한 마음으로 몰아간 사실을 이제야 알게 된다. 그러나 경건하게 주님을 믿으면 그 안될 것만 같은 일이 실제로 일어난다. 그 안됨을 통하여 무엇도 안되는 믿음이 주님이 살아 계심을 알게 한다.

어느 날 혼탁하고 답답한 마음속에 찰나에 황홀한 빛이 비치는 경험을 통해 그 빛이 주님 은혜로부터 오는 것임을 경험한다. 어둡고 답답한 속을 환하게 밝혀주는 순간의 빛을 통해 주님이 살아계심을 경험한다. 무익하고 소용없는 사람에게 잠깐 맛 보여주시는 빛은 강한 영혼의 깨우침으로 다가온다.
믿음 안에 오는 이 경건한 깨우침은 시작일 뿐이고 이 깨우침은 날로 확장되어야 한다.

"우리를 양육하시되 경건하지 않은 것과 이 세상 정욕을 다 버리고 신중함과 의로움과 경건함으로 이 세상에 살고" – 딛 2:12

073

경건으로 돌아감

사람은 처음부터 믿음이 잘 되지 못하나 마음을 드리면 믿음은 자라간다. 특히 들은 말씀을 통하여 주님의 진리가 무엇인지 아는 지혜가 삶의 유익이 된다.
성도가 믿음으로 살려면 육신의 게으름에서 벗어나야 한다.
육신의 게으름과 나태함은 영적 태만으로 이어져서 삶과 마음을 지치게 한다. 성도는 믿음도 삶도 게으르면 안 된다. 주님을 아는 경건한 믿음은 주님이 주셔야지 육신의 힘이 전혀 아님을 아는 사람은 경건하게 이 믿음을 늘 붙들어야 한다.

사람이 경건하게 사는 것은 힘드나 주님은 무지하고 도적 같은 사람에게 경건한 믿음을 선물로 주신다. 죄 많은 사람이 경건한 믿음을 선물로 받아 산다는 것은 주님 은혜로만 된다. 죄인이 하나님께 예배를 드리는 일도 경건 속에 오는 큰 은혜가 된다.

경건한 믿음이 되려면 기도도, 말씀 공부도 해야지 거저 되지 않는다. 바르게 주님을 믿으려면 경건에 이르는 연습을 매일 해야 하고 마음도 겸손해야지 경건은 그냥 되지 않는다. 매사에 그 경건한 믿음을 보시는 주님은 그의 믿음을 의로 여기고 기쁘게 그 가는 길을 열어 주신다.

"경건의 모양은 있으나 경건의 능력은 부인하니 이같은 자들에게서 네가 돌아서라"
– 딤후 3:5

경건의 새로움

사람이 배가 고프면 밥을 먹듯이 영혼이 허전하다면 주님 은혜의 자리로 나아가야 한다. 그리고 주님을 사모하기만 하면 주님 은혜로 사는 날이 열린다. 그가 만일 주님께 선택받은 백성이라면 주님은 다양한 방법으로 그를 부르신다.
때로는 사건으로, 환경으로, 질병으로 주님이 돌아오라고 부르시면 속히 순종해야 한다. 그가 만일 하나님이 택하신 자녀라면 어려움을 당한 후에 돌아가지 말고 미리 돌아가야 한다. 언제나 목이 쉬도록 아프게 부르시는 주님을 안다면 속히 주님을 따라가야 한다.

사람은 삶의 허전함을 이기려고 많이 돌아다닌다.
그러나 그 어떤 어려움 속에서도 주님 옆에 붙어 있는 것이 경건한 믿음이 된다. 육신은 늘 곤해도 주님을 향한 경건한 믿음만이 영혼을 살린다. 허전하고 답답한 마음으로 찾아가 주님 앞에서 많이 울어본 사람은 경건한 믿음의 새로움이 무엇인지를 깨닫는다.
그 인생에 언제든지 찾아갈 주님이 계시니 얼마나 감사한지, 마음이 서럽고 아플 때 찾아가 피할 곳이 있으니 얼마나 좋은지, 육신은 날로 낡아지고 쇠해져도 이 경건한 믿음의 새로움을 아는 사람은 주님을 붙들어야 한다.

"망령되고 허탄한 신화를 버리고 경건에 이르도록 네 자신을 연단하라" – 딤전 4:7

경건한 은혜

오늘도 공원을 찾아간다.
그리고 산책하는 이유는 "경건하게 주님을 바라보는 순간이 너무 좋아서"라고 말하고 싶다. 그 오솔길을 걸어갈 때 사방에서 풍겨오는 풀 향기를 맡으면서 주님을 생각하는 순간은 매우 거룩한 시간이 된다. 주님을 믿으려면 조용한 시간을 가져야 한다. 경건하게 주님을 찾아가는 마음은 바로 영원으로 통하는 영광된 순간이 된다.
믿음이란 회중이 모여 드리는 예배도 있으나 혼자서 홀로 조용히 주님을 찾아가는 이 경건한 순간은 삶에 많은 위로가 되고 힘이 된다.

사방이 환하게 뚫린 벌판에서 주님을 바라보면서 마음을 드리는 것이 믿음 안에서 오는 큰 은혜가 된다. 세상 그 어디를 보아도 주님이 아니 계신 곳이 없으니 세상 삶이 바로 예배가 되고 경건한 은혜로 들어가는 길이 된다. 만물도 춤추듯 주님께 영광 돌리는 모습을 보면 마음이 밝아진다.
현재 마음 안에 스미는 이 은혜는 어디서 오나? 이 은혜로운 감정은 그 누가 주나? 사방 뭇 생명이 살아 생기가 넘치는 풍성한 오솔길에서 주님 은혜로 주님을 향해 나아가는 이 경건한 기쁨은 세상 그 무엇과도 비교할 수가 없다.

"그들이 너희에게 말하기를 마지막 때에 자기의 경건하지 않은 정욕대로 행하며 조롱하는 자들이 있으리라 하였나니" – 유 1:18

경건을 따라감

사람은 삶 속에서 영혼의 허전함과 외로움을 느낀다.
육신이 느끼는 모든 감정은 세상을 살아가는 육신의 특성이다. 세상 사람은 모두 육신의 특성을 가지고 나아간다. 그러나 세상과 육신으로 가는 길은 하나님과 대적하는 일이라는 것을 아는 사람은 육신을 따라가면 안 된다. 복잡하고 허전한 세상에서 육신은 보이는 것 중심으로 살아간다. 그러나 하나님은 온 우주의 창조주요, 자비하신 사랑의 하나님임을 아는 사람은 하나님을 믿는 경건한 믿음으로 나아가야 한다.

성도는 하나님 나라의 귀한 백성으로 살아가야 한다.
또는 하나님 자녀로 살아가는 이 기쁨은 세상 무엇과도 비교가 안 된다. 거룩하신 하나님을 마음에 모시고 사는 일은 상상 그 이상이다. 성도가 하나님을 생각하고 경건하게 하나님께 마음을 드리면 세상 모든 어려움도 다 이겨지는 것이 바른 믿음이다.
그 사는 환경은 비록 어려워도 하나님을 따르면 하나님은 그를 외면하지 않으신다는 믿음이 사람을 살린다.

마음 고통, 상한 감정 속에 오는 모든 낮은 증상들을 하나님께 가지고 가서 치료받고 회복하는 길은 오직 경건한 믿음으로만 가능하다.

"오직 너 하나님의 사람아 이것들을 피하고 의와 경건과 믿음과 사랑과 인내와 온유를 따르며" – 딤전 6:11

077

예수님 이름

예수님은 하나님이 약속한 메시아 되심을 나타내신다.
이 메시아란 '기름 부음을 받은 자'라는 뜻이고 예수님 이름은 구원자임을 의미한다. 이스라엘 백성에게 예수님은 정치나 종교 차원을 넘어선 메시아가 되신다. 그리고 예수님 제자들은 낮추시고 희생하는 예수님을 보고 구원자임을 알아보았다. 그 후 예수님은 십자가에 못 박히신 후 부활하셨다. 예수님 부활을 보면 십자가는 예수님을 재발견하는 거룩한 장소가 된다.

십자가는 생명 구원이 체험되는 장소다. 예수님은 하나님 아들 독생자로 하나님을 "아빠", "아버지"라고 부르신다. 이 예수님을 보고 사람들도 예수님을 "하나님의 아들"이라고 부른다.
또 성도는 하나님을 "아버지"라고 부르면서 하나님 자녀로 살아가야 한다.

믿음이 되려면 예수님을 통하여 하나님을 알아가고 하나님 형상을 통해 예수님을 알아가야 한다. 사람은 예수님을 하나님 아들로 받는 믿음을 통해서 구원으로 나아가야 한다. 믿음이 되려면 구원이신 예수님을 감사로 받고 예수님을 따르는 삶으로 나아가야 한다.

"이는 한 아기가 우리에게 났고 한 아들을 우리에게 주신 바 되었는데 그의 어깨에는 정사를 메었고 그의 이름은 기묘자라, 모사라, 전능하신 하나님이라, 영존하시는 아버지라, 평강의 왕이라 할 것임이라" – 사 9:6

예수님의 모습

사람은 예수님 사랑을 경험한다. 그리고 예수님 안에서 예수님 사랑의 충만함이 무엇을 말하는지 느껴야 한다.
성도는 예수님이 누구보다 풍성한 사랑의 주인이심을 깨닫는다. 그러나 눈으로 보이는 예수님 모습은 사람의 생각과 전혀 다르다. 사람은 예수님 모습에서 사랑을 조금도 알아보지 못한다. 성경은 "그는 주 앞에서 자라나기를 연한 순 같고 마른 땅에서 나온 뿌리 같아서 고운 모양도 없고 풍채도 없은즉 우리가 보기에 흠모할 만한 아름다운 것이 없도다"(사 53:2)라고 한다.

사람이 평범하게 생긴 것도 감사로 받아야 한다.
예수님 모습은 세상이 생각하는 것과 전혀 다르다. 그것을 보고 사람은 그가 하나님께 징벌을 받아 하나님 앞에서 고난을 받는다고 말한다. 예수님은 수난과 고통으로 인해 많은 사람에게 버림을 받고 고통을 겪으신다. 사람이 보는 예수님의 모습은 저주받고 멸시받고 버림받은 분이셨다. 사람은 많이 상하고 다친 예수님을 보면 생명을 살리는 모습을 전혀 발견하지 못한다.

예수님은 생명 구원을 위해 십자가에 못 박히고 복음을 위해 목숨을 버리신 구원자이심을 세상은 전혀 알아보지 못한다.

"그는 멸시를 받아 사람들에게 버림 받았으며 간고를 많이 겪었으며 질고를 아는 자라 마치 사람들이 그에게서 얼굴을 가리는 것 같이 멸시를 당하였고 우리도 그를 귀히 여기지 아니하였도다" – 사 53:3

079

예수님의 외모

예수님의 외모는 신비하다.
그 상한 모습 속에 사람의 생명을 구원하는 능력이 있음을 세상은 짐작도 하지 못한다. 예수님은 죽고 다시 사신 분(막 8:31), 영혼 구원을 위해 목숨을 버리신 예수님(막 8:34-35)을 아는 사람은 예수님을 믿는다. 성도가 믿음이 된다면 검소하게 사는 것도 예수님을 따르는 삶이 된다.
믿음은 보이는 세상을 따라가는 것이 아니다.
보이지 않는 믿음을 따라가는 사람은 어떤 모습으로 살아가야 할지 깊이 생각해 보아야 한다,

고난을 모르는 믿음은 되는 일이 없어서 예수님을 바르게 믿지 못한다. 사람이 너무 잘 나고 잘 산다면 믿음이 무엇인지 알지 못한다.
예수님을 믿으려면 낮아지고 겸손해야 한다. 믿음이 되려면 겸손이 온 삶을 지배하도록 마음을 낮추어야 한다.

허술하게, 편하게 가는 것이 참된 길이라면 외적인 모습에 너무 치중하면 안 된다. 만일 그 믿음이 예수님 죽음도 십자가도 알지 못하는 사람은 더 낮은 자세로 나아가야 한다.

"그는 실로 우리의 질고를 지고 우리의 슬픔을 당하였거늘 우리는 생각하기를 그는 징벌을 받아 하나님께 맞으며 고난을 당한다 하였노라" – 사 53:4

예수님의 복음

사람이 예수님을 믿는 믿음의 근원은 복음인 진리 말씀 때문이다. 예수님은 공생애 사역 첫 단계에서 "때가 찼고 하나님 나라가 가까이 왔으니 회개하고 복음을 믿으라"(막 1:15)라고 말씀하셨다. 사람이 예수님을 믿는 믿음의 요점은 예수님이 생명을 구원해 주시는 분이라는 것을 알기 때문이다.
예수님 복음의 효능은 온 영혼에 큰 영향을 끼친다. 사람이 복음으로 살 때만이 믿음이 무엇인지, 진리가 무엇을 말하는지 깨닫게 된다.
복음의 의미가 무엇인지 모른다면 예수님의 말씀도 어려워 잘 듣지 못한다. 사람이 세상 사고방식을 믿음으로 바꾸지 않으면 복음 앞으로 가까이 나아가지 못한다.

'하나님 나라가 가까이 왔다'는 의미는 하나님의 거룩하신 임재를 가르친다. 사람은 복음을 실천하면서 바른 믿음에 이르게 된다. 그리고 마음에 변화를 일으키는 복음은 믿음이 근본이 되고 시작이 된다. 복음은 말씀 자체만으로도 영혼을 살리고 생명을 살린다. 사람이 예수님 복음이 복된 생명의 소리로 들리지 않는다면 믿음은 영혼에 아무런 영향도 미치지 못한다.
하나님 나라가 가까이 왔다는 말씀은 하나님 말씀을 마음에 담고 살아가야 한다는 뜻으로 받아야 한다.

"그러면 무엇을 말하느냐 말씀이 네게 가까워 네 입에 있으며 네 마음에 있다 하였으니 곧 우리가 전파하는 믿음의 말씀이라" – 롬 10:8

081

예수님 사랑

예수님은 세례(침례)를 받으신 후 하나님 나라를 선포하셨다. 그러나 사람은 하나님 나라를 알지 못하고 땅만 바라보면서 살아간다.
땅만 아는 사람은 하나님 나라의 중요성을 알지 못하나 하나님 나라를 아는 사람은 믿음이 중요함을 안다. 그리고 예수님 공생애 3년은 고난과 고독 속에서 사람에게 배신을 당하셨다.
예수님은 하나님 아버지에게도 외면을 당하시면서 십자가에 달리셨다. 그것을 안다면 예수님의 삶은 실패의 연속이었고 고통 속에서 육신의 무력함을 드러내셨다. 그것을 보고 사람은 끊임없이 조롱하면서 멸시를 한다.

사람들은 예수님 외모에서 구원자임을 조금도 발견하지 못한다. 그리고 예수님이 십자가에서 죽고 부활하신 후에야 사람은 예수님을 알아보았다. 죽음의 표상인 십자가가, 사람의 영혼을 살린다는 믿음이 예수님을 따르는 원인이 된다.
성도는 고통의 십자가가 사랑의 길이라면 사랑을 위해 고통을 당하면서 죽을 각오도 해야 한다. 고통이 바로 사랑의 길이라는 것을 배운 사람은 그 고통을 피하면 안 된다. 믿음의 요점은 십자가 고통과 사랑이 사람을 살린다는 것이다. 사람이 주님을 믿으려면 사랑을 위해 고통을 받을 준비도 해야 한다.

"새 계명을 너희에게 주노니 서로 사랑하라 내가 너희를 사랑한 것 같이 너희도 서로 사랑하라" – 요 13:34

예수님 믿음

하나님 나라는 천국을 의미한다.
사람들은 천국은 좋은 곳이라는 것은 아는데 복음이 말하는 천국은 잘 알지 못한다. 다만 천국은 죽은 후에 들어간다고 생각한다. 그러나 천국에 대한 오해가 무엇을 말하는지 되새겨 보아야 한다.
사람들은 지금 천국으로 보내준다고 하면 죽기 싫어서 다들 피한다. 사람은 고통 속에 살아가면서도 이 땅을 떠나지 않으려는 육신의 본능때문에 죽음을 거절한다.
영생은 유일하신 하나님과 주 예수 그리스도를 아는 것이라고 말한다. 예수님이 누구신지 아는 사람은 세상 어느 곳이나 예수님이 아니 계신 곳이 없다는 것을 안다.

이 세상의 모든 것을 다 아시는 예수님은 사람의 성정도 다 아신다. 예수님을 믿음으로 천국으로 들어간다는 것을 아는 사람은 복음의 복된 의미도 무엇인지 다 안다. 그리고 예수님을 믿음으로 오는 마음의 기쁨은 세상 기쁨과는 전혀 다르다.
현재 믿음 안에서 맛보는 기쁨은 성도에게 거저 주시는 예수님의 선물이다. 이 오묘한 진리를 세상 살면서 맛본다는 것은 예수님을 믿는 믿음으로만 가능하다.

"영생은 곧 유일하신 참 하나님과 그가 보내신 자 예수 그리스도를 아는 것이니이다"
– 요 17:3

회개의 힘

주님은 죄인을 부르러 오셨다고 하시면서 회개를 강조하셨다. 회개란 나는 죄인이라는 자기 부인으로부터 시작되어야 한다. 참된 회개는 육신의 모든 것이 바르지 못하다는 것을 인정해야 한다. 육신의 길은 믿음이 아니라고 부정해야 진정한 회개가 된다.
진정한 회개는 믿음의 가치를 바르게 설정하고 믿음이 세워지는 근거가 된다. 회개란 죄 많은 세상을 어떻게 믿음으로 살아가야 하는지 인생의 새 이정표를 제시해 준다.

육신에 예속되어서 살아온 삶이 바뀌어 마음 중심에 주님을 모시고 사는 것이 바른 회개가 된다. 세상을 좋아하던 사람이 주님을 기쁘시게 할 것이 무엇인지 고민하는 것이 진정한 회개다. 육신의 어리석은 근성을 십자가에 처리 받는 일이 바른 회개가 된다. 회개의 목적은 사람이 하나님의 형상으로 회복되어 하나님을 닮아 살아가는 삶을 말한다.

사람이 주님을 믿으려면 회개의 삶으로 나아가야 한다.
육신의 생각과 사고를 믿음으로 완전히 바꾸는 동기는 회개밖에 없다. 사람이 하나님의 영광 안에서 살기를 원한다면 즉시 회개해야 한다.

"내가 의인을 부르러 온 것이 아니요 죄인을 불러 회개시키러 왔노라" – 눅 5:32

회개의 진실

진실한 회개는 믿음과 삶을 바르게 해준다.
사람이 회개한 후에 맛보는 주님 은혜는 육신이 얼마나 교만한지, 추한지 다 알게 되니 진정으로 회개하지 않을 수 없다. 그동안 죄인이라는 사실을 알면서도 진실로 큰 죄인이라는 것을 깨닫지 못했다. 아무리 살펴보아도 죄를 지은 기억이 별로 없어서 죄인이라는 것을 생각도 하지 못한다. 그러나 주님의 영롱한 은혜의 빛 아래서 육신의 추한 모습을 보는 순간만 오면 몸서리를 치면서 진정으로 회개하지 않을 수 없다.

육신의 사고 바뀜이 회개로만 된다면 육신 관점과 무분별한 생각에서 떠나야 한다. 그리고 죽을 수밖에 없는 죄인을 구원하기 위해 희생하신 주님을 안다면 회개함으로 돌 같이 강한 육신을 두드리고 깨워야 한다. 사람이 주님을 믿으려면 하루 한순간도 세상 죄에 물들면 안 된다.
참된 회개만이 생명을 살리는 길임을 아는 사람은 반드시 회개해야 한다. 진정한 회개만이 생명을 구원으로 이끈다는 것이 인생에 소망이 된다.

주님은 세상 어디에도 아니 계신 곳이 없다는 사실을 아는 진실한 믿음만이 회개로 들어가는 진정한 길이 된다.

"너희에게 이르노니 아니라 너희도 만일 회개하지 아니하면 다 이와 같이 망하리라"
– 눅 13:5

085

회개하는 사람

사람은 높으신 하나님은 알지만 이미 와 계신 하나님은 잘 알지 못한다. 하나님 나라는 이미 가까이 와 있는데 이미 와 있는 하나님 나라를 깨우치는 방법은 회개밖에 없다.
회개함으로 마음이 주님께 돌아가야 천국을 경험할 수 있다. 만일 사람이 회개를 하면 하나님 안에서 맛보는 은혜는 상상할 수 없을 정도로 크다. 그런데 회개를 하려고 해도 회개가 되지 않고 매사에 어려움을 경험한다. 회개하려고 하니까 마음 놓고 잠자던 어둠의 세력이 번성하게 깨어나서 회개하지 못하게 방해를 한다.

회개가 얼마나 좋은 것이기에 저들이 번성하게 일어나 방해하는가 싶어서 잠 못 드는 밤이 계속된다. 마음은 점점 더 어려워지면서 육신은 영적 극한 상황까지 내려가야 한다.
마음이 답답하고 힘들면서 회개를 하지 못하는 어려운 시간만 지나간다. 그 믿음 길에 오는 무수한 사탄의 술수를 경험하면 회개가 매우 멀게만 느껴진다.

마음은 회개하려고 하는데 회개하지 못하게 방해하는 어둠을 물리칠 능력이 없는 것이 문제가 된다. 그런 영적인 상태가 오래 지속되면서 회개는 편한 길이 아니라는 것을 경험하게 된다.

"회개하라 천국이 가까이 왔느니라 하였으니" – 마 3:2

회개하는 마음

세상과 육신의 관점을 믿음으로 바꾸는 방법은 회개밖에 없다. 그리고 진실한 회개만이 하나님 나라로 들어감을 얻는다. 사람이 육신의 생각과 사고가 바뀌는 기회는 참된 회개로만 된다.
주님 은혜의 빛 비추심을 통하여 육신이 얼마나 나쁜지 그른지를 아는 사람은 회개하지 않을 수 없다. 육신의 사고 가치가 바르지 않은 사람은 믿음이 아닌 육신으로 가는 길을 거절해야 한다. 그리고 회개 후에 오는 주님 은혜는 육신이 얼마나 큰 죄인인지 알게 되기에 이것이 참된 회개가 된다.

회개는 세상 인본주의 사고 가치를 믿음으로 바꾸어 준다.
참된 회개는 죄의 불의함을 보고 육신의 생각과 사고는 믿음으로 사는 삶이 아님을 철저하게 알게 해준다. 믿음으로 마음을 열고 회개하는 그 속에 흘리는 눈물이 바른 회개가 된다. 진정한 회개는 주님의 은혜 안으로 들어가는 첩경이 된다. 주님 안에 감추어진 은혜의 본체로 마음을 돌리면서 주님 사랑을 맛본다는 것은 바른 회개로만 된다.

천국은 죽어서 가는 나라이기 전에 현재 회개한 사람이 들어가 누리는 믿음 성장 안에서 오는 현세 천국을 말한다.

"내가 여호와인 줄 아는 마음을 그들에게 주어서 그들이 전심으로 내게 돌아오게 하리니 그들은 내 백성이 되겠고 나는 그들의 하나님이 되리라" – 렘 24:7

087

회개의 새로움

험한 고난을 통과하면서 돌아보니 혼자서는 도저히 살아갈 수 없는 세상임을 깨닫는다. 그리고 믿음이 깊어지려고 아무리 애써도 안되면 회개하는 길밖에 없다. 그리고 진정으로 회개만 하면 그 영향은 얼마나 큰지 상상이 안된다.
회개함으로 들어오는 주님 은혜는 육신이 얼마나 나태한지 게으른지 알게 되기에 이것이 믿음 안에 큰 유익이 된다. 사람이 자신을 돌아보는 힘은 바른 회개로만 된다. 영의 눈이 열려서 몸에 든 죄의 흉한 가면을 보기만 하면 진정으로 회개하지 않을 수 없다.

주님을 믿으려면 반드시 회개해야 한다. 믿음은 바로 회개로 가는 길이다. 그의 믿음이 괴로움 가운데 소망을, 미움 가운데 사랑하며 살아갈 힘은 진실한 회개로만 된다. 세상과 육신의 길은 믿음이 아니라고 부인하는 것이 바른 회개가 된다.
육신은 전혀 아니라고 부정하는 곳에 가야 주님이 회개를 허락해 주신다. 다만 사람이 회개하는 이유는 참된 믿음 안으로 들어가기 위해서다.
사람이 회개만 되면 믿음 안에서 오는 영혼의 새로움을 아니 이것이 주님 영광 안으로 들어가는 귀한 기회가 된다.

"그러므로 너희가 회개하고 돌이켜 너희 죄 없이 함을 받으라 이같이 하면 새롭게 되는 날이 주 앞으로부터 이를 것이요" – 행 3:19

088

돌이킴의 의미

사람이 마음을 돌이킨다면 믿음의 영적인 문제는 조금씩 뚫린다. 회개와 돌이킴이 주님 은혜로만 되면 영적 지경은 한없이 넓어진다.
그리고 회개를 하면 하나님 은혜와 말씀과 진리가 무엇인지 새롭게 인식이 된다. 지속적인 돌이킴 속에 육신의 무가치함을 깨달은 사람은 주님을 붙든다. 사람이 하나님 나라에 들어가려면 반드시 온 삶을 주님 앞으로 돌려야 한다. 주님 안으로 들어가려면 마음 돌이킴만이 바른 믿음이 된다는 것을 경험해야 한다.

마음 돌이킴이 성령님의 인도로만 되면 믿음 안에서 오는 은혜의 비밀은 무엇으로도 설명하지 못한다. 주님 은혜가 없는 이유는 진정으로 마음을 돌이키지 못해서다.
검은 죄에서 돌이킴의 결과는 모든 상상을 초월한다.
사람이 돌이키기만 하면 바른 믿음 안으로 들어가게 된다. 이 돌이킴의 길에서 맛보는 풍성한 은혜의 맛은 영혼과 몸을 살린다. 그리고 이런 은밀한 돌이킴 속에 주님만이 참된 생명이심을 알게 해준다. 주님께 마음을 돌이킴으로 주님 은혜가 온 사람은 그 인생의 그 모든 것을 주님 앞으로 돌려야 한다.

"주의 약속은 어떤 이들이 더디다고 생각하는 것 같이 더딘 것이 아니라 오직 주께서는 너희를 대하여 오래 참으사 아무도 멸망하지 아니하고 다 회개하기에 이르기를 원하시느니라" – 벧후 3:9

089

돌이킴의 기쁨

돌이킴은 매우 신비하다.

주님을 믿어도 기쁨이 없는 삶에 환멸을 느낀 사람이 주님께 돌이키려고 애를 쓴다는 것도 기적이 된다. 돌이킴은 매우 어렵지만 믿음의 한고비만 잘 넘기면 주님 은혜로 사는 길이 열린다. 그러나 그 돌이킴은 육신의 모든 것이 다 포기될 때까지는 전혀 열리지 않는다. 육신의 모든 능력이 바닥을 칠 때가 되어야 돌이킴 안으로 들어감을 얻는다. 진정한 돌이킴은 전 생애를 드리는 깊은 영적 과정을 거쳐야 한다.

마음을 믿음으로 돌이킨다는 것은 매우 어렵다.

그 이유는 돌이킴이란 치열한 영적 싸움을 해야 하기 때문이다. 성도의 돌이킴은 실패하면 망하나 믿음만 있으면 다 이기게 된다. 믿음은 바로 돌이킴으로 가는 길이다.

그런데 편하게 믿으면서 주님 사랑만 받으려고 한다면 되는 일이 없다. 돌이킴이 무엇인지 모르면서 은혜만 아는 사람은 믿음을 다시 되돌아보아야 한다. 그동안 기쁨이 없는 믿음에 실망한 사람은 이 돌이킴을 다시 생각해 보아야 한다.

믿음이 안되는 이유가 무엇인지 돌아보고 돌이키는 사람에게 주님은 그 믿음을 의로 여기시고 은혜로 가는 길을 열어 주신다.

"내가 너희에게 이르노니 이와 같이 죄인 한 사람이 회개하면 하나님의 사자들 앞에 기쁨이 되느니라" – 눅 15:10

090

돌이킴의 참됨

고난을 통과하면서 돌아보니 자신은 세상에서 살아갈 수 없는 큰 죄인임을 깨닫는다. 그리고 아무리 마음을 돌이키려고 애를 쓰나 돌이킴은 영적인 길이어서 그런지 육신의 힘으로는 전혀 되지 않는다.
아무리 주님 이름을 불러도 눈물 한 방울도 흘리지 못하는 단단한 육신의 강함을 경험한다. 이 강한 육신을 보면 반드시 돌이켜야 한다는 생각이 든다. 주님은 회개하라고 하면서 천국을 말씀하신다. 그 의미는 돌이키지 않으면 천국에 들어가지 못한다는 뜻이다.

돌이킴만이 주님 은혜 안으로 들어가는 첩경이 된다.
그런데 돌이킴이 안된다는 것은 그만큼 자신의 죄를 알지 못하기 때문이다. 사람이 수십 년을 믿어도 돌이킴의 경험이 없으면 은혜 깊이에 이르지 못한다. 그 죄를 보는 안목이 없으니 바르게 돌이키지 못한다.
사람은 자신이 죄인인지 아닌지 모르니 아무리 오래 주님을 믿어도 믿음이 은혜 되지 못하는 세월만 지나간다. 그러나 주님 앞에 돌이키다가 참된 돌이킴만 되면 그제야 주님이 해주신 것을 알게 되고 이 돌이킴은 끝까지 주님 은혜가 되어야 한다.

"나더러 주여 주여 하는 자마다 다 천국에 들어갈 것이 아니요 다만 하늘에 계신 내 아버지의 뜻대로 행하는 자라야 들어가리라" – 마 7:21

제2부

나가세

저 멀리 보이는 소망성 우리 주님 계신 곳
날마다 기쁘게 노래하며 주님을 따라가세

눈에 보이는 저 천성 열두 진주문 향해서
오늘도 기쁘게 주님 이름 부르며 달려가세

그 이름 귀하고 놀라워 은혜의 주 예수님
손뼉 치며 즐겁게 주님 향해 즐겁게 가세

생명 구원이신 그 주님 이름 너무 존귀해
끝없이 주님 향해 즐겁게 뛰어서 따라가세

우리 영혼이 들어갈 주님 사시는 그 나라
성도가 찾아갈 무궁한 영광의 주님 나라

모두 함께 노래하고 춤추면서 속히 가세
귀한 그 이름 찬양하며 주님 향해 나가세

"이르되 주 예수를 믿으라 그리하면 너와 네 집이 구원을 받으리라 하고" – 사도행전 16:31

091

돌이키고 두드림

마음을 돌이키는 시간이 오래 지나간 후 자신도 모르게 감정이 가라앉고 낮아짐을 경험한다. 겸손도 겉만 알던 사람이 내면 깊은 곳이 내려가고 추락하면서 마음이 낮아짐을 경험한다.
돌이킴의 결과는 마음이 낮아진다는 사실이다.
오랫동안 끊임없이 마음이 내려가고, 내려가 낮아진 마음자리 저 아래에 은혜가 들어옴을 경험한다. 밑으로 아래로 내려가는 저 가장 낮은 자리에 가서야 겸손이 차오름을 체험한다. 그것을 보면 주님은 가장 낮고 낮은 자리에 오시는 분이라는 것을 깨닫는다.

돌이킴 안에 오는 은혜의 샘은 수시로 흐르고 흘러서 죄로 물든 몸을 씻어주는 생수가 된다. 그렇게 두드리고 애써도 안되던 돌이킴이 된다는 것은 주님 은혜로만 가능하다. 그 죄를 돌이킴으로 육신을 보는 마음 눈이 열리면 육신은 한없이 추한 죄인이라는 사실을 깨닫는다.

사람이 육신의 더럽고 흉한 죄의 가면을 보기만 하면 죄에 대한 큰 각성이 오면서 진정으로 돌이키지 않을 수 없다. 여기에 오면 결국 돌이킴도 주님의 선물이고 진정한 돌이킴은 주님의 은혜로만 된다는 것을 경험한다,

"나를 사랑하는 자들이 나의 사랑을 입으며 나를 간절히 찾는 자가 나를 만날 것이니라" – 잠 8:17

영혼의 궁핍

영혼이 궁핍한 현상은 아무에게나 주어지지 않는다.
무엇인가 부족하고 허전한 느낌, 또는 아무리 채워도 채워지지 않는 이 증세를 '영혼의 궁핍'이라고 말하고 싶다. 이런 증상은 공허한 삶과 마음에서 비롯된다. 사람은 살아가다가 무엇인가 궁핍한 증상으로 시달릴 때가 있다. 그것은 삶의 문제이기에 앞서 영적으로 오는 증세임에는 틀림이 없다.
이 궁핍한 마음은 주님 은혜의 생수를 마셔야 한다.
은혜의 물인 생수는 주님이 십자가에서 흘리신 살과 피를 통해서만 가능하다.

사람이 주님이 흘리신 피를 묵상하면 육신은 큰 죄인임을 안다. 육신이 죄인이라는 사실이 인식되면 그 죄를 해결하는 방법은 믿음밖에 없다. 그러나 믿음이 부족해서 은혜의 깊이에 이르지 못한다.
주님께 돌아가야 하는데, 주님을 믿으면 되는데 믿음 안으로 들어가지 못한다. 세상 궁핍은 세상 방법으로 해결하면 되지만 믿음 안에서 오는 영혼의 궁핍은 믿음만이 그 해결 방법이 된다. 주님이 흘리신 보혈의 능력으로 사탄이 흔적 없이 쫓겨가는 경험 속에 궁핍함이 다 사라지는 힘은 바른 믿음으로만 된다.

"여호와여 나는 가난하고 궁핍하오니 주의 귀를 기울여 내게 응답하소서" – 시 86:1

093

영혼의 가난

믿기 이전의 시련은 죄의 결과로서 험한 시련을 이기려고 애를 쓰던 세월이 있었다. 그러나 주님을 믿은 후에 오는 영혼의 가난함은 어디서 오는지 알 수가 없다. 아무리 애써도 안되는 가난한 증상은 영적으로 오는 현상임에는 틀림이 없다.
이 증상이 사람을 괴롭히는 이유는 더 깊은 믿음 안으로 들어가야 한다는 주님 뜻으로 받아야 한다. 세상 그 무엇으로도 해결되지 않는 이 증상의 사람은 주님을 믿어야 한다. 주님이 사람을 부르실 때는 말씀으로 또는 질병과 고난을 통하여 그를 부르신다.

영혼의 가난을 경험한 사람은 주님 앞으로 나아가야 한다.
이 가난한 마음이 어떤 영적 증상이라는 것을 안다면 믿음을 다시 생각해 보아야 한다. 믿음을 모르는 사람은 섬김이나 봉사에 몸을 맡긴다. 그러나 모든 섬김도 별 효능이 없음을 경험하면 마음이 주님께 돌아가는 것만이 해결 방법이 된다. 믿음이 육신의 힘으로 되지 못함을 아는 사람은 믿음을 생각해 보아야 한다.
성도가 깊은 은혜의 생수를 길어 올리려면 기쁨으로 구원의 우물을 파야 한다(사 12:3). 그리고 은혜의 생수를 파서 마시고 일어나는 힘은 주님을 믿는 믿음으로만 된다.

"오직 나는 가난하고 슬프오니 하나님이여 주의 구원으로 나를 높이소서" – 시 69:29

영혼의 낙심

사람은 낙심 속에 빠질 때가 있다.
그리고 왜 근심해야 하는지, 낙심하는지 그 원인을 삶이나 환경에서 찾는다. 그러나 그런 증상이 심해진다면 믿음을 생각해 보아야 한다.
이 세상 그 삶의 모든 환경은 주님이 주신 것이다.
그런데 사람은 그곳에서 매사에 낙심하고 좌절해야 한다. 육신은 삶에서 오는 고통 속에서 살아간다. 그러나 보이지 않는 영혼에 오는 낙심은 어떻게 해결해야 하는지 원인만 알면 되는데 원인을 모르니 해결 방법도 알지 못한다.

사람은 몸 관리는 잘하나 보이지 않는 영혼 관리에는 매우 무심하다. 영혼이 사람 안에 들어있는 것조차 모르니 영혼 관리의 필요성을 느끼지 못한다. 삶 속에서 영혼에 낙심이 와서 힘이 든다면 영의 문제가 걸려있는 증거가 된다. 사람은 세상에서 종종 절망하고 낙심함으로 마음에 좌절을 경험한다.

이런 증상은 믿음 안에서 오는 고뇌임에는 틀림이 없다.
그리고 이 문제를 모든 방법을 동원해 해결하려고 애를 써도 해소가 안된다면 다시 생각해 보아야 한다. 삶 속에서 이유 없는 그 영혼의 낙심을 해결하는 길은 믿음밖에 없다.

"내 영혼아 네가 어찌하여 낙심하며 어찌하여 내 속에서 불안해 하는가 너는 하나님께 소망을 두라 그가 나타나 도우심으로 말미암아 내 하나님을 여전히 찬송하리로다"
– 시 43:5

095

영혼의 주림

영혼의 주림은 심신을 지치게 한다. 그리고 그 형편에 빠지지 않으려고 사방으로 헤매도 해결이 나지 않는다. 가벼운 심리 증상은 육신의 힘으로 회복될 수 있다. 그러나 이 알 수 없는 증상으로 힘든 사람은 이것을 해결하는 방법을 모르니 힘들 수밖에 없다.

그 영혼이 주림으로 마음에 회의가 들어오면 생의 의욕이 사라지는 원인이 된다. 삶이 깨어지고 세상은 멀어지나 주님을 믿으면 그에게 회복되는 길을 알려 주신다.

영혼이 주림을 느끼는 것은 육신의 미약함을 아는 기회가 된다. 아무리 채워도 주린 증상으로 힘든 사람은 주님을 믿어야 한다. 주님을 바르게 믿지 않은 죄, 게으르게 믿은 죄가 원인이 된다. 심령에 오는 이런 상태가 어떤 영적 걸림임을 아는 사람은 믿음을 다시 생각해야 한다.

세상 그 무엇으로도 채워지지 않는 영혼의 주림은 그 속에 무엇을 채워야 한다는 의미가 들어있다. 주님은 영원히 주리지 않고 목마름이 없는 영생을 주신다고 하신다.

주님을 진실하게 믿으며 영혼의 주림도 다 해소됨을 경험하려면 이 믿음을 붙들어야 한다.

"예수께서 이르시되 나는 생명의 떡이니 내게 오는 자는 결코 주리지 아니할 터이요 나를 믿는 자는 영원히 목마르지 아니하리라" – 요 6:35

영혼의 번민

영혼의 번민을 경험한 사람은 "오호라 나는 곤고한 사람이로다 이 사망의 몸에서 누가 나를 건져내랴"(롬 7:24)라고 탄식한다.
영적 극한 상황을 경험한 사람은 육신은 믿음에 전혀 무익함을 깨닫는다. 세상은 어두운데 사방에서 들리는 요란한 소리는 영혼을 파멸로 이끄는 요소가 된다. 세상도 세균도 전쟁의 소식도 난무하고 스모그와 시끄러운 기계 소리도 모두 죄의 결과로 나타난다. 그곳에서 영혼이 피할 곳은 그 어디인가?
영혼이 곤하고 슬픈 번민 속에 믿을 곳이 어디인지를 아는 사람은 믿음을 바르게 관리해야 한다.

사람은 영적인 존재인데 믿음을 가꾸는데 서툴러서 소비 중심으로 나아가다가 영적 번민에 빠진다. 이런 증상이 온 사람은 이 증세로 마음 고통을 겪어야 한다. 여기서 삶의 감각을 잃어버리고 의욕이 사라진다면 그때 바라볼 곳은 위로 뚫린 하늘밖에 없다. 사람은 무엇 때문에 힘들게 사는지 알지 못한 채 지금까지 살아왔다. 그리고 인생이 전력을 다하는 곳에서 번민하는 영혼을 보면 많이 근심해야 한다.

그곳에서 의지할 곳은 어디인지, 현재 바라볼 곳은 어디인지 아는 사람은 주님 앞으로 나아가야 한다.

"나의 영혼이 번민하고 종일토록 마음에 근심하기를 어느 때까지 하오며 내 원수가 나를 치며 자랑하기를 어느 때까지 하리이까" – 시 13:2

097

말씀 읽기

성도가 아무리 말씀 앞으로 가까이 가고 싶어도 잘 안된다면 그 믿음을 다시 생각해 보아야 한다. 믿음의 세월이 아무리 오래다 해도 말씀 깊이에 이르지 못하면 문제가 된다. 믿음도 그 무엇도 마음대로 되는 것이 없는 곳에서 할 일은 그래도 말씀을 읽는 것밖에 없다.
사람이 꾸준히 말씀을 읽으면 은혜의 폭이 달라지고 믿음도 올라간다. 돌같이 딱딱한 마음도 부드러워지고 따뜻해지는 경험 속에 말씀에 대한 지혜와 지식도 자라간다. 세상에서도 힘을 다하면 성공하는 것 같이 주님 말씀에 대한 열심을 가지면 믿음도 성장으로 나아간다.

돌아보면 주님이 먼저 사람을 찾아오셨다.
보잘것없는 사람을 향하여 오시는 주님을 생각하면 믿음은 육신의 힘이 아니라는 것을 안다. 그리고 주님 말씀을 따라가다가 말씀 진리가 너무 신기한 일을 경험하면 그 일이 믿음이 바뀌는 동기가 된다. 그리고 말씀 진리를 가까이할 때 마음이 뜨거운 느낌은 무엇이라고 표현이 안된다. 그것은 바로 주님 말씀이 세상 언어가 아니라 생명의 언어로 다가오기 때문이다.
주님 말씀이 생명으로 다가오려면 말씀 앞으로 가까이 나아가야 한다. 성도가 주님 말씀을 가까이만 하면 주님 은혜로 살게 된다.

"주의 빛과 주의 진리를 보내시어 나를 인도하시고 주의 거룩한 산과 주께서 계시는 곳에 이르게 하소서" – 시 43:3

098

말씀을 지키기

사람은 하루에 세 번 밥을 먹는다.
사람이 믿음이 되려면 주님 말씀을 먹고 씹고 마음에 새겨야 한다.
주님 말씀은 성도를 믿음 안으로 인도해 준다.
주님 말씀을 들으면 사망의 길에서 영생의 길로 옮겨준다. 하나님은 말씀 한마디로 천지를 창조하셨다. 우주 만물을 창조하신 하나님은 해와 달과 1년 365일을 사람에게 주셨다. 그것을 아는 사람은 하나님 말씀의 위력이 무엇을 말하는지 깨달아야 한다. 그리고 그 말씀도 하나님 은혜로 오는 사실을 안다면 하나님 말씀을 잘 지켜야 한다.

사람 눈에 주님은 보이지 않는다.
다만 말씀을 계시하시는 주님은 말씀을 통하여 알아가야 한다.
성경은 하나님 말씀이다. 성경에 계시된 하나님 말씀으로 사는 것이 성도의 의무다. 그러나 말씀 안으로 들어가기가 얼마나 어려운지 겪어본 사람은 안다. 성령이 깨우쳐주지 않으면 깨닫지 못하는 말씀을 그래도 따라가는 것이 성도의 도리다.
세상에서 맛볼 수 없는 주님 말씀을 경험한 사람은 주님 말씀을 붙들고 끝까지 따라가야 한다. 주님이 말씀 자체이심을 안다면 주님 말씀을 잘 지켜야 한다.

"청년이 무엇으로 그의 행실을 깨끗하게 하리이까 주의 말씀만 지킬 따름이니이다"
– 시 119:9

099

말씀 묵상

사람이 처음 믿을 때는 예배의식을 따라간다. 그리고 설교 말씀을 들으면서 믿음이 무엇인지, 말씀 의미가 무엇을 말하는지 이해를 한다.
말씀 은혜 안으로 들어가기를 원하는 사람은 주님 말씀을 가까이해야 한다. 그러나 말씀을 읽어도 말씀이 주님이 하시는 말씀으로 들리지 않는 것이 문제가 된다. 성경 말씀이 당장에 마음에 와닿지 않는 일은 이상한 일이 아니다. 말씀의 깊이와 넓이가 어떠함을 모르는 사람은 육신 잣대로 말씀을 읽고 판단한다. 그리고 말씀을 육신의 입맛과 취향에 맞추려고 하니까 말씀 안으로 더 깊이 들어가지 못한다.

성도는 성경 안으로 들어가 말씀과 말씀 사이에 떨어진 말씀 이삭을 주워 먹어야 한다. 성경 말씀이 중요한 이유는 그 말씀이 주님과의 대화라는 것을 알기 때문이다.
만일 사람이 말씀 안으로 들어가려고 애를 쓴다면 말씀의 깊은 영적 의미를 알 때가 있다. 그리고 주님 말씀을 묵상하는 이유는 하늘의 신령한 복으로 사는 참된 믿음이 되고 싶어서다.
주님 말씀이 주님 생명으로 들리기까지 나아가려면 말씀을 많이 묵상해야 한다.
늘 주님 말씀을 묵상하면 어느 날 말씀하시는 주님을 만날 때가 있다는 것을 반드시 믿어야 한다.

"내가 주의 법을 어찌 그리 사랑하는지요 내가 그것을 종일 작은 소리로 읊조리나이다"
– 시 119:97

말씀 안에 거하기

성경은 하나님의 뜻이 계시된 복음의 책이다.
믿음이 무엇인지, 주님이 누구신지 알고 싶으면 말씀 안으로 들어가 말씀의 깊은 영적 의미를 깨달아야 한다. 처음에는 말씀을 보아도 무감각해서 잘 이해하지 못한다. 그러나 줄기차게 말씀을 읽다가 그 말씀이 생명으로 들리면 말씀 생명이 무엇을 의미하는지 알게 된다.
믿음은 주님 은혜가 무엇인지 주님이 누구신지 말씀이 무엇을 말하는지 믿음 안에서 다 통달이 되어야 한다. 성도가 그 말씀이 생명으로 들리기까지 나아가려는 이유는 주님은 말씀만이 생명 그 자체가 되기 때문이다.

주님 말씀이 어떤지 알려면 주님 말씀을 전적으로 신뢰해야 한다. 그 믿음이 말씀의 능력으로 나아가려면 말씀 안에 거해야 한다. 성도가 말씀을 음미하다가 말씀을 아는 지혜가 들어오면, 영과 육을 분별하는 힘으로 모든 악을 이기게 된다.
주님이 말씀을 주시는 이유는 말씀대로 살아가야 한다는 의미다.
성도가 말씀 안에 거하는 삶으로 나아간다면 주님은 그를 더 깊은 진리 안으로 이끌어 주실 것이다. 성도가 말씀 안에 거하는 삶은 주님 은혜로만 된다.

"그 말씀이 너희 속에 거하지 아니하니 이는 그가 보내신 이를 믿지 아니함이라"
– 요 5:38

101 말씀이 진리

성도는 많은 설교를 들어도 실패를 경험한 적이 많은 사람이다. 주님 말씀을 많이 들어도 마음과 취향에 맞는 설교가 아쉬워 늘 방황한다. 그 일은 과연 누구의 탓인가? 설교자의 탓이라고 말하기에는 너무나 어리석은 판단이다. 모든 문제의 근원은 자신에게 있는데 그것을 알지 못하고 감동 없는 설교에 질린다고 한다. 이런 고비를 넘어가면서 믿음이 성장하는 과정을 모른다면 주님도 모르는 것이다.

주님 말씀은 영적이어서 성도가 믿음으로 정복하기는 매우 어려우나 주님 말씀 안으로 들어가려면 그의 믿음이 영적 차원으로 올라가야 한다.

오늘도 주님 말씀이 좋아서 말씀을 외우고 묵상한다.

그리고 주님 말씀을 마음에 간직하다가 신비하게 말씀을 들을 때의 생동감은 그 무엇으로도 표현이 안된다. 주님의 말씀을 들은 후에야 주님 말씀은 살아계시고 역동적으로 역사하시는 생명의 말씀임을 깨닫는다. 그때가 되면 주님 말씀만이 길이요 진리요 생명(요 14:6)인 것을 아는 결정적인 기회가 된다.

주님 말씀이 생명으로 들리기만 하면 굳은 마음이 살아난다.

무엇이 살아나는가? 죄로 잠든 영혼이 살아난다. 무디고 무감각해진 영혼이 말씀 진리로 긴 잠에서 깨어나는 경험은 참으로 신비한 것이다.

"예수께서 이르시되 내가 곧 길이요 진리요 생명이니 나로 말미암지 않고는 아버지께로 올 자가 없느니라" – 요 14:6

말씀이 복음

주님을 믿으려면 말씀 능력이 와야 한다.

능치 않음이 없으신 주님 말씀이 생명이 되려면 말씀을 가까이 해야 한다. 그동안 주님 말씀 능력이 얼마나 큰지 아무것도 모르는 무력한 세월만 지나갔다. 그리고 아무리 말씀 은혜 안으로 들어가려고 씨름을 해도 주님 말씀은 영적이어서 그런지 금방 열리지 않는다. 그러나 주님 말씀을 묵상하는 일이 주님 음성을 속히 듣는 기회가 된다.

주님 말씀은 신비해서 말씀을 사모하는 사람을 외면하지 않는다. 그동안 말씀을 몰라서 넘어지고 실패한 믿음도 이제는 감사로 받아야 한다. 주님은 말씀하신다.

"내가 진실로 진실로 너희에게 말하노니 나는 양의 문이라"(요 10:7)

만일 성도가 어린 양이라면 목자 되신 주님을 따라가야 한다.

양은 목자의 음성을 들으면서 양이 다니는 문으로 들어가 목자가 주는 꼴을 먹어야 산다(요 10:3,9). 사람이 목자 음성을 복음으로 듣기만 하면 믿음도 건강도 살아난다. 주님 말씀 복음을 주님 생명으로 들으면 영혼이 살아난다.

육신과 영혼이 살아난다는 것은 무엇을 의미하나?

그것은 주님 말씀으로 죽은 생명이 회복된다는 뜻이다. 말씀 복음이 생명으로 들리면서 깊어지는 믿음은 주님 은혜로만 된다.

"오직 너희는 그리스도의 복음에 합당하게 생활하라 이는 내가 너희에게 가 보나 떠나 있으나 너희가 한마음으로 서서 한 뜻으로 복음의 신앙을 위하여 협력하는 것과" – 빌 1:27

103 신앙의 재발견

사람은 육신으로 살아가는 존재다. 돌이켜보면 이 세상은 그 자체로 매우 신비롭다. 믿음도 신비해서 이 신비한 믿음에 몸을 맡기며 나아가는 행위를 신앙이라고 한다.
신앙이란 하나님을 믿는 일을 말한다.
그러나 신앙은 그리스도인만의 소유가 아니다. 신앙은 각자에 따라 갖는 인간의 본능적인 행위다. 사람은 이 세상을 신앙으로 살아간다. 사람을 믿는 것도, 사람을 싫어하는 것도 신앙이 된다. 세상을 좋아하는 삶도 신앙이고 때로는 자신을 믿는 신앙으로 나아가기도 한다.

사람이 신앙이 없으면 아무것도 하지 못한다.
말하는 것도 일하는 것도 신앙이 없으면 안 된다. 하루 속에서도 그 하루를 살아갈 능력도 신앙이 없으면 안 된다. 기독교 신앙으로 하나님 아들이신 예수 그리스도를 믿는 삶을 말한다. 하나님 아들을 믿는 성도는 하나님 아들의 생명으로 살아가야 한다. 신앙은 아들이 있으면 생명이 있고 아들이 없으면 생명이 없다(요일 5:12)고 한다.
사람은 어떤 신앙을 가지고 사느냐에 따라서 인생의 가치가 달라진다. 오늘도 주님을 믿는 사람은 주님을 늘 재발견하는 신앙으로 살아가야 한다.

"이는 사람으로 혹 하나님을 더듬어 찾아 발견하게 하려 하심이로되 그는 우리 각 사람에게서 멀리 계시지 아니하도다" – 행 17:27

신앙의 능력

기독교 신앙은 무엇인가?
그 인생이 신앙으로 산다는 것은 무엇을 말하나? 사람은 하나님이 말씀으로 천지 만물을 창조하신 것을 귀로는 들어도 머리로는 받아들이지 못한다. 그러나 하나님을 믿고 받아들이는 행위는 바른 신앙으로만 가능하다. 신앙이란 우주 만물을 창조하신 하나님을 믿는 믿음을 말한다.
신앙은 머리로 생각하는 것 그 이상이다.
신앙은 자신의 전 존재를 하나님 손에 맡기는 것으로 하나님께 완전히 자신을 맡기는 일은 온전한 신앙으로만 가능하다,

신앙은 어떠한 교리와 율법과 신조가 아니라 하나님 안으로 들어가는 것을 말한다. 사람이 하나님을 믿는 일도 하나님을 찾아가는 일도 신앙 행위가 된다.
신앙 안에서 그 인생의 신비함은 그 무엇으로도 설명하지 못한다. 그러나 주님을 아는 신앙이 주님 은혜로 됨을 아는 사람은 주님을 따른다.

성도가 그리스도 안에서 주님 영광에 참여하는 일은 신앙 안에 오는 유일한 능력이 된다.

"하나님의 나라는 말에 있지 아니하고 오직 능력에 있음이라" – 고전 4:20

105

신앙으로 이김

신앙으로 산다는 것은 그냥 믿는 것이 아니라 신앙을 통해 얻은 것을 삶에 적용해야 한다. 사람이 세상 슬픔과 낙심 속에서도 주님 안에서 기쁨과 평안을 찾아가는 일이 바른 신앙이 된다.
사람이 신앙의 본분을 지키려면 말씀으로 무장해야 한다.
주님을 믿으려면, 그 앞에 흑암의 세력이 번성하게 드러나는 사실을 안다면 주님 말씀으로 무장해서 반드시 세상 악을 이기는 신앙으로 나아가야 한다.

십자가에 못 박히면서도 그 능력을 지탄받은 주님을 본다면 세상 고난은 아무것도 아니다. 육신만 알던 사람이 신앙을 위해 몸부림을 쳐본 사람은 그 가는 길에 무수한 장애가 있음을 안다. 바르게 믿으려고 하면 할수록 다가오는 어둠의 유혹이 사람을 괴롭힌다면 주님이 살아 계심도 안다. 사람이 신앙으로 나아가려고 애를 쓰면 쓸수록 방해하는 어둠의 술수는 신앙의 어떠함을 알게 한다.
사람은 고통의 현실에서 피하고 숨는 것이 아니라 어려운 현실을 신앙으로 극복해야 한다. 기도원이나 산으로 피하고 숨을 것이 아니라 당당하게 어둠을 물리치고 이기는 온전한 신앙으로 나아가야 한다.

"나의 발걸음을 주의 말씀에 굳게 세우시고 어떤 죄악도 나를 주관하지 못하게 하소서" – 시 119:133

신앙인의 분투

인생이 뜻대로 되는 것이 없는 것을 아는 사람은 신앙을 붙든다. 주님을 믿는 신앙도 주님 은혜로 주어진다는 것을 아는 사람은 주님을 믿어야 한다.
하나님은 사람을 창조하신 그 순간부터 사람이 하나님을 찾아가게 만드셨다. 그리고 믿음이 오면 하나님 은혜로 행복하게 살아진다는 사실을 아는 것이다. 하나님의 예정하심 속에 태어나 사는 것이 은혜임을 아는 사람은 기쁘게 하나님을 믿어야 한다.

마음이 공허하고 빈틈이 생기면 사탄은 영혼을 부패한 곳으로 몰아간다. 그러면 신앙과 삶의 의미를 잃어버리고 한없이 방황해야 한다. 그러나 신앙의 새로움을 발견한 성도는 신앙의 분투 속에 그들이 쫓겨가기만 하면 하나님의 살아계심을 경험한다. 하나님의 임재는 이런 험한 사탄의 방해 속에서 그들이 쫓겨난 자리에 세워진다. 성도가 악을 대항하고 물리치는 신앙의 분투 속에 주님 은혜도, 사랑도 체험하는 것이 신앙인의 능력이 된다.

비록 신앙은 어려워도 신앙이 없으면 붙들 수 없는 주님을 아니 이 신앙이 사람을 살리는 소중한 보화가 된다.

"그러나 내가 하나님의 성령을 힘입어 귀신을 쫓아내는 것이면 하나님의 나라가 이미 너희에게 임하였느니라" – 마 12:28

107

신앙인의 삶

하나님은 말씀 자체로 만물 속에 신비하게 감추어 계신다.
세상 만물 속에 살아 계시는 하나님을 만난다는 것은 전적으로 하나님 은혜로만 가능하다. 성도는 신앙 안에서 전능하신 하나님을 인격적으로 만나야 한다. 그러나 그 일은 하나님 은혜로 되어야지 육신의 힘으로는 되지 않는다.
하나님은 세상 그 어디에 아니 계신 곳이 없으시다. 내가 새벽 날개를 치며 바다 끝에 거주할지라도 거기서도 주의 오른손이 나를 붙드신다(시 139:8-10)고 성경은 어디에나 계신 하나님을 말씀한다.

사람은 하나님을 믿는다.
그리고 높으신 하나님을 만나기 위해서는 어떤 어려움도, 육신의 유익도 버려야 한다. 그뿐인가. 세상과 육신의 관점도, 생각도 세상 지식과 사상도 다 넘어가야 한다. 세상 모든 것을 뒤로 하고 하나님을 믿으면 하나님은 알아주신다. 하나님은 어떤 일정한 방법이나 일정한 장소에 오시는 분이 아니시다. 우주 만물의 초월적인 한계를 넘어서 오시는 창조주 하나님을 만나는 일이란 신비함 그 자체가 된다.
믿음으로 마음 안에 오시는 하나님의 현존을 경험한 사람은 세상 모든 일도 오직 믿음으로 해야 한다.

"너의 행사를 여호와께 맡기라 그리하면 네가 경영하는 것이 이루어지리라" – 잠 16:3

신앙인의 자유

신앙은 영혼을 자유로운 곳으로 인도해 준다.
참된 신앙은 육신의 관념과 그 사는 환경에서 자유롭게 해준다. 신앙은 모든 습관과 세상 규례를 뛰어넘는다.
신앙은 사람 관계에서도 자유롭다.
세상 시선을 의식하고 세상 체면과 명예에 연연하는 사람은 마음이 자유롭지 못하다. 육신의 관념으로 뭉친 사람은 결코 자유함을 얻지 못한다. 마음이 자유로운 사람만이 주님 평안을 누릴 수 있고 자유로운 영혼만이 주님 은혜를 누릴 수 있다. 사람이 주님의 은혜와 사랑을 모르는 것은 몸과 마음이 세상에 속해 자유 하지 못하기 때문이다.

세상 죄의식에 묶인 사람은 자유의 의미를 알지 못한다.
육신의 고집과 어둠의 속박 속에 든 사람은 죄에서 자유와 해방의 기쁨을 느끼지 못한다. 하나님을 아는 신앙은 아무에게나 주어지지 않는다. 죄의 묶임과 죄의 사슬에서 벗어나 하나님 나라의 영광 맛을 아는 사람은 마음이 자유로워 편안하게 살아간다. 신앙으로 온 영혼과 몸이 자유롭고 편해지면 삶에 기쁨과 안식을 누리게 된다.
신앙은 하나님 안에 소망이 있고 소망이 넘치는 곳에 하나님 은혜도 사랑도 흘러나온다.

"진리를 알지니 진리가 너희를 자유롭게 하리라" – 요 8:32

109

신앙인의 투쟁

성도는 씨름하는 존재로 살아가야 한다.
구약의 야곱은 밤이 새도록 이름 모를 사람과 씨름한 사실을 성도는 성경에서 읽는다(창 32:24,28).
하나님을 만나는 신앙은 내면 안에 처절한 투쟁이 없이는 불가능하다. 성도는 내면 안에서 검은 악과 투쟁하는 존재로 살아가야 한다. 그리고 처절한 투쟁을 통해서 고난 가운데 기쁨을 맛보고 죽음 가운데 부활 삶이 열린다는 것은 바른 신앙으로만 가능하다.
신앙이란 세상 논리나 이치로 가는 학문이 아니기에 악에 대한 투쟁 없이는 바른 신앙으로 가지 못한다.

사람이 하나님을 믿으려면 순간마다 의로운 투쟁이 일어나야 한다.
야곱(이스라엘)은 힘겨운 내적 투쟁을 통해 하나님을 만나면서 자신의 문제를 해결한다.
야곱이 밤이 새도록 이름 모를 사람과 싸워 이기는 사건은 성도에게 지금도 모범이 된다. 사람이 하나님을 믿으려면 마음속 내적 투쟁을 통해 주님을 만나야 한다. 믿음은 내적인 신앙을 통해 얻은 은혜의 열매를 다른 사람에게 돌리는 삶으로 나아가야 한다. 하나님 은혜를 다 같이 누리도록 전하는 일이 신앙인의 참된 의무가 된다.

"너희는 그들을 두려워하지 말라 너희의 하나님 여호와께서 친히 너희를 위하여 싸우시리라 하였노라" – 신 3:22

심령의 은혜

믿음 안으로 들어간 사람은 주님 한 분을 높인다.
여기에 온 사람은 삶의 주인이신 주님을 주인으로 모시고 살아가야 한다. 그리고 성도는 주님만이 생애의 모든 것이 된다고 고백해야 한다. 여기서 심령은 마음과 영혼을 말한다. 바른 심령의 사람은 삶의 모든 행위가 믿음이 아니면 안 된다고 생각해야 한다. 세상을 따라가는 삶은 거짓 아비, 거짓 교사의 유혹이라는 것만 알아도 믿음은 많이 달라진다.
믿음 안에서 육신의 부패함을 경험하면 육신을 믿고 따르고 높이면서 산 그 일이 얼마나 무가치한 삶인지를 깨달아야 한다.

이제는 내가 산 것이 아니라 내 안에 주님이 사신다(갈 2:20)고 고백만 되면 믿음이 성장하는 길은 빨라진다. 세상과 육신의 모든 일도 다 주님 은혜로 된다는 마음이 오면 세상 근심 걱정도 눈 녹듯이 사라진다.
그 믿음이 삶에 기쁨이 되면 주님 은혜는 무엇이라고 표현이 안 된다. 세상에서 노예처럼 세상 논리에 묶여서 산 사람이 주님 은혜를 만나면 주님 은혜만이 최고의 행복이라는 것을 안다.

주님 은혜를 아는 사람은 주님을 심령에 모시고 사는 삶이 지속되어야 한다.

"너희는 그 은혜에 의하여 믿음으로 말미암아 구원을 받았으니 이것은 너희에게서 난 것이 아니요 하나님의 선물이라" – 엡 2:8

111

심령의 약함

사람들은 세상과 관계를 맺으면서 살아간다.
그리고 세상을 가까이할수록 냉정한 세상을 보면 세상은 믿을 것이 못 된다는 것을 안다. 사람은 대부분 인정을 받고 대접받으려고 하나 믿음은 반대로 나아가야 한다. 세상 육신은 채워지지 않는 그 무엇으로 어렵게 산다. 사람은 세상 즐거움을 찾아다니면서 세상을 맴도는 삶으로 나아간다. 그러나 모든 사람이 그 보이는 거짓된 것에 끌려다닌다는 사실을 발견한 성도는 이 심령을 바르게 단속해야 한다.

육신은 세상의 욕망으로 가득하다.
무엇을 하고 싶은 마음, 무엇을 가지고 싶은 마음, 무엇을 원하는 마음이 온종일 사람을 끌고 다닌다. 지금 현재 무엇을 얻고 싶은지, 무엇을 해야 하는지, 육신의 생각으로 가득하다. 사람이 무엇을 하고 싶은 순간마다 심령을 주님 앞으로 돌려야 한다. 믿음은 육신보다 심령을 아시는 주님 은혜 앞으로 나아가야 한다. 무엇을 생각만 해도 다 아시는 주님 앞으로 나아가려면 마음을 비워야 한다.

마음을 비우고 사는 것이 바른 믿음임을 안다면 심령의 약함을 아시는 주님께 그 모든 삶을 맡겨야 한다.

"내가 부득불 자랑할진대 내가 약한 것을 자랑하리라" – 고후 11:30

심령 성전

사람은 몸을 단장하기 위해 좋은 옷을 입고 치장을 한다.
사람이 그 몸을 잘 가꾸고 돌보면서 사는 것이 바른 삶이다. 그러나 겉모습만 중요하게 생각하고 심령 관리를 소홀히 했다면 다시 생각해 보아야 한다. 주님을 믿으려면 보이지 않는 심령을 늘 온유하고 안정되게 유지해야 한다.
주님을 잘 믿으려면 심령이 깨끗해야 한다. 그 이유는 이 심령은 바로 주님이 들어오시는 성전이라는 것을 알기 때문이다.

사람들은 주님을 만나려고 돌아다니나 사실 주님은 먼 곳이 아니라 가장 가까운 곳에 계시는 분이시다. 성도가 주님과 같이 살려면 심령을 안정되게 유지해야 한다.
사람이 은혜의 주님을 안다면 세상 근심 걱정이나 슬픈 마음을 가지면 안 된다. 그의 마음이 슬프면 주님도 슬퍼하시고 심령이 어둡다면 주님도 사람 안에 들어오시지 못한다. 깨끗한 심령에 오시는 주님을 안다면 심령을 늘 청결하게 유지해야 한다.

오직 마음에 숨은 사람을 온유하고 안정되게 심령 성전을 유지하려면(벧전 3:4) 나쁜 생각을 떠나보내야 한다. 육신의 감정이나 마음이 바로 죄가 들어오는 입구라는 것을 아는 사람은 심령 성전을 잘 관리해야 한다.

"온유한 자는 복이 있나니 그들이 땅을 기업으로 받을 것임이요" – 마 5:5

심령의 희락

마음 안에 주님이 오시려면 마음이 깨끗해야 한다.
성도에게는 심령의 추하고 모난 것들을 처리해야 할 과제가 산적해 있다. 그것을 모르고 사람을 만나고 즐기고 떠들면서 하루를 즐긴다. 그러다가 어려운 사건을 만나면 마음에 불안이 쌓인다. 세상 어려움이 심령을 괴롭힌다면 이런 것도 믿음의 처리의 대상이 된다.
늘 마음을 청결하게 해야 하는 이유는 주님을 심령에 모셔야 하기 때문이다.
심령 안에 주님을 모신 사람은 영혼도 평안해서 천상의 희락으로 사는 날이 돌아오니 이것이 바로 믿음 안에 오는 큰 복이 된다. 주님 안에서 심령에 희락(롬 14:17)을 경험하는 사람의 삶은 매우 활기차다. 속 안에 심령 희락이 들어만 오면 그의 믿음은 푸르고 청정해진다.

해같이 밝고 환한 천국 같은 환희와 희락의 기쁨은 믿음과 삶을 풍요롭게 해준다. 천국 같은 믿음으로 살아가려면 심령 안에서 안으로 들어가는 믿음이 되어야 한다. 주님을 찾아가려면 내면 안으로 깊이 들어가서 주님 만나기를 소원해야 한다. 믿음으로 천상의 희락이 들어오면 그는 이미 주님 은혜로 심령의 희락을 맛보게 되고 그 일이 바른 영성으로 나아가는 길이 된다.

"이에 내가 희락을 찬양하노니 이는 사람이 먹고 마시고 즐거워하는 것보다 더 나은 것이 해 아래에는 없음이라 하나님이 사람을 해 아래에서 살게 하신 날 동안 수고하는 일 중에 그러한 일이 그와 함께 있을 것이니라" – 전 8:15

능력의 주님

사람들은 누구나 부족을 경험한다.
매사에 고집스럽고 부족한 육신을 보면 어디 나설 주제가 못 된다는 것을 알게 된다. 세상에서 육신의 무능함을 아는 사람은 주님을 믿어야 한다. 그리고 육신과 타협하는 삶도 유익하다는 것을 아는 사람은 육신을 잘 아울러야 한다.
그 삶이 육신과 타협을 하지 못하면 마음도 삶도 편안하지 못해서 다른 이의 마음도 알아주지 못한다. 그러나 세상 모든 일을 육신과 의논을 하고 타협하면서 살아가던 사람이 믿음 안에서는 그것이 아니라는 것을 깨닫는다.

세상이 좋아서 사람과 잘 어울리던 사람이 주님 안에서는 믿음만이 다라는 것을 깨닫는다. 그리고 육신의 능력과 타협은 오직 믿음으로 해야 한다.
바른 믿음이 되면 육신과 타협하는 것이 아니라 주님과 타협하고 의논해야 한다. 매사에 주님과 의논하면서 사는 자족하는 삶이 되어야 바른 믿음이 된다. 어디서나 늘 함께 해주시는 주님을 아니, 모든 일을 주님 앞에 나아가서 주님 뜻을 묻고 모든 문제를 주님께 맡겨야 한다.
주님만이 삶의 능력이 되시고 의논의 대상이 되어주심을 아는 사람은 세상과 타협하지 말고 주님께 다 맡겨야 한다.

"내게 능력 주시는 자 안에서 내가 모든 것을 할 수 있느니라" – 빌 4:13

115

인도의 주님

주님을 믿고 의지하는 일은 삶에 큰 힘이 된다.
그 삶의 주변이 외로운 현실은 마음을 지치게 만드나 믿음만 있으면 모든 어려움도 다 이겨진다. 그 인생 돌아보면 왜 외롭게 살아야 하는지 모르나 다만 아는 것은 믿음으로 살아가야 한다는 주님 뜻이다. 사람들은 가정에서 행복하게 살아가나 의지할 곳이 없는 사람이 갈 곳은 주님 품밖에 없다. 주님 안에서 평화를 맛보면서 사는 삶이 믿음 안에 오는 은밀한 복이 된다.

살아가면서 느끼는 세상은 매우 외롭다는 것이다.
세상 삶의 척박함을 이기는 힘은 믿음밖에 없다. 그러나 삶 속에서 왕따를 경험한다면 사람이 많이 모이는 장소는 더욱 외로운 곳이 된다. 그러나 그곳에서 인도하시고 위로해 주시는 주님을 아는 사람은 믿음을 붙들어야 한다. 주님을 믿음으로 마음이 편안하면 삶의 한기도 사라진다. 나쁜 것은 안 보고 안 듣고 안 하다 보니 마음이 더 편해진다. 모든 형편을 아시는 주님을 아니 세상 외로움도 다 해소된다.

세상 어떤 어려움이 와도 신실하신 주님 인도하심만이 세상 삶에 위로가 되면 다 된다.

"너희 안에서 착한 일을 시작하신 이가 그리스도 예수의 날까지 이루실 줄을 우리는 확신하노라" – 빌 1:6

선하신 주님

사람이 주님 앞에만 나아가면 얼마나 추한지 더러운 죄인인지 다 아니 이것이 믿음 안에 복이 된다. 그리고 자신을 돌아보는 일 또한 믿음으로 해야 한다.
선하신 주님 앞에만 나아가면 마음의 한도 삶의 굴곡도 다 이겨지니 이것이 은혜가 된다. 그러나 세상에서 다치고 상하는 일이 생기면 마음에 고통이 된다. 그리고 사람도 어려움을 경험하다가 선하신 주님을 떠올리면 그것이 세상을 이기는 힘이 된다. 세상에서 다치고 상한 마음을 아시는 선하신 주님을 안다면 세상 근심도 다 잊어야 한다.

어떤 사건을 통하여 오는 억울함, 분노와 울분이 마구 올라온다면 주님을 믿지 않으면 살 수 없는 죄인임을 안다. 그리고 그 인생이 너무 힘들어서 속히 이런 감정에서 벗어나게 해달라고 기도하던 시절이 있었다.
기도함으로 나쁜 감정이 자취 없이 사라진다면 그 일이 믿음 안에 오는 큰 은혜가 된다. 그리고 사람은 아무리 착하게 살아도 죄인이라는 사실을 깨닫는다.
세상 죄가 마음을 험한 곳으로 이끌어가는 현실을 본다면 이곳에서 벗어나는 길은 믿음밖에 없다. 그러나 선하신 주님께 나아가기만 하면 상한 마음이 풀리니 이것이 믿음 안에 사는 선한 기쁨이 된다.

"너희는 여호와의 선하심을 맛보아 알지어다 그에게 피하는 자는 복이 있도다"
– 시 34:8

117

영생의 주님

거듭남이 믿음의 진정한 출발점이라면 그때부터 사람은 주님이 살아계심을 경험한다. 그리고 진실한 믿음이 되려면 주님 은혜로 되어야 한다.
어떤 사람이 말했다. 믿음은 고행이고 어려운 십자가의 길이라고 한다. 그러나 어려움의 한고비를 넘으면 사는 길이 열리니 이것이 믿음 안에 오는 복이 된다. 사람의 육신은 믿음 앞에서는 무익한 몸이라고 인정해야 한다. 주님이 아니면 살아갈 수 없는 무능한 존재라는 것을 아는 사람은 믿음을 붙든다.

마음 안에 오는 이런 자각은 믿음 없이는 깨닫지 못한다.
주님 앞에서 낮아지고 낮추는 의미를 아는 사람은 주님을 따른다. 그리고 혼탁한 영혼의 실상을 경험한 사람은 주님을 붙들어야 한다. 사람이 주님을 믿는 이유는 주님만이 참 진리 생명이 되심을 알기 때문이다. 영생으로 들어가는 길은 주님 안에서만 열린다. 성도가 주님 은혜를 따라만 간다면 믿음은 즐겁고 행복한 길이 된다.

믿음으로 은혜가 깊어진 사람이 영생 복으로 만족을 누리면서 사는 이 행복한 기쁨은 세상 그 어디서도 비교할 수 없다.

"이는 죄가 사망 안에서 왕 노릇 한 것 같이 은혜도 또한 의로 말미암아 왕 노릇 하여 우리 주 예수 그리스도로 말미암아 영생에 이르게 하려 함이라" – 롬 5:21

깨어있는 믿음

하루가 시작되면 이 하루도 어떻게 지내나 근심이 된다.
오늘 하루도 믿음으로 사는 귀한 날이라고 생각하면 함부로 보내면 안 된다. 그 인생 그 하루, 유일한 생명으로 사는 이 하루가 새롭게 느껴지면 여기까지 인도해 주신 주님 사랑에 눈물이 난다. 특히 약한 사람이 주님을 믿고 산다는 것은 삶에 오는 큰 복이 된다. 이 세상 지나간 삶의 고비마다 도움을 준 이는 주님 한 분이시다.
사는 동안 주님만이 길이 막힐 때마다 함께 해주신 것을 아니 주님 사랑에 마음이 감동되어 눈물이 난다.

때때로 주님 사랑을 만나면 믿음 안에 사는 것만이 큰 기쁨이 된다. 세상 힘든 인생의 길목 길목마다 그 길에서 같이해 주시는 주님을 알면서도 감동되어 울지 않는 사람은 그 죄로 감정이 굳어지고 메마른 사람이다.
세상 어려운 삶에서 찾아갈 데가 없다면 어떻게 살았을까 생각하니 주님을 더 잘 믿게 된다. 그리고 비천한 사람을 알고 찾아오시는 주님을 안다면 깨어있는 믿음이 되어야 한다.
이 세상 그 믿음 길에서 느끼는 주님 은혜는 생명을 살리는 큰 힘이 된다.

"깨어 믿음에 굳게 서서 남자답게 강건하라" – 고전 16:13

인내하는 믿음

주님을 믿으려면 인내해야 한다.
매사에 죄의 불의함을 보고 물리치는 힘은 인내하는 힘으로만 가능하다. 이 세상 바르지 못한 일이 삶 속에 넘쳐나는 것을 안다면 이들을 믿음으로 이겨내야 한다. 사람이 세상 악을 감지만 하면 그 악에 침몰당하지 말고 인내하면서 모든 악을 물리쳐야 한다. 그 인내하는 힘을 모르면 믿음이 자라는 길도 열리지 않는다.
세상에는 나쁜 일도 좋은 일도 있으나 겉모습만 포장된 위선이 가득한 세상에서 선과 악을 바르게 분별하는 힘은 인내하는 믿음으로만 가능하다.

믿음으로 살려면 선악을 분별해야 한다.
어느 것이 선이고 악인지 분별하는 힘은 인내하는 믿음으로만 가능하다. 선한 것은 보기에는 좋아 보여도 그 속에 악으로 가득한 위선을 본다면 그것을 믿음으로 이겨내야 한다. 겉모습은 바르나 매사에 탐욕으로 가득하다면 그것을 밀어내는 힘은 믿음뿐이다. 사람이 아무리 좋게 보여도 진실이 묻어나지 않으면 거기서 속히 떠나야 한다.
믿음은 주님을 인내하면서 따라가는 것을 말한다. 성도들은 세상 불의한 악을 물리치고 인내하는 믿음으로 나아가야 한다.

"이는 너희 믿음의 시련이 인내를 만들어 내는 줄 너희가 앎이라" – 약 1:3

삶이 되는 믿음

사람들은 주님을 잘 믿지 못하나 믿음이 세워지기 위해서는 끊임없이 마음을 드려야 한다. 사실 믿음이 없는 원인은 바른 믿음으로 살지 못했다는 증거가 된다. 즉 믿음이 어린 것은 주님과 같이 살아본 경험이 없음을 의미한다.
믿음이란 주님을 향한 사랑의 고백이 되어야 한다.
성도가 믿어도 주님 사랑을 알지 못하면 믿음이 안된 시간이 너무 길었다는 것을 안다. 사람이 처음 믿게 된 동기도 주님 은혜임을 아는 사람은 주님을 끝까지 따라가야 한다.

주님이 어떤 분인지 아는 사람은 주님을 붙든다. 그리고 믿음이 철이 들었을 때 하는 한마디 말이 사람을 믿음 안으로 돌아오게 한다면 그것은 큰 기적이 된다.
믿음이 적은 사람이 주님을 믿기 위해 애쓰는 것도 기적 중의 기적이다. 믿음이 되려면 영적 기적을 체험하는 기회가 있어야 한다.

주님을 체험한 사람은 자신의 것을 허비하면서 잘 믿으려고 노력한다. 믿음으로 살기 위해 자신의 모든 것을 포기하는 사람은 그의 믿음이 하늘에 상급을 쌓아 놓는 것과 같다. 이것을 아는 사람은 온 삶과 마음을 다해 죽기까지 주님을 따라가야 한다.

"또 하나님 앞에서 아무도 율법으로 말미암아 의롭게 되지 못할 것이 분명하니 이는 의인은 믿음으로 살리라 하였음이라" – 갈 3:11

121

은총 있는 믿음

사람은 육신으로 살아간다.
세상을 살아가는 육신은 나이가 들면 노쇠해지고 낡아진다.
단지 몸은 늙고 병이 들어도 마음은 영원히 늙지 않음을 안다.
나이가 90세가 되어도 마음이 항상 청청하다는 것을 아는 사람은 주님을 붙든다. 청년 곧 젊은이는 늙은 사람을 무시하면 안 된다. 노인도 청년과 똑같이 보고 느끼고 사고하면서 산다는 사실을 안다면 노인을 외면하면 안 된다. 성도는 믿음이 깊어질수록 주님 생기를 마시면서 늘 푸르게 살아가야 한다.

청년이 깊은 은혜의 자리까지 나아가려면 젊어서부터 주님을 잘 믿어야 한다. 젊은이의 청청한 믿음이 그를 생기있는 곳으로 인도해 준다.
또 믿음은 만인의 것이 아님을 안다면 참된 믿음만이 생애에 큰 능력이 된다. 그리고 인생에 오는 그 주님 은총이 무엇인지 아는 사람은 주님을 따른다. 주님 은총의 빛과 환희를 아는 사람은 믿음을 붙든다. 주님 은총의 빛을 원하는 사람은 이 빛을 찾아가야 한다.

성도의 믿음은 무엇을 의미하나? 주님을 믿으니 마음에 담력이 오고 마음이 안정되는 사람은 주님 은총의 능력을 경험해야 한다.

"대저 나를 얻는 자는 생명을 얻고 여호와께 은총을 얻을 것임이니라" – 잠 8:35

기쁨 있는 믿음

만물이 깨어나는 아침, 주님을 묵상하면서 하루가 시작된다. 늘 자고 깰 때도 주님을 생각하는 마음은 주님이 주신다.
믿음이란 생활 따로 마음 따로가 아니라 주님과 함께 사는 일이 일상이 되어야 한다. 주님과 동행하는 믿음만 되면 주님 관계도 사랑으로 바뀐다. 사실 주님을 믿는 기쁨을 모른다면 믿음도 모르는 것이다.
믿음은 그리 어려운 길이 아니다. 주님 믿는 기쁨이 무엇인지 알기만 하면 믿음 안에서 얻고 누리는 것이 얼마나 많은지 알게 된다.

사람이 믿음이 없으면 마음이 텅 빈다.
영혼이 빈 사람은 마음도 비어서 빈자리에 헛된 것만 들어온다면 편히 안주하지 못한다. 주님을 믿을 바엔 잘 믿어야지 갈대같이 흔들리면 안 된다. 믿음의 영적 싸움은 어디서나 일어난다. 마음과 환경과 사람 관계 속에서도 싸움이 일어난다.
믿음의 선한 싸움은 바른 삶으로만 가능하다.
검은 흑암의 실체를 보고 믿음으로 물리치면 마음에 기쁨이 온다. 이 기쁨은 어둠을 물리친 후 들어오는 영적 탈취물이 된다.
이 은혜 안에 오는 천상의 기쁨을 맛본 사람은 믿음의 전투에서도 당당하게 이겨야 한다.

"너희 안에서 행하시는 이는 하나님이시니 자기의 기쁘신 뜻을 위하여 너희에게 소원을 두고 행하게 하시나니" – 빌 2:13

평강 있는 믿음

사탄(마귀)**은** 영적인 존재다.
그들은 모든 것을 알고 주님을 믿지 못하게 방해를 한다.
사탄은 주님처럼 구원의 능력은 없으나 영적인 존재로 성도 마음을 피폐한 곳으로 몰아간다. 성도는 주님과 사탄 사이에서 믿음의 방향을 잘 설정해야 한다. 무엇이 주님의 뜻인지, 사탄의 유혹인지 깨달아야 한다. 믿음 안에 영적 분별력이 오면 사탄의 정체가 무엇인지 아니 그들을 이기게 된다. 또 사탄의 존재를 알려면 깨어있는 믿음이 되어야 한다.
사람이 만일 깨어있지 못하면 믿음의 길은 미로와 같이 불투명해서 온전한 믿음 길은 영원히 열리지 않는다.

주님은 사탄을 대적하는 믿음을 성도에게 주셨다.
사탄과 싸우는 힘든 시련도 넘어가야 믿음이 자란다는 것을 안다면 여기서 물러나면 안 된다. 성도가 믿음이 되려면 그 앞에 놓인 흑암의 미로를 잘 헤쳐나가야 한다. 그리고 사탄을 물리친 후 들어 오는 평강(사 26:3)은 믿음 안에 오는 상급이고 열매가 된다.
믿음 안에 오는 평강은 영적인 싸움에서 이기는 사람에게 오는 상급이고 복이 된다.
믿음으로 사탄을 이긴 사람에게 하늘 평강만 오면 그의 날은 밝은 별과 같이 빛나는 삶이 된다.

"평강의 주께서 친히 때마다 일마다 너희에게 평강을 주시고 주께서 너희 모든 사람과 함께 하시기를 원하노라" – 살후 3:16

변화 받은 사람

주님 은혜를 아는 사람은 스스로가 얼마나 가치 없고 무익한 존재인지를 깨닫는다. 어디를 가든지 나서고 나타내는 것은 아니라는 것을 아는 사람은 자세를 낮춘다. 예전에는 믿음의 변화를 사람의 외양에서 찾았다. 그러나 이 변화는 낮은 마음 안에 들어오는 내적인 열매여서 사람 눈으로는 보지 말아야 한다. 만일 그가 자만과 자긍심으로 가득 차 있다는 사실을 본다면 변화되는 믿음이 되지 못한다.
그동안 자신을 돌아본 시간이 얼마나 많은지, 육신의 자고함이 무엇인지 아는 사람은 마음과 몸을 늘 낮추어야 한다.

믿음이 변화되려면 성령님의 지도와 인도를 따라가야 한다.
사람이 변화 받는 믿음은 주님이 주셔야지 인간의 노력으로 되지 않는다. 세상만 알던 사람이 마음을 낮추는 믿음은 변화 받는 곳으로 영혼을 이끌어간다. 겉으로 보이는 모습은 하나도 바뀐 것이 없으나 심령 내면 안에서 샘 솟는 주님 은혜는 믿음을 변화되는 곳으로 이끈다.
세상에서 주님을 따르는 믿음이 된다면 매사 마음이 편안해 진다. 이런 변화되는 믿음이 되면 예전의 자신이 아니라는 것을 안다. 믿음으로 변화된 사람에게 축복의 길이 열림이 곧 영적 큰 소득이 된다.

"우리가 스스로 우리의 행위들을 조사하고 여호와께로 돌아가자 우리의 마음과 손을 아울러 하늘에 계신 하나님께 들자" – 애 3:40–41

변화되는 마음

믿음으로 변화 받은 사람은 믿음이 아니면 세상도 소용없음을 안다.
주님 앞에 모든 욕망을 내려놓은 사람은 어떤 어려움이 와도 다 이겨진다. 주님 앞에서 자신은 전혀 아니라는 것을 아는 사람은 낮추는 삶으로 나아가야 한다.
세상이 좋아서 세상을 따르던 사람이 주님을 믿게 되면 그 믿음을 생애에 행복으로 여긴다. 그리고 죄를 보아도 아무 감동도 모르던 사람이 죄의 더러움을 보고 몸부림을 치면서 육신의 못된 근성을 버리려고 애를 쓰는 노력은 믿음 안으로 들어가는 귀한 첩경이 된다.

삶이 변화되려면 마음이 진실해야 한다.
육신만 알던 사람이 믿음 안에서 환하게 비쳐오는 주님 은혜를 경험하면 믿음이 크게 바뀌는 동기가 된다. 믿음은 주님 은혜를 따라가야 한다. 믿음도 섬김도 육신의 의로움으로 절대 되지 않음을 아는 사람은 매사를 진실한 마음으로 나아가야 한다.
세상 근심과 아픔이 가득해도 믿음으로 모든 어려움을 이기는 힘은 변화된 삶으로만 가능하다.
어떤 고난이 와도 주님 안으로 들어가는 법을 아니 마음이 편안해진다. 믿음 안으로 들어간 성도는 마음도 달라지니 이것이 변화된 믿음 안에 사는 큰 복이 된다.

"여호와께서 이스라엘 족속에게 이와 같이 말씀하시기를 너희는 나를 찾으라 그리하면 살리라" – 암 5:4

변화되는 영

사람이 주님을 만나면 육신 안에 잠든 영이 깨어난다.
주님 은혜로 영이 깨어난 사람은 믿음이 육신 차원에서 영적인 차원으로 바뀐다. 그의 믿음이 주님 은혜 안으로 들어만 가면 주님 사랑을 아니 육신의 관점도 많이 변한다. 주님 은혜로 영이 살아난 사람은 육으로 사는 것이 무엇을 말하는지, 영으로 가는 것이 무엇인지 분별을 한다.
또 세상이 무엇인지, 믿음이 무엇을 말하는지 그 의미를 알기에 주님이 좋아서 주님만 믿는다.

성경은 "육으로 난 것은 육이요 영으로 난 것은 영이니"(요 3:6)라고 한다. 성도는 그 믿음이 영적 차원으로 올라가기 위해서는 영으로 나아가야 한다. 또 주님 은혜로 변화 받은 사람은 사망의 법을 떠나 생명의 법으로 나아가야 한다. 사람이 주님을 믿으면 영생을 얻었고 사망에서 생명으로 옮겨졌다(요 5:24)고 한다. 그의 믿음이 주님 생명 안으로 들어간 성도는 영의 양식인 생명의 말씀으로 살아간다.
믿음으로 영혼이 변화되어 육신의 사고가 영적 차원으로 바뀌기만 하면 믿음도 영적 차원으로 바뀐다. 그리고 믿음만 되면 새롭게 변화되어 주님 앞에 은혜의 영이 열림으로 행복하게 살게 된다.

"내 아버지의 뜻은 아들을 보고 믿는 자마다 영생을 얻는 이것이니 마지막 날에 내가 이를 다시 살리리라 하시니라" – 요 6:40

변화되는 믿음

예전에는 주님과 동행하는 삶이 무엇을 말하는지 알지 못했다. 그러나 주님을 믿은 후에는 주님과 같이하는 순간만이 생애의 진정한 행복이라는 것을 안다.
이 세상 그 하루는 매우 힘드나 주님과 동행만 하면 용기가 나는 이것이 믿음 안에 오는 기쁨이 된다. 그리고 믿음은 무슨 생각을 하든지 주님 생각, 무엇을 먹든지 주님을 떠올려야 한다.

무엇을 하든지 주님 생각을 하는 것은 저절로 되는 것이 아니다. 성도가 주님을 의지하는 삶은 세상을 이기는 능력이 된다.
사람이 믿음 안으로 들어가려면 마음이 먼저 변화되어야 한다.
그리고 믿음이 안되면 진실한 삶이 되지 못한다. 믿음으로 산다는 것은 삶 속에 주님이 오셔야 하고 삶 속에 오신 주님으로 살아져야 한다는 것이다.

세상 삶은 힘들고 어려워도 주님을 믿는 일은 참된 믿음으로만 된다. 주님과의 은밀한 교제 속에서 변화되는 믿음을 주님은 아시니 변화된 믿음으로 산다는 것은 삶에 큰 유익이 된다.
이런 변화의 의미를 아는 사람은 삶도 마음도 주님으로 바꿔야지 변화되는 믿음은 아무 노력 없이 그냥 되지 않는다.

"내가 진실로 진실로 너희에게 이르노니 나를 믿는 자는 내가 하는 일을 그도 할 것이요 또한 그보다 큰 일도 하리니 이는 내가 아버지께로 감이라" – 요 14:12

변화되는 삶

단 한 번이라도 주님을 만난 사람은 믿음이 제자리에 머물면 안 된다. 믿음 안에 놀라운 은혜의 세계가 있는데 게으르고 나태해서 이 변화 받고 사는 믿음을 모르면 안 된다. 주님 생명을 아는 사람은 주님을 의지해야 한다. 그의 믿음이 그를 주님께로 이끌기만 하면 기쁘게 사는 날이 돌아온다. 그리고 주님을 경험한 사람은 더 큰 변화를 받기 위해 주님 앞으로 나아가야 한다. 영광된 주님 안에 사는 삶의 기쁨이 무엇인지 아는 사람은 주님을 따라가야 한다.

그동안 주님을 믿으면서도 아무 감정도 느끼지 못한 순간이 많이 있었다. 그리고 주님을 따르다가 주님 은혜를 만나면 주님만이 다라는 것을 안다. 사람이 주님과 소통하려면 순간마다 주님께 마음을 드려야 한다.
주님께 마음을 드리고 소통하는 믿음을 모르면 변화되는 믿음도 알지 못한다. 주님께 마음을 드리는 일은 반드시 해야 할 성도의 의무가 된다.

주님을 믿다가 변화되는 믿음은 주님이 주셔야 한다. 믿음이 주님 은혜인 것을 아는 사람은 변화된 삶에서 의미를 찾아가야 한다.

"우리가 살아도 주를 위하여 살고 죽어도 주를 위하여 죽나니 그러므로 사나 죽으나 우리가 주의 것이로다" – 롬 14:8

변화의 복

사람이 믿음으로 변화를 받고 산다는 것은 기적 중의 기적이다. 믿음으로 주님 은혜를 경험하면 인간적 사고가 육신 중심에서 영 중심으로, 세상 중심에서 믿음 중심으로 바뀐다. 주님을 믿음으로 오는 변화란 하늘과 땅만큼 차이가 나고 그런 믿음은 주님 은혜가 되어야 한다. 주님이 사람을 믿음 안으로 이끄시는 이유는 그를 힘들게 하려는 것이 아니라 신령한 복을 주시기 위함이다.
그리고 하늘 복이 얼마나 귀한지 주님은 아시니 신령한 복을 마련해 두시고 사람이 찾아오기를 주님은 늘 기다리고 계신다.

이 땅에 있는 것들은 반드시 끝이 있고 죽는다.
오늘 하루도 기약할 수 없는 인생은 언젠가는 죽는다.
믿음이 변화되지 못하는 사람은 그가 행한대로 징계를 받는 사실을 안다면 주님을 잘 믿어야 한다. 그리고 그 인생에 주님만 계시면 주님 안에서 누리는 복은 어떤 말로도 표현이 안된다. 사람이 믿음 안에 누리는 복이 무엇인지 깨닫기만 하면 주님께 다 감사하게 된다.
사람이 주님을 믿음으로 변화를 받으면 영혼에 비쳐올 생명의 해는 날로 밝게 빛날 것이다. 믿음으로 변화된 사람에게 주님 은혜로 사는 길이 열린다는 일은 생애에 큰 복이 된다.

"그러므로 너희가 그리스도 예수를 주로 받았으니 그 안에서 행하되 그 안에 뿌리를 박으며 세움을 받아 교훈을 받은 대로 믿음에 굳게 서서 감사함을 넘치게 하라"
– 골 2:6–7

몸의 가치

육신은 몸의 가치를 가지고 살아간다. 그리고 눈에 보이는 몸을 중요하게 생각하고 몸을 돌보면서 평생을 살아간다.
몸의 가치와 눈의 잣대로 세상과 사물을 판단하면서 살아가는 몸은 항상 방어적이고 도전적으로 나아간다. 사람들은 육신의 생각과 관점으로 몸을 건사하면서 몸을 돌본다. 몸과 육신만 아는 사람은 몸의 무거움을 느끼고 사니 생애의 소망은 사라진다. 어디 하소연할 곳도 없고 의지할 곳이 없는 몸의 가치로 가는 삶은 그 자체가 인생에 큰 짐이 된다.

주님 은혜를 경험한 사람은 믿음에는 몸이 도움이 되지 않는다는 것을 깨닫는다.
주님을 만난 사람은 주님 안으로 들어가서 편안히 쉬는 법을 배워야 한다. 그리고 매사가 몸 위주의 삶은 아니라고 부인하는 믿음이 사람을 살린다. 육신의 이념이나 사상은 아무리 고상해 보여도 주님 앞에서는 아무것도 아니라는 것을 아는 사람은 주님을 붙든다.
사람이 믿음으로 살아가려면 몸의 완고함과 단단한 고정관념을 주님 앞으로 돌려야 한다. 그리고 가만히 주님께 마음을 맞추다가 주님 은혜를 경험하면 몸도 마음도 바뀌니 이것이 믿음 안에 오는 큰 변화가 된다.

"오직 오늘이라 일컫는 동안에 매일 피차 권면하여 너희 중에 누구든지 죄의 유혹으로 완고하게 되지 않도록 하라" – 히 3:13

131

몸의 관계

육신은 본능적으로 세상과 관계를 맺고 서로 도움을 주고받으며 살아간다. 그곳에서 육신인 몸이 주님과 친밀한 관계로 들어간다는 것은 그리 쉬운 일이 아니다.
사람 관계는 복잡해서 서로를 인정하지 못하면 잘 지내지 못한다. 세상 육신과 몸의 한계는 극히 제한적이어서 자신을 챙기면서 살다 보니 세상과 사람을 품을 마음의 여유가 없다.

육신적인(렘 17:5) 사고와 편견으로 뭉친 몸은 자신도 사랑하지 못하니 문제가 된다. 자신을 사랑할 줄 모른다면 다른 사람도 사랑하지 못한다. 육신이 느끼는 몸의 한계는 마음을 가두고 몸을 가두어야 직성이 풀린다.
육신인 몸은 세상을 좋아하고 따라다닌다.
그러나 세상적인 이해타산과 몸의 유익을 도모하는 삶은 믿음에 무익하다는 것을 알지 못한다. 사람이 주님을 사랑하면서 사는 일은 아무나 하는 일이 아니다. 세상 관점이 깨어지고 몸 중심인 곧은 마음이 무너져야 갈 수 있는 이 길은 진실한 믿음으로만 된다.

여기서 사람이 주님을 잘 믿으려면 강하고 곧은 몸의 속성과 단단한 고집을 거절해야 한다.

"사람아 주께서 선한 것이 무엇임을 네게 보이셨나니 여호와께서 네게 구하시는 것은 오직 정의를 행하며 인자를 사랑하며 겸손하게 네 하나님과 함께 행하는 것이 아니냐"
– 미 6:8

몸의 갈등

사람은 몸의 갈등을 경험한다. 몸이 세상 관점으로 살아가다가 생기는 돌발적인 문제들은 믿음에 큰 장애가 된다. 또한 몸도 어려운 사람이 주님 관계 안으로 들어간다는 것은 더욱 어려운 문제가 된다. 그러나 믿음도 은혜도 모르면 믿음 안으로 들어가지 못한다. 성도는 그동안 주님을 힘들게 하면서 살아온 몸을 보아야 한다. 육신과 몸은 세상과 관계를 맺으나 사람과의 갈등과 몸의 갈등 속에서 바라볼 것은 그 어디인지 늘 생각해 보아야 한다.

사람들은 주님을 잘 믿으려고 하니까 순간적인 몸이 주님께 가까이 나아가지 못하게 하고 주님께 나아가는 길을 막는다. 마음은 아닌데 어떤 사건이 와서 기도하지 못하게 하면 믿음은 매우 어려운 길이라는 것을 깨닫는다. 육신은 수 없는 몸과 몸의 갈등 속에서 살아간다. 그러나 그 갈등을 어떻게 대처하는가에 따라서 이기는 믿음이 되고 실패하는 믿음이 된다.

마음에 주님을 모신 사람은 몸의 어떤 일 앞에서도 믿음이 요동하지 말아야 한다. 만일 그가 변화된 몸만 된다면 언젠가는 주님을 진실하게 믿고 사는 날이 돌아올 것을 또한 믿어야 한다.

"하나님이여 나를 판단하시되 경건하지 아니한 나라에 대하여 내 송사를 변호하시며 간사하고 불의한 자에게서 나를 건지소서" – 시 43:1

몸의 한계

몸에 오는 고통은 마음을 절망으로 이끌어간다.
성공이 눈앞에 다가오는 순간에 몸이 무너지는 현실은 주님을 찾아가는 기회가 된다. 주님이 사람을 부르시는 방법은 다양해서 말씀으로, 사건으로, 질병으로 부르신다. 세상에서 몸의 한계를 느끼는 사람이 주님이 부르시는 그때가 되어야 주님을 믿게 된다.
세상 실패 속에서 절망하는 사람을 보고 불러주시는 주님 은혜는 주님 사랑으로만 가능하다. 그리고 세상 문제와 사건 때문에 망하고 무너지기만 하면 거기서 붙들 것은 무엇인지 생각해 보아야 한다.

세상에서 무너지고 실패하는 곳에서 붙들 것은 믿음밖에 없다. 사람은 몸의 힘으로 살아가고 몸의 기능을 가지고 성공 지향적으로 나아간다. 그러나 어느 날 느닷없이 문제가 온다면 무엇을 어떻게 해야 할지 생각해 보아야 한다.
사람은 살아도 강건하면 팔십이라고 하지만 몸의 한계 속에 든 사람은 주님을 믿어야 한다.
세상에서 망하고 실패하는 그 가운데 몸이 힘을 잃어버리고 깨어짐을 경험한 사람이 갈 곳은 오직 주님 품뿐이다. 아무것도 할 수 없는 몸의 한계를 경험한 사람은 생명의 주님 앞으로 속히 나아가야 한다.

"우리의 연수가 칠십이요 강건하면 팔십이라도 그 연수의 자랑은 수고와 슬픔뿐이요 신속히 가니 우리가 날아가나이다" – 시 90:10

몸의 몸부림

육신은 세상 거류민과 나그네와 같은 존재여서 마음대로 되지 않는 세상을 경험하면서 많이 실망을 한다.
삶의 실패를 경험한 후 몸의 허무함으로 돌아온 사람은 처음부터 믿음이 잘 되지 못한다. 사람이 세상 실패와 억울함으로 마음에 쓴 뿌리가 올라오는 현실 앞에서는 바라볼 곳이 어디인지 생각해 보아야 한다.
성도가 주님을 잘 믿으려고 몸부림치고 애를 쓴다는 것은 마음대로 되지 않는다. 즉 몸으로 버텨내던 일이 망하고 실패한 자리에서 돌아볼 것은 무엇인지 보아야 한다.

몸은 세상 실패로 낙심하나 그 실패 속에서 주님을 붙드는 믿음이 오면 오히려 삶에 소망이 생긴다. 돌아보면 모든 실패의 원인은 그 죄에 있다. 인생에 그 쓰디쓴 고난이 없으면 붙들 수 없는 믿음을 보면 생각이 변해야 한다.

세상 욕망과 탐욕을 버리고 믿음으로 살고 싶어 몸부림치는 것은 진실한 믿음으로만 된다. 만약 그가 믿음이 된다면 부당한 감정으로 몸부림치고 억울하지 않아도 된다. 사람이 세상 죄와 무거운 몸의 지배 속에서 벗어나는 힘은 오직 주님밖에 없다.

"내가 행하는 것을 내가 알지 못하노니 곧 내가 원하는 것은 행하지 아니하고 도리어 미워하는 것을 행함이라" – 롬 7:15

감정의 어려움

육신 안에는 혼의 기능인 지, 정, 의가 들어있다.
이 세상 육신은 지식과 감정과 의로움으로 살아간다. 그러나 육신으로 나아가다가 몸과 마음에 어려움이 오면 이것을 해결하는 방법은 무엇인지 돌아보아야 한다. 육신인 사람이 고통을 겪을 때 그곳에서 해야 할 일은 무엇인지 보아야 한다.
육신은 매사에 감정으로 가고 감정이 시키는 대로 나아간다. 그러나 감정이 점점 갈해지고 마른 상태로 추락하면서 우울, 불안, 열등감과 부적당감을 일으키면 마음은 또다시 힘이 든다.

사람이 이 부적당한 감정에서 벗어나는 방법은 무엇인지 고민해야 한다. 감정의 어려움 안에 들어있는 육신은 마음도 안정되지 못하니 문제가 된다. 감정의 출렁거림이 혼의 영향이라면 거기서 의지할 것은 믿음뿐이다.
이 감정의 어려움과 온갖 공포가 몰아치는 현실은 더 깊은 믿음 안으로 들어가라는 의미가 들어있다. 그리고 그곳에서 감정이 상하는 경험은 사람을 낙심시키고도 남는다.

그곳에서 감정의 어려움을 치료해 주실 분은 주님뿐임을 아는 사람은 주님 앞으로 나아가기를 원해야 한다.

"비방이 나의 마음을 상하게 하여 근심이 충만하니 불쌍히 여길 자를 바라나 없고 긍휼히 여길 자를 바라나 찾지 못하였나이다" – 시 69:20

감정과 결단

사람은 감정의 야성이 무너질 때가 돌아온다. 그러면 지난날 육신을 수종 들고 살던 삶을 돌아보고 후회를 한다. 그리고 세상에서 이유 없는 분노로 힘이 든 사람은 이 요동하는 감정의 무가치함을 보아야 한다.
육신은 감정 중심으로 나아가다가 심리적인 갈등을 겪는다.
그리고 삶에 오는 허무함으로 힘들다면 그 일을 해결해 주는 곳은 어디인지 보아야 한다. 육신의 감정은 그 죄로 오염되어서 그 가는 길은 점차 멸망으로 내려가나 이 감정이 주님 은혜로 새롭게 회복되는 길은 믿음밖에 없다.

영이 잠든 상태로 태어난 사람은 그리스도 안에서 그리스도의 생명으로 다시 태어나야 한다. 그 죄로 잠든 상태로 태어난 영은 주님을 믿는 영적 출생인 거듭남을 통해 새 생명을 얻어야 한다(요 3:3/ 요일 5:11-12).
아담 안에서 태어난 육신은 그리스도 안에서 그리스도의 생명을 얻어 그리스도인으로 다시 태어나는 이것이 바른 믿음이다.
그리고 허무한 그날을 돌아보고 주님께 돌아온 사람은 새 감정의 결단으로 나아가야 한다.

다만 육신의 헛된 감정이 소용없음을 아는 사람이 주님을 향해 다시 일어나는 힘은 믿음의 힘뿐이다.

"너희는 이 세대를 본받지 말고 오직 마음을 새롭게 함으로 변화를 받아 하나님의 선하시고 기뻐하시고 온전하신 뜻이 무엇인지 분별하도록 하라" – 롬 12:2

137

감정과 지각

인간의 감정은 서로 도움을 주고받는 것을 좋아한다.
그러나 매사에 믿을 수 없는 감정에 직면하면 사람 관계는 다시 어려워진다. 돌아보면 사람이 살아가는 인생은 다 혼자로 그 누구에게도 속하지 않은 삶이다.
사람은 그 인생에 주어진 삶의 의미를 모르면 그 사는 의미도 알지 못한다. 그러나 성도가 세상을 이해하고 산다는 사실은 새삼 믿음의 의미가 크다. 거기서 삶의 가치를 믿음에 두는 방법을 발견한 사람은 사람 관계도 다르게 생각해야 한다.

자신이 아닌 남에게서 자신을 발견한 사람은 주님을 찾아가야 한다. 사람이 육신의 감정으로 나아가다가 대인관계가 원만하지 못하면 믿음은 내려간다.
어디서나 주님 관계의 소중함을 아는 사람은 대인관계의 소중함도 안다. 그러나 감정과 지각이 믿음으로 새롭게 바뀌면 그것이 삶에 동력이 된다.

그 생각과 무력한 감정의 사람이 주님을 믿는다는 것은 놀라운 주님 은혜로만 된다. 세상 육신의 감정과 지각이 변화를 받으려면 진실한 믿음이 되어야 한다.

"여호와께서 하늘에서 인생을 굽어살피사 지각이 있어 하나님을 찾는 자가 있는가 보려 하신즉" – 시 14:2

감정의 종말

감정의 종말은 곧 죽음이다.
아담 안에서 태어난 육신은 죽을 수밖에 없다. 그러나 주 예수 그리스도 안에서 거듭난 사람은 영원히 죽지 않는다. 육신은 죽을 수밖에 없는 존재나 주님을 믿으면 영원히 산다. 그리고 주님을 믿으려면 육신의 현저한 것을 다 처리해야 한다.
만일 육신의 감정을 믿음으로 처리 받지 않으면 그리스도의 생명이 사람 안에 들어오지 못한다. 믿음이 되려면 순간마다 감정의 부패함을 보면서 이 사망의 몸에서 벗어나는 길이 무엇인지 돌아보아야 한다,

사람은 한 번은 죽는다. 그러나 주님을 믿으면 두 번째 사망에서 건짐을 받아 영원히 산다. 주님 은혜로 살아난 사람은 주님을 마음에 모시고 살아가야 한다.
그리고 주님을 믿기 위해 죄 된 육신의 감정과 행실을 십자가에 처리 받는 일은 진실한 믿음으로만 된다.

정욕적이고 사탄적인 감정의 특성을 아는 사람은 이 감정을 거절하고 주님 앞으로 돌아가야 한다. 누구든지 주님을 따르려면 그의 믿음이 주님 은혜 안에서 확장되고 깊어져야 한다. 또 이 불의한 감정도 주님 도구로 사용되는 길이 열리면 풍성한 은혜로 사는 날이 돌아온다.

"오호라 나는 곤고한 사람이로다 이 사망의 몸에서 누가 나를 건져내랴" – 롬 7:24

기도의 요점

주님은 기도하는 방법을 가르쳐 주셨다.
하나님 아버지 이름을 부르면서 주님을 찾아가게 해주셨다. 기도 생활이 일상이 된 사람은 기도로 주님을 찾아간다. 그리고 믿음이 아무리 좋아 보여도 기도를 하지 않으면 믿음이 자라는 길은 열리지 않는다.
기도 없는 믿음은 외관상 허울 좋은 행위에 불과함을 아는 사람이 기도하면서 주님께 마음을 드리면 주님과의 관계도 깊어진다. 사람이 기도를 모르면 주님도 모르는 것이고 기도로 시간을 많이 보내지 못하면 믿음도 자라지 못한다.

성도가 주님께 드리는 기도는 마음을 여는 동기가 된다.
주님 앞으로 나아가는 기도는 중요한 믿음의 기초가 된다.
주님께 기도하다가 영혼이 거룩해지는 경험은 삶의 큰 활력이 된다. 성도들은 하나님을 찾아가려고 산이나 기도원으로 간다. 그러나 성도는 마음의 골방을 기도처로 삼고 기도해야 한다.

믿음의 한 가지는 기도 없이는 영혼이 만족하지 못하고, 기도 없이는 주님을 만나지 못한다는 것이다. 세상 삶은 어려워도 주님께 기도하면 세상을 넉넉히 이기는 힘이 오는 것이 사람을 살리는 힘이 된다.

"그러므로 너희는 이렇게 기도하라 하늘에 계신 우리 아버지여 이름이 거룩히 여김을 받으시오며" – 마 6:9

기도로 구함

성경은 "너희가 돌이켜 어린 아이들과 같이 되지 아니하면 결단코 천국에 들어가지 못하리라"(마 18:3)라고 한다. 이 말씀은 믿음이 아이와 같이 순전해야 함을 가르친다.

기도하려면 순전한 아이같이 주님을 의지하면서 기도해야 한다. 성도라면 주님을 신뢰하고 따라가야 한다. 그리고 게으르고 비천한 육신을 안다면 주님께 기도하는 일이 성도의 의무가 되어야 한다.

이 세상은 혼자는 절대 살아갈 수 없는 곳임을 안다면 주님께 기도하면서 주님께 도움을 구해야 한다.

주님께 도움을 구하는 방법은 기도밖에 없다. 성도는 주님께 기도하면서 기도 속에서 주님을 찾아가야 한다.

성도들은 자녀가 잘 되고, 사업이 잘 되고 건강하게 살아야 한다는 생각으로 기도한다. 그러나 믿음이 되려면 주님을 알고 싶은 기도에 마음을 쏟아야 한다. 대부분의 사람들은 삶의 문제를 해결하기 위하여 기도원을 가고 새벽을 찾는다. 그러나 그 기도가 세상 문제에 머문다면 믿음이 성장하는 길은 나타나지 않는다.

믿음 안에서 진정한 기도를 아는 사람은 믿음 성장을 구하는 기도가 삶의 최대의 목표가 되어야 한다.

"지금까지는 너희가 내 이름으로 아무 것도 구하지 아니하였으나 구하라 그리하면 받으리니 너희 기쁨이 충만하리라" – 요 16:24

기도의 진실

사람들은 마음에 소원을 담고 주님께 기도를 하나 기도가 속히 응답 되지 못하면 낙심한다.
성도의 기도가 응답이 안되는 것을 보면 기도의 힘이 빠질 때가 있다. 그러나 기도 응답은 금방 될 때도 있지만 평생이 걸리기도 하는 것을 보면 오래 참아야 한다. 사람이 기도해도 기도 응답은 주님 주권으로만 된다. 그의 기도가 다 사람 뜻대로 된다면 믿음은 참 진리가 아니다.
사람이 기도를 하나 그 안되는 것이 있어야 육신의 미약함을 알고 자신의 믿음을 돌아보는 기회가 된다.

사람들은 육신의 문제로 주님께 기도한다. 그러나 믿음의 기도는 주님이 좋아서 기도해야 한다. 그리고 마음속 내면으로 깊이 들어가는 기도는 주님 안으로 들어가는 기회가 된다.
주님은 성도가 하늘의 신령한 것을 위해 구하는 기도를 기뻐하신다.
성도가 기도하려면 진실하게 끊임없이 기도해야 한다.
사람이 그 세상도 다 헛되다고 느끼는 장소에서 할 일은 기도밖에 없다. 늘 기도하려면 주님 만나기를 원해야 한다. 그리고 주님 안으로 들어가고 싶은 진실한 기도만이 주님이 기뻐하시는 참된 기도가 된다.

"또 너희는 기도할 때에 외식하는 자와 같이 하지 말라 그들은 사람에게 보이려고 회당과 큰 거리 어귀에 서서 기도하기를 좋아하느니라 내가 진실로 너희에게 이르노니 그들은 자기 상을 이미 받았느니라" – 마 6:5

기도로 분별

주님을 향해 아무리 기도를 해도 응답이 안되어서 속이 상한 적이 많았다. 아무리 기도를 해도 은혜의 물 한 방울도 맛보지 못한 적이 많이 있었다. 주님은 영이시니 기도도 영으로 나아가야 한다는 사실을 알지 못했다.
성도가 그동안 세상 유익으로 가는 기도에 멀미를 느낀다면 기도의 방향이 많이 달라져야 한다. 삶의 문제 때문에 하던 기도를 멈추고 믿음 성장을 위한 기도에 힘을 다하면 주님은 알아주신다.
세상보다 영혼의 텅 빈자리가 힘들어 영혼의 문제를 가지고 기도한다면 주님은 다 아시고 받아 주신다.

믿음으로 살고 싶어 하는 기도가 바른 기도가 된다.
영혼의 빈 곳이 너무 힘들어서 하는 기도는 믿음의 방향을 바꾸어 준다. 소리 기도를 멈추고 마음으로 주님을 묵묵히 바라보는 침묵 기도 속에서 느끼는 은혜의 흐름은 영혼을 살려준다.
세상 소음을 잊고 주님 은혜를 간절히 구하는 기도는 믿음 안에 오는 큰 능력이 된다.

사람이 주님을 믿으려면 세상 악을 분별하고 이기는 기도로 나아가야 한다. 이런 진심 어린 기도가 주님 마음에 닿으면 이런 기도만이 은혜 안으로 들어가는 통로가 된다.

"시험에 들지 않게 깨어 있어 기도하라 마음에는 원이로되 육신이 약하도다 하시고"
– 막 14:38

기도의 능력

기도는 성령 안에서 해야 한다.
바르게 기도하려면 주님 은혜를 사모해야 한다. 그리고 믿음이 되려면 세상 검은 죄의 속성에서 건져달라고 기도해야 한다.
삶의 모든 어려움과 사망의 골짜기 같은 현실에서 바르게 이끌어 주시는 주님 은혜에 감사해서 기도해야 한다. 또 마음과 몸의 고통에서 벗어나게 해달라고 기도해야 한다. 또 주님이 영혼을 평안한 곳으로 인도해 주실 것을 바라고 기도해야 한다.
성도가 믿음으로 다시 일어나는 힘은 기도밖에 없다.

주님을 향한 기도가 깊어질수록 주님 마음을 느끼게 되면 이것이 은혜가 된다. 주님께 기도하면서 느끼는 잔잔한 은혜는 영혼을 살린다. 사람이 기도하려면 모든 일을 감당할 능력을 달라고 기도해야 한다.
수시로 기도하는 가운데 주님 치유의 빛이 스며들기를 원해야 한다. 또 주님 은혜의 능력으로 세상을 향해 나아가게 해달라고 기도해야 한다. 깨어서 기도하는 가운데 주시는 주님의 뜨거운 사랑을 다른 사람에게 흘러가게 해달라고 기도해야 한다.
믿음으로 기도의 능력을 경험하는 경건한 사람이 되려면 더욱 꾸준히 기도해야 한다.

"여호와는 나의 빛이요 나의 구원이시니 내가 누구를 두려워하리요 여호와는 내 생명의 능력이시니 내가 누구를 무서워하리요" – 시 27:1

기도로 감사

주님은 사람에게 사물을 보고 느끼는 판단력을 주셨다.
애굽 땅 노예 같은 삶에서 건져주신 주님은 성도에게 아름다운 믿음을 주셨다. 그러나 사람들은 믿음이 무엇인지 잘 알지 못한다.
사람은 살면서 고통을 당하고 어려움도 맛보고 근심하는 일도 생긴다. 그런 성도가 기도하려면 세상과 자신을 이기게 해달라고 기도해야 한다.
날마다 기도함으로 주님 은혜를 경험하게 해달라고 기도해야 한다. 그리고 기도함으로 주님 사랑도, 은혜도 그 폭이 달라짐을 체험해야 한다.

믿음의 기도는 영적 호흡과 같다.
이 영적 호흡인 기도를 할 줄 모르면 믿음은 자연히 소멸해 버린다. 사람의 기도는 처음에는 매우 어려워서 한순간도 하지 못하나 기도도 기도의 문이 열려야 한다. 그러나 꾸준히 기도한다면 오래 기도할 수 있는 이것이 은혜가 된다.

그리고 주님께 드리는 감사 기도는 마음을 평안하게 해준다. 믿음이 성장하는 길은 감사 기도를 통해서만 가능하고 이 감사 기도는 주님 은혜로 사는 소중한 순간이 된다.

"아무 것도 염려하지 말고 다만 모든 일에 기도와 간구로, 너희 구할 것을 감사함으로 하나님께 아뢰라" – 빌 4:6

145

믿음의 의미

성도는 자신이 죄인이라는 사실을 안다.
그러나 말로만 죄인이라고 고백하면서 자신이 진실로 죄인이란 사실은 잘 알지 못한다. 아무리 자신을 살펴보아도 죄를 지은 경험이 없어서 죄인임을 진실로 깨닫지 못한다. 성도가 믿음이 되려면 이 세상에 죄가 아닌 것이 없는 것을 보아야 한다.
주님 은혜의 빛 아래서 검은 죄투성이인, 전혀 무익하고 소용없는 육신을 보아야 한다. 주님 은혜의 빛 아래서 육신이 낮아지면서 주님 한 분만이 거룩하고 참되신 분이라는 것을 깨달아야 한다.

모양만, 무늬만 믿음인 사람에게 주님은 자신을 나타내시고 열어 보이신다. 그 이유는 주님이 그를 아신다는 의미가 들어있다. 사람이 주님을 만나면서 아주 작아지고 굳은 마음에 오는 두려움은 이루다 표현이 안된다.
그곳에서 도저히 주님께 나아갈 수 없는 자격 없고 무가치한 죄인이라는 사실을 깨달아야 한다. 검은 죄인 앞에 나타내 주시고 돌보아 주시는 주님 사랑에 감동하는 순간은 믿음이 크게 바뀌는 기회가 된다.
그뿐인가. 목숨을 내어주시기까지 죄인을 사랑해 주시는 주님 은혜에 감사해서 흘리는 눈물은 믿음을 일구는 중요한 근거가 된다.

"나와 같이 모든 일에 모든 사람을 기쁘게 하여 자신의 유익을 구하지 아니하고 많은 사람의 유익을 구하여 그들로 구원을 받게 하라" – 고전 10:33

믿음과 죄

육신은 욕망으로 가득하다.
무엇을 하거나 이루고 싶은 것이 바로 육신의 특성이다. 마음이 허전함으로 힘든 사람은 세상을 방황하고 떠돈다. 그러나 주님은 믿음의 길을 확실하게 보여주신다.
믿음은 생명과 사망으로 들어가는 두 길(신 30:15)이 있음을 가르친다. 성도에게 보여주는 길은 생명으로 가는 길을 말한다.
이 세상 소망 없는 삶에서 일어나는 힘은 오직 믿음뿐이다.
그리고 주님을 자신의 구주로 인정하고 받아들여야 주님을 아는 길이 열린다.

주님을 구주로 받으려면 죄를 처리해야 한다.
그냥 어정쩡하게 따라가는 믿음이 아니라 믿음에 대한 확신이 와야 한다. 주님께 나아가는 생명 길의 여정은 참으로 거룩하고 영광된 길이다.
세상 죄로 죽을 수밖에 없는 죄인이 영생으로 들어가려면 그 일은 주님 은혜로만 된다. 주님이 믿음을 선물로 주신 것은 주님이 죄인을 사랑하신다는 표시가 된다.

주님을 믿는 믿음의 생활은 때로는 매우 무의미하게 여겨질 때도 많다. 그러나 주님을 믿어서 주님 은혜가 열림으로 영혼이 충만해짐을 아는 사람은 주님을 붙든다.

"그러므로 내가 너희에게 말하기를 너희가 너희 죄 가운데서 죽으리라 하였노라 너희가 만일 내가 그인 줄 믿지 아니하면 너희 죄 가운데서 죽으리라" – 요 8:24

147

믿음의 한걸음

사람들은 많은 생각을 가지고 살아간다.
이 세상을 어떻게 살아가야 할지 고민하면서 방향도 없이 떠오르는 생각을 따라간다. 그러나 주님을 믿으려면 육신을 주인으로 삼아온 삶의 방향을 바꾸어 주님을 주인으로 받고 주님 부르심에 응답하는 삶이 목표가 되어야 한다.
사람이 주님을 믿으려면 육신의 모든 사고와 삶의 관점을 믿음으로 바꿔야 한다. 세상에서 습득된 육신의 사고 가치를 믿음으로 바꾸지 않으면 온전한 믿음이 되지 못한다.

주님을 믿으려면 주님 앞으로 한 걸음씩 나아가야 한다.
세상 삶을 주님 중심으로 바꾸려면 주님 은혜 앞으로 날마다 한 걸음씩 나아가야 한다. 주님께 한 걸음씩 다가가는 믿음은 전 생애에 걸쳐서 일어나는 거룩한 진전이 되어야 한다. 지금 육신은 어디에 속해서 살아가나? 세상인가? 주님인가? 생명 길인가? 사망 길인가? 수많은 질문이 믿음 앞에 놓여있다.

그 가는 길에 사람이 믿음으로 한 걸음씩 주님께 나아가기만 하면 주님 은혜로 사는 길이 열린다. 믿음은 어려워도 한 걸음씩 믿음의 푯대를 향하여 걸어간다면 풍성한 은혜의 문이 열리는 날이 온다는 것을 반드시 믿어야 한다.

"푯대를 향하여 그리스도 예수 안에서 하나님이 위에서 부르신 부름의 상을 위하여 달려가노라" – 빌 3:14

믿음 안의 사랑

세상은 변하고 마음도 수시로 바뀐다. 아무리 사랑한다고 말해도 세상에 영원한 것은 아무것도 없다. 영원한 사랑에 속으면 안 된다. 세상의 참된 사랑은 주님 한 분밖에 없다.
하나님은 인생이 가는 멸망 길을 아시고 독생자 아들을 세상에 보내 주셨다.
예수님을 이 땅에 보내셔서 영생으로 가는 길을 열어주신 하나님 외에는 참된 사랑은 세상 그 어디에도 없다. 사람은 세상에서 사랑하는 이를 만난다. 그러나 세상 사랑은 시간이 흐르면 그 사랑도 다 사라져 버린다. 사랑의 시작은 있어도 사랑의 끝이 사라지는 현실을 보면 사랑은 매우 변화무쌍하나 오직 주님만이 참된 사랑이심을 알게 된다.

사람이 믿음이 깊어지려면 주님 사랑을 아는 자리까지 나아가야 한다. 주님 사랑이란 주님과 친밀한 교제 속에 오는 주님 은혜 안에 사는 삶을 말한다. 그리고 사람이 주님의 따스한 사랑을 알지 못하면 믿음도 영혼도 다 헛되다.
이 세상 사람들의 믿음은 어디에 있는가?
믿음은 눈에는 보이지 않으나 주님과 깊은 교제 안에서 주님의 온전한 사랑을 경험해야 한다. 그리고 주님 사랑으로 익어가는 믿음이 되고 있는지 보아야 한다.

"이 세상이나 세상에 있는 것들을 사랑하지 말라 누구든지 세상을 사랑하면 아버지의 사랑이 그 안에 있지 아니하니" – 요일 2:15

149

믿음으로 보전

믿음을 아는 사람은 자신이 죄인 중의 죄인이라는 사실을 아니 육신을 어디에도 드러내지 못한다. 사람이 불의한 육신을 알면 되는데 육신을 보는 눈이 없으니 믿음도 잘 되지 못한다.
믿음으로 영의 눈이 열리면 그 어디를 가도 육신을 나타내지 못한다. 바른 믿음이 되려면 마음을 비우고 영과 혼과 몸을 믿음으로 보전해야 한다. 그뿐이라면 성장하는 믿음은 나타나지 않는다.
믿음으로 마음을 비운 그 자리에 성령님이 오셔서 마음을 온전히, 흠 없이 보전하는 일이 삶 속에서 계속 일어나야 한다.

마음을 낮춘 사람은 모든 것을 비울 줄 안다.
그리고 마음에 채울 것은 주님 한 분뿐이기 때문에 주님을 바라본다. 주님을 아는 사람은 주님 한 분만이 전부인 것을 아니 세상 즐거움을 따라가지 않는다.
육신이 비워진 심령의 사람에게 주님은 평안을 선물로 채워주신다. 사람이 주님 은혜로 만족한 삶이 된다면 여기서 더 무엇이 있어야 하고 무엇을 더 구해야 하나? 그 인생이 믿음으로 살려면 부패한 육신을 주님 앞으로 돌려야 한다. 육신을 흠 없이 보전하는 그 속에 주님 은혜를 아는 사람은 세상 것을 그리 부러워하지 말아야 한다.

"평강의 하나님이 친히 너희를 온전히 거룩하게 하시고 또 너희의 온 영과 혼과 몸이 우리 주 예수 그리스도께서 강림하실 때에 흠 없게 보전되기를 원하노라" – 살전 5:23

150

믿음의 분깃

사람은 처음에는 믿음이 무엇을 말하는지 잘 알지 못한다. 교회에 다니는 것만 알지 주님을 찾아가는 일은 생각지도 못한다. 그리고 그 인생이 척박한 환경으로 내몰리는 피해의식 속에 드리는 예배는 그리 즐겁지 않다. 그러나 세상 삶이 어려운 사람이 갈 곳은 교회뿐이다.
믿음이 적은 척박한 환경은 몸과 영혼을 지치게 한다. 그러나 삶의 의욕을 잃어버리고 그 어떤 좌절감이 몰아쳐도 성도는 오직 믿음의 분깃인 주님을 붙들어야 한다.

세상 의지할 곳이 없는 허전한 삶은 마음을 지치게 한다.
그럼에도 성도는 주님 은혜 안으로 들어가려고 애를 써야 하고 주님을 앙망하는 삶으로 나아가야 한다. 그러나 그 믿음이 얼마나 어려운지 육신으로는 그 무엇도 할 수 없는 속수무책의 시간만 지나간다.
믿음은 이런 좌절의 고비를 넘어가면서 자라는 것이지 저절로 되지 않는다. 그리고 성도 믿음의 분깃(민 18:20)인 주님 한 분만 믿고 살아가야 한다.
믿음으로 한 가지 아는 사실은 이 믿음의 분깃을 찾아가는 일이 삶 속에서 계속 지속되어야 한다는 것이다.

"여호와는 나의 산업과 나의 잔의 소득이시니 나의 분깃을 지키시나이다" – 시 16:5

151

믿음을 소유

사람들은 외로움을 많이 경험한다.
그러나 아무것도 되는 일이 없는 현실 앞에서는 믿음만이 삶의 위안이 된다. 세상 삶이 어려운 사람은 믿음을 붙들어야 한다.
세상도 혈육도 친구도 다 형식적인 관계뿐이라면 인생은 허무함을 느낀다. 세상 삶 속에서 경험하는 외로움은 주님을 붙들어야 한다는 소명으로 받아야 한다.
그 인생이 외롭고 고독한 사람이 의지할 곳은 믿음뿐이다. 척박한 환경 속에 믿음을 붙들다가 주님 사랑을 경험하는 이것이 믿음 안에 오는 큰 기쁨이 된다.

세상은 믿을 것이 되지 못한다.
믿음 안에서 무엇이든지 있으면 있는 대로 없으면 없는 대로 사는 것이 믿음으로 사는 것이다. 그리고 믿음을 생각하면 세상 관심이 사라지고 세상 흥미도 깨어진다. 그냥 주님 안에서 주님과 먹고 마시면서 주님으로 사는 것을 생애의 기쁨으로 여겨야 한다. 그 가운데 믿음이 오롯이 세워지는 경험을 한다. 그리고 주님과 동행하고 교제하는 가운데 믿음의 한 축이 세워짐을 경험한다.
순간마다 주님께 마음을 드리다가 주님이 주시는 은혜를 경험하면 그제야 세상 문제도 믿음을 소유하기 위한 소중한 재료가 된다는 것을 깨닫는다.

"네게 있는 믿음을 하나님 앞에서 스스로 가지고 있으라 자기가 옳다 하는 바로 자기를 정죄하지 아니하는 자는 복이 있도다" – 롬 14:22

자아의 자화상

사람은 불완전한 몸으로 인생을 살아간다.
그리고 삶에 어려움이 오면 그때는 자신을 돌아보아야 한다. 사람이 부정적인 자화상을 발견하기만 하면 자신은 진실한 사람이 되지 못함을 깨닫는다. 지금까지 어리석게 산 그날을 보면서 믿음 없이 산 전날이 마음을 아프게 한다.
세상 그 삶을 육신의 부정적인 인간성과 불의한 자화상에 초점을 맞춘다면 실망하지 않을 수 없다. 그리고 그 옳지 못한 자화상이 사람을 비관하게 하고 낙심시키면서 자신에 대한 신뢰감마저 사라지게 만들면 절망하게 된다.

삶의 회의가 자화상에 그대로 투영되기만 하면 지난 일을 비난하고 나쁜 감정을 드러낸다. 그리고 삶 속에 회의가 자화상에 나타나서 매사에 마음을 위축시킨다면 삶에 대한 소망이 사라진다. 육신으로 할 수 있는 일이 아무것도 없는 사실 앞에 서면 마음은 갈대같이 흔들릴 뿐이다.

세상이 무서워 가까이 다가가지 못하는 사람은 다른 사람에게도 다가가지 못한다. 그러나 믿음 안에서는 다른 것을 보기 전에 자신의 모습을 먼저 보아야 한다. 그곳에서 잘못된 자화상을 발견하고 새롭게 일어나는 힘은 오직 믿음밖에 없다.

"그러나 악인은 평온함을 얻지 못하고 그 물이 진흙과 더러운 것을 늘 솟구쳐 내는 요동하는 바다와 같으니라" – 사 57:20

153

자아의 쇠약

사람들은 그 인생이 육신의 원함에 이르지 못하면 많이 실망한다.
삶 속 실망이 자책감으로 몰아가면 마음은 낙심을 한다. 세상 힘든 모든 상황이 마음을 위축시킨다면 거기서 의지할 이는 주님밖에 없다. 모든 실패가 마음을 피폐한 곳으로 몰아가도 성도는 주님을 잊으면 안 된다. 사람이 하는 일마다 실패하면서 겪는 시련을 이기기는 쉽지 않다. 그 인생 모든 삶이 물거품처럼 사라지는 날이 오면 마음은 비참해지고 낙심하게 된다.
세상만 알던 사람이 이런 어려움을 통하여 주님 앞으로 돌아가는 일은 아무에게나 주어지지 않는다.

주님은 사람을 향하여 "나를 떠나서는 너희가 아무 것도 할 수 없음이라"(요 15:5)라고 한다. 이 말씀을 삶에 충분히 적용하면서 살아가는 힘은 바른 믿음뿐이다. 세상에서 육신의 자아가 깨어짐을 당하고 부서짐을 당해도 주님을 의지하는 믿음은 매우 소중한 것이다.
육신의 탐욕적 자아는 세상 실패로 낙심하고 절망해야 한다. 그러나 자아가 세상에만 관심을 가진다면 믿음을 삶에 충분히 적용하지 못한다. 사람이 주님을 믿는다면 육신의 자아가 쇠약해지고 넘어진 후 다시 일어나는 힘은 믿음 안에서 찾아가야 한다.

"그는 흥하여야 하겠고 나는 쇠하여야 하리라 하니라" – 요 3:30

자아의 욕심

육신의 힘은 믿음이 아니다.
육신의 행위나 의로움으로 가는 길은 믿음이 아님을 아는 사람은 주님을 붙든다. 육신이 나서고 섬겨도 그 일이 믿음이 아니면 다 포기해야 한다. 육신 자아의 생각을 포기하는 일은 진실한 믿음으로만 된다. 아무리 포기하고 싶어도 안되는 이 욕심 많은 자아를 다스리는 방법은 믿음밖에 없다. 세상 육신은 자아를 믿고 자아로 말하고 자아의 생각으로 나아간다. 그러나 믿음은 주님의 은혜로 나아가고 주님의 은혜로 일해야 한다.

사람들은 많이 말한다.
사람은 의견을 많이 표출하지만 지나고 보면 그 일은 다 악의 발로가 될 뿐이다. 사람이 믿음이 되려면 말이 앞서면 안 되니 입이 무거워야 한다. 어디서나 욕심투성이인 육신의 자아를 아는 사람은 이 자아의 의견대로 가지 말아야 한다.

이 세상은 자기 PR시대라고 하지만 육신의 자아가 나서면 되는 것이 없다. 육신과 자아의 욕심은 세상 것을 다 가져도 만족하지 못한다. 그리고 어디서나 나서고 앞장서는 일이 바른 믿음이라고 오해하는 곳에서는 이 그릇된 자아를 보아야 한다. 이 욕심 많은 자아를 바르게 세우는 것은 믿음뿐이고 사람을 인정해 주는 마음도 진실한 믿음으로만 된다.

"오직 각 사람이 시험을 받는 것은 자기 욕심에 끌려 미혹됨이니 욕심이 잉태한즉 죄를 낳고 죄가 장성한즉 사망을 낳느니라" – 약 1:14–15

자아의 속성

육신 안에는 당당한 자아가 존재한다. 자아란 자신의 주장으로 나아가면서 독립적으로 스스로 사는 삶을 말한다. 육신은 믿음이 오기 전에는 자아의 생각으로 나아가고 자아를 믿고 신뢰하면서 살아왔다. 육신 안에 내재된 자아의 속성은 자기중심적이어서 자아의 의견을 존중하고 따른다.

육신만 아는 자아의 독특한 심리적 속성은 사람의 본능 중 하나다. 육신만 알고 믿는 자아의 속성은 믿음과 정반대로 가도 믿음이 어린 사람은 이것이 무엇인지 알지 못한다.

육신 안에는 독립된 자아가 존재하면서 육신을 이끌어간다. 이 독립된 자아는 아무에게도 속하지 않으며 지배당하지 않는 독단적인 성질을 내포한다. 육신의 본능은 당당한 자아를 도구로 삼아 자아의 능력으로 나아간다. 그러나 육신 안에는 옳은 자아도 있고 불의한 자아도 있다.

이 자아의 속성은 믿음에 좋지 않은 영향을 미친다. 그러나 성도는 그 자아가 옳아도, 악해도 다 믿지 말아야 한다. 그 이유는 믿기 이전의 자아 즉 믿음으로 처리 받지 못한 자아의 속성은 아무리 옳아도 다 하나님 진노의 대상이 되기 때문이다.

"기록된 바 의인은 없나니 하나도 없으며" – 롬 3:10–11

자아의 죽음

고난을 아는 사람은 육신의 자아로 가는 삶을 포기해야 한다. 믿음으로 자아를 포기만 하면 자아의 힘은 서서히 죽는다. 그리고 믿음이 오면 새 자아가 살아나면서 새롭게 믿음으로 사는 날이 돌아온다. 육신 자아의 생각과 의견은 버리고 믿음으로 살겠다고 결심하는 곳에 주님의 은혜가 들어온다.
이 강한 육신 자아는 믿음으로 사는 것이 아니라고 거절하고 낮추는 믿음은 주님 안으로 들어가는 기회가 된다. 육신의 자아는 믿음이 아니라는 것을 아는 사람은 육신 자아의 자랑을 다 내려놓는다.

사람이 주님을 믿으려고 하면 할수록 육신의 자아는 점점 살아나서 그 가는 길을 방해한다. 그러나 주님 말씀을 한 번만이라도 들으면 육신의 자아는 그 위엄에 놀라서 풀이 죽는다. 여기서 자아가 죽는다는 것은 자아의 힘이 사라진다는 뜻이고 반대로 그의 믿음이 살아난다는 의미가 된다. 힘든 세상 실패를 맛본 육신의 자아는 주님을 아는 믿음으로 나아가야 한다.
순간마다 느끼는 자아의 낙심은 실패가 아니라 믿음 안으로 들어가는 근거가 된다. 이 당당한 자아가 주님 은혜와 사랑을 맛보면 육신 자아의 힘은 죽고 새 자아로 다시 일어나는 삶은 믿음이 자라는 기회가 된다.

"이와 같이 너희도 너희 자신을 죄에 대하여는 죽은 자요 그리스도 예수 안에서 하나님께 대하여는 살아 있는 자로 여길지어다" – 롬 6:11

157

자아의 모순

육신 안에 든 자아는 이중적인 모습을 가진다.

육신 자아는 때로는 선하고도 악한 모습으로 나타난다. 마음이 불안하다면 그것은 육신의 자아가 불안해서다. 육신의 자아가 생각이 많다면 그것은 육신의 자아가 같이 요동하기 때문이다. 믿음이 사람 안에 세워지지 않으면 이 불안한 자아 때문에 불안하게 살아갈 수밖에 없다.

육신이 바라보는 불의한 자아의 모습은 인간의 속성과 똑같다. 이 고집스럽고 강한 자아의 특성은 바르게 살아온 삶에서 비롯된다. 육신의 자아가 바른 것은 육신 본성에 기초한 것으로 진정한 믿음으로 사는 것은 아직 아니라는 것을 알지 못한다.

믿음이 안되는 이유는 자아의 의견으로 나아가기 때문이다.

믿음은 자아의 의로움이 아니라 주님 뜻을 따라가야 한다.

어떤 사건 앞에서 주님 뜻이 아니라면 다 포기해야 한다.

믿음이 되려면 육신 자아의 생각을 따라가지 말아야 한다.

육신이 자아의 속성으로 산다면 그 믿음은 속히 자라지 못한다.

성도가 이 그릇된 자아의 이중적인 모순을 안다면 이 자아를 믿음으로 처리하고 새 자아로 다시 일어나야 한다.

"내 지체 속에서 한 다른 법이 내 마음의 법과 싸워 내 지체 속에 있는 죄의 법으로 나를 사로잡는 것을 보는도다" – 롬 7:23

자아의 선택

사람은 그 죄로 죽을 수밖에 없는 운명을 가지고 태어났다. 마찬가지로 육신 안에 내재된 자아도 몸을 죄 된 길로 이끌어 간다. 육신 안에는 부패한 자아가 존재한다. 육신 자아의 부패함을 모르는 사람은 육신 자아의 판단과 결정이 매우 바른 줄 안다. 세상 삶의 모든 의사결정을 자아에 맡기고 사는 사람은 자아의 생각이 매우 옳은 줄 안다. 믿음 없는 육신에서 나오는 자아는 악하든지, 선하든지 믿음이 아니면 다 그른 것이다.

육신 자아의 무모함을 모르고 순간마다 육신 자아로 가는 삶은 바르지 못하다. 혼의 속성인 자아의식은 다른 사람과의 관계를 맺는 매개체가 되어 육신의 심리 의식 속에 존재한다.
육신은 혼의 속성인 자아의 생각과 감정의 결단으로 나아가면서 의지를 행사한다. 그러나 사람은 그 길이 바른지 아닌지 전혀 알지 못하니 문제가 된다. 주님을 믿으려면 주님 말씀을 따라가야 하지만 그것을 모르는 자아는 육신 자아의 선택이 매우 옳은 줄 안다.

만일 그가 육신 자아의 선택을 따라간다면 몸과 영혼은 육신 자아의 부패함으로 오염되어 영원히 믿음 길이 열리지 않음이 큰 문제가 된다.

"내가 원하는 바 선은 행하지 아니하고 도리어 원하지 아니하는 바 악을 행하는도다"
– 롬 7:19

159

자아의 깨어짐

사람에게는 강하고 곧은 육신의 자아를 부수기 위해 고난이 온다. 육신의 모든 의견이 선한 줄 알던 사람이 여리고 성이 무너지듯 곧고 굳은 자아가 어떤 사건을 통하여 깨어질 때가 돌아온다.

언제나 당당하게 나아가던 자아의 결정이 깨어지고 망하는 자리에 오면 자아로 가는 삶의 헛됨을 깨달아야 한다.

믿음이 성장하면 자아의 힘으로 가는 삶을 주님은 간과하지 않으신다. 매사에 자아의 결정으로 가는 일이 갑자기 무너지고 깨어지는 일을 경험만 하면 육신은 항상 낙심해야 한다.

어떤 사건 속에서 자아가 무너지고 깨어지는 것은 나쁜 것만이 아니다. 그것은 믿음은 실패와 시련 없이 세워지지 않기 때문이다. 세상 육신으로 가던 삶이 다 무너지고 쇠해져야 새로운 자아로 세워진다.

시련 속 꽃의 아름다움은 고난 속에서 피어난다. 차가운 땅 무거운 흙을 뚫고 나오는 새싹을 본다면 자아도 부서지고 깨뜨림을 당하는 고난 속에서 믿음이 세워져야 한다.

믿음은 고난 없이 성장하지 못한다. 이 고난 속 자아의 깨어짐이 믿음을 일구는 도구가 되어 믿음이 열리면 이것이 바로 주님 은혜로 가는 길이 된다.

"보라 내가 너를 나라들 가운데에 매우 작게 하였으므로 네가 크게 멸시를 받느니라"
– 옵 1:2

영혼의 소망

사랑이 세상만 안다면 영혼의 존재를 알지 못한다. 세상과 육신의 힘으로 가던 사람이 믿음 안에서 영혼의 소망으로 산다면 그것은 주님이 주시는 은혜의 선물임을 깨달아야 한다. 그러나 때로는 영혼이 비고 삭막해지는 경험은 삶을 피곤하게 만든다.
이런 증상을 해결하는 방법은 오직 믿음뿐이다. 그러나 영혼이 곤한 사람이 주님을 소망하면 주님이 아시고 응답해 주실 때가 있다. 만일 그가 주님 은혜를 소망하면 진실한 믿음으로 살 때가 돌아온다는 것을 믿어야 한다.

믿음과 삶은 주님이 주신다. 믿음은 높은 곳에 계신 하나님을 소망하는 일 없이는 거저 되지 않는다. 그리고 날마다 주님을 소망하는 사람에게 주님은 아시고 오신다.
육신은 이 땅에 살아도 영혼은 주님을 소망하는 믿음으로 나아가야 한다. 온종일 주님 은혜를 소망하는 마음은 믿음 안으로 들어가는 중요한 요소가 된다. 그러나 늘 무심하게 믿고 믿음을 무심하게 여긴다면 은혜로 가는 길은 열리지 않는다.

성도는 믿음으로 영혼의 간절한 소망을 주님께 드려야 한다. 믿음으로 소망의 물 한 방울이라도 아쉬우면 영혼의 시선을 주님께 늘 향해야 한다.

"나의 영혼아 잠잠히 하나님만 바라라 무릇 나의 소망이 그로부터 나오는도다"
– 시 62:5

161

영혼의 갈망

주님을 갈망하는 사람은 주님 앞으로 나아가는 일이 일상이 되어야 한다. 간절하게 주님께 마음을 드린다면 주님이 알아주실 날이 돌아온다. 믿음은 적극적인 마음 없이는 은혜 안으로 들어갈 수 없고 적극적으로 주님을 갈망하는 믿음 없이는 주님을 만날 길이 없다.
세상 그 누구도 주님을 향한 적극적인 영혼의 갈망 없이는 은혜 안으로 들어가지 못한다. 진실한 마음 없이는 안 되는 믿음을 아는 사람은 진실하게 주님을 믿어야 한다. 전심을 주님께 드리는 갈망이 믿음을 살리고 영혼을 살리는 길임을 아는 사람은 주님께 마음을 드려야 한다.

성도는 주님의 어떠함을 믿음 안에서 경험해야 한다.
이런 경험이 영혼을 번성하는 곳으로 이끌기만 하면 주님 은혜로 사는 날이 돌아온다. 믿음 안에 경험하는 새로운 날이란 주님과 함께 사는 기쁨 그 자체가 된다. 사람에게 주님 은혜에 대한 갈급한 마음이 오면 그 일을 통하여 속히 주님을 만나는 날이 돌아온다. 이런 특별한 영혼의 갈망이 주님 나라에 들어감을 얻는 기회가 되면 이것이 바로 성장하는 믿음이 된다.
영혼의 갈망 역시 주님이 이끄신다는 것을 아는 사람은 주님 안으로 들어가기를 늘 소망해야 한다.

"하나님이여 사슴이 시냇물을 찾기에 갈급함 같이 내 영혼이 주를 찾기에 갈급하니이다" – 시 42:1

영혼의 새로움

영혼의 황폐함을 경험한 사람은 주님을 믿어야 한다.
사람이 세상 문제를 해결하려고 별 방법을 다 해도 혼탁한 영을 치료해 주시는 분은 주님 한 분뿐이다. 성도가 영혼의 문제로 주님을 찾아가 주님 은혜를 맛보면 믿음만이 다라는 것을 안다. 믿음이 되려면 영혼의 부패함이 인식되어야 한다.
혼탁하고 더러운 영혼의 실상을 아는 사람은 바르게 주님을 믿어야 한다. 믿음은 주님께 마음을 드리면서 영이 무엇인지, 육이 무엇인지, 선과 악이 무엇인지 분별해야 한다.

부패한 영의 속박 속에 살던 사람이 더러운 영이 떠나가는 경험만 하면 믿음의 새로움이 무엇인지 안다. 사람이 주님께 마음을 드리다가 영혼이 소생된다면 믿음만이 참되다는 것을 경험해야 한다.
육신을 세상 악에서 구해 주시는 분은 주님 한 분뿐이다. 그리고 주님께 마음을 드리다가 주님 은혜가 오면 악도 사탄도 다 떠난다.

육신과 영의 문제는 결국 죄의 문제와 직결된다. 믿음은 흑암에 갇힌 영혼을 주님 앞에 드리고 해결을 받아야 한다. 매사에 믿음으로 그 죄가 처리되면, 새롭게 사는 날이 돌아오면 이것이 영혼의 새로움 속에 오는 큰 기쁨이 된다.

"하나님이여 내 속에 정한 마음을 창조하시고 내 안에 정직한 영을 새롭게 하소서"
– 시 51:10

영혼의 희락

믿음으로 영, 혼, 몸이 치유된 사람은 삶의 모든 가치를 주님으로 바꾼다. 삶의 모든 일이 믿음으로만 된다는 것을 아는 사람은 믿음을 붙든다. 세상 삶도 주님이 주신 것임을 아는 사람은 삶의 목적도 주님이 전부가 되어야 한다.
믿음이 여기에 온 사람은 주님 은혜 안에 사는 삶을 기뻐한다. 그리고 어떻게 하면 주님을 기쁘게 하는가에 삶의 초점을 맞춘다. 그러나 삶 속에 무수한 영적 어려움이 온다면 속히 주님 안으로 들어가야 한다. 주님 안으로 피하는 법을 아는 사람은 주님 품만이 매우 안전하다는 것을 깨닫는다.

사람이 주님을 믿으면 영혼의 희락이 와야 한다.
주님만이 전부임을 아는 사람은 온 삶이 영혼 희락 속에서 살아가야 한다. 주님을 믿는 영혼이 주님 희락으로 물든다면 이것이 믿음 안에 오는 큰 은혜가 된다.
성도가 희락 속에 사는 믿음이 되면 마음에 기쁨이 온다.
사람은 믿음을 너무 쉽게 생각해서도 안 되고 너무 어렵게 믿어도 안 된다. 성도는 순간마다 영혼 희락을 경험하면서 누려야 믿음이 좋은 줄 안다. 주님 한 분을 기쁨으로 삼은 사람은 영혼 희락의 기쁨인 주님을 알기에 더 잘 믿어야 한다.

"하나님은 그가 기뻐하시는 자에게는 지혜와 지식과 희락을 주시나 죄인에게는 노고를 주시고 그가 모아 쌓게 하사 하나님을 기뻐하는 자에게 그가 주게 하시지만 이것도 헛되어 바람을 잡는 것이로다" – 전 2:26

영혼 충만

사랑이 주님께 마음을 드린다면 실재 삶 속에 주님 살아계심을 아니 잘 믿게 된다. 주님은 마음을 드리는 장소에 먼저 오셔서 그의 믿음을 기쁘게 받아주신다. 그리고 자신의 믿음을 아시는 주님을 아니 더 기쁘게 마음을 드리면 주님이 알아주실 때가 돌아온다.
성도가 주님을 믿다가 주님 은혜의 충만함이 무엇인지 알기만 하면 믿음의 차원이 많이 달라진다. 사람이 영혼의 충만함을 주시는 주님을 만나면 주님은 곧 사랑이심을 깨닫는다.

성도는 주님께 마음을 드리다가 영혼이 충만하면 믿음만이 다라는 것을 깨닫는다. 세상 우울하고 힘든 사람이 주님 은혜로 영혼이 충족된다면 그것이 믿음에 큰 능력이 된다.
주님께 마음을 드리다가 주님 자신을 나타내시는 주님을 만나면 세상 사고와 관념도 다 바뀐다. 그러나 이런 신비한 경험도 다 주님이 하시는 일은 아님을 알아야 한다. 때로는 사탄이 주님처럼 위장해서 믿음이 약한 사람을 수시로 유혹한다.

믿음이 어리면 그것이 주님이 하시는 일인 줄 알고 무조건 따라다닌다. 성도의 믿음의 길은 미로와 같아서 그 길을 잘 찾아가야 한다.

"그 너비와 길이와 높이와 깊이가 어떠함을 깨달아 하나님의 모든 충만하신 것으로 너희에게 충만하게 하시기를 구하노라" – 엡 3:19

영혼의 자족

믿음으로 영혼의 자족함을 경험한 사람은 주님을 따른다.
극심한 마음 고통으로 주님께 돌아간 사람은 주님의 어떠하심을 안다. 여기에 이른 성도 영혼의 자족함은 무엇으로도 표현이 안된다. 돌아보면 왜 그때 그런 자리에서 극심한 사탄의 심술을 경험해야 했는지 알 수 없다. 그러나 성도가 그런 경험이 없으면 믿음을 붙들지 못한다.
사탄의 방해와 술수를 통해 무엇이 믿음인지 아닌지 분별이 된다면 은혜로 사는 길이 열린다. 성도가 사탄의 유혹을 경험하면 육신의 부패함이 무엇을 말하는지 다 아니 이것이 은혜가 된다.

주님을 아는 사람은 믿음이 귀하다는 것을 안다. 사람은 빈속을 채우려고 세상을 돌아다니나 성도는 믿음보다 세상이 먼저 되면 안 된다.
믿음 안에서 영혼 자족만 되면 세상은 전혀 아니라는 것을 아는 사람은 주님을 붙든다. 사람은 현재 무엇으로 살아가나? 가정인가? 친구인가? 세상인가? 세상 모든 것이 헛되다는 것을 경험한 사람은 주님께로 돌아가야 한다.
믿음 안에서 영혼의 자족을 경험한 사람은 세상 모든 일도 마음에 차지 않는다. 사람이 세상 탐욕으로 가득한 육신을 믿음으로 밀어내면 반드시 영혼 자족으로 가는 길이 열린다.

"그러나 자족하는 마음이 있으면 경건은 큰 이익이 되느니라" – 딤전 6:6

생명의 주님

사람은 행복하게 산다고 말해도 나름대로 피곤한 몸을 가지고 살아간다. 집이 아무리 넓어도 마음 공허함이 가득한 현실을 보아야 한다. 세상 아무리 좋은 환경 속에 살아도 영혼에 만족이 없는 사람은 믿음을 다시 생각해 보아야 한다.
마음이 슬픈 사람은 오래 마음 고통으로 근심을 하나 고통의 원인만 안다면 속히 벗어나는 길은 믿음뿐이다.
세상 고통을 이기는 힘은 믿음으로만 가능하다는 것을 아는 사람은 주님을 붙든다. 그리고 주님께 마음을 드린다면 주님이 그를 반드시 아실 때가 있다.

믿음이 되려면 마음이 안정되어야 한다.
마음이 편안하면 슬프고 외로운 감정도 다 떠난다. 이런 것을 아는 사람은 바른 믿음으로 나아가야 한다. 그러나 믿음이 어려서 사탄 유혹과 꾀임 속에 들어있다면 믿음은 급속히 영적 나락의 길로 떨어진다.

마음이 약하고 무엇을 해도 부적당감만을 느끼는 사람은 늘 불안해서 편히 안주하지 못한다. 그런 사람은 아무리 좋은 곳에 가도 마음에 기쁨을 느끼지 못하나 그의 영혼이 믿음으로 만족하려면 생명의 주님을 찾아가야 한다.

"아들이 있는 자에게는 생명이 있고 하나님의 아들이 없는 자에게는 생명이 없느니라"
– 요일 5:12

167

거처이신 주님

믿기 이전에는 자신이 죄인이라는 것을 조금도 알지 못했다. 매사에 바르고 정직하게 사는 것만 알지 믿음으로 사는 것이 무엇인지 알지 못했다. 그러나 믿음이 올라가니 육신 안에 죄가 아닌 것이 없는 것을 알게 된다. 마음에 스쳐가는 감정도 생각들도 다 불의라는 것을 안다.
사람은 그 죄를 들키지 않은 것만 알아도 다행이라고 생각해야 한다. 그러나 죄를 보는 힘은 주님이 주셔야 한다. 그 죄를 아는 성도는 주님만이 들어가서 편히 쉴 거처임을 아니 이 믿음을 늘 감사로 받아야 한다.

이 세상은 하나님이 창조하신 곳이어서 그런지 아름답고 평화롭다. 사실 부패한 죄는 인간으로부터 시작된 것이지 하나님이 주신 것이 아니다. 육신은 죄인 중의 죄인이지만 주님이 죄인을 사랑해 주셔서 검은 죄에서 구원해 주신다.
비록 죽을 수밖에 없는 죄인이 주님을 믿으면 일마다 때마다 은혜가 아닌 것이 없는 것을 깨닫는다. 검은 죄인을 구원해 주시는 주님은 사랑 자체가 되신다. 자신이 죄인이라는 것을 아는 사람은 주님만이 들어가서 안전히 거할 거처임을 안다. 오직 자신이 가장 큰 죄인임을 자각한 사람은 마음을 돌이켜 주님 거처 안에서 거하기를 항상 원해야 한다.

"너희도 성령 안에서 하나님이 거하실 처소가 되기 위하여 그리스도 예수 안에서 함께 지어져 가느니라" – 엡 2:22

교제이신 주님

사람이 주님을 알고 주님 마음을 닮아서 살아가는 것이란 기적 중에 기적이다. 돌아보면 육신은 점점 쇠해지고 낡아간다. 그러나 주님을 믿으면 은혜의 폭과 깊이가 달라져야 한다.
성도가 믿음으로 주님과 바른 교제만 하면 세상 되어가는 모든 일도 주님이 하신다는 것을 아니 이것이 은혜가 된다.
성도가 매사에 세세하게 이끌어 주시는 주님을 따라가려면 믿음이 자라야 한다. 비록 믿음은 어려도 그의 믿음을 주님이 아시니 마음이 놓이고 삶에 큰 힘이 된다.

사람은 살아가다가 실패를 당할 때가 있다.
그러나 그 실패도 믿음을 세워주는 훈련이라고 생각하면 마음이 편해진다. 그리고 믿음으로 주님과 교제만 된다면 주님은 인생 가는 길을 인도해 주신다.
주님이 생각 깊은 곳까지 오시어 마음을 이끌어 주시기만 하면 주님과의 사이가 무엇을 말하는지를 깨닫는다. 매사를 이끌어 주시는 주님을 믿으면 삶의 기쁨이 무엇을 말하는지 다 안다.

은혜의 주님을 아는 성도는 주님과 친밀하게 교제하면서 주님을 따라가야 한다. 믿음이 이런 자리에 오면 영혼은 해와 같이 빛나니 이것이 주님 교제 안에 오는 큰 기쁨이 된다.

"그가 빛 가운데 계신 것 같이 우리도 빛 가운데 행하면 우리가 서로 사귐이 있고 그 아들 예수의 피가 우리를 모든 죄에서 깨끗하게 하실 것이요" – 요일 1:7

169

친구이신 주님

지금 질문 하나를 던지고 싶다.

당신은 진정한 친구가 있는지 묻고 싶다. 그런 질문 속에 진정한 친구가 누구인지 돌아보면서도 금방 대답을 하지 못한다.

세상에서 마음이 허전하고 외로운 사람은 친구를 찾아다닌다. 그러나 그 인생에 진정한 친구 한 사람 만나기가 쉽지 않은 것이 바로 이 세상 삶이다. 하나님은 아브라함을 향하여 나의 벗이라고 불러주셨다(사 41:8).

하나님은 세상에서 진정한 친구가 되어주신다. 세상 삶에 변함없이 늘 함께해 주시는 하나님을 안다면 하나님만이 변치 않는 참된 친구인 것을 깨닫는다.

그러나 친구에게 배신당하는 일은 마음을 아프게 한다.

그런 경험은 세상 친구도 소용없음을 알게 된다. 그러나 높으신 하나님이 비천한 죄인의 친구가 되어주시는 것이란 그 무엇과도 비교할 수 없는 기적 같은 일이다.

순간순간마다 같이 해주시는 하나님을 알면 세상 친구를 찾아다닐 필요도 사라진다. 늘 아시고 찾아주시는 하나님으로 마음이 여유로워지면 믿음이 좋은 줄 안다. 늘 은혜와 사랑으로 오시는 하나님을 만나면 하나님만이 다라는 것을 안다. 이런 하나님을 아는 사람은 하나님을 친구로 삼아 사는 것이 세상을 사는 큰 즐거움이 되어야 한다.

"사람이 친구를 위하여 자기 목숨을 버리면 이보다 더 큰 사랑이 없나니 너희는 내가 명하는 대로 행하면 곧 나의 친구라" – 요 15:13–14

기쁨이신 주님

오늘도 마음에 기쁨이 있는가? 마음이 허전한 사람은 세상 즐거움을 찾아다닌다. 사실 그 인생은 늘 기쁘고 행복해야 한다. 그 삶이 행복하기를 원하는 사람은 세상 기쁨을 찾아다닌다. 사람들은 기쁘게 살기 위해 여행을 가고 좋은 음식을 먹으면서 행복하다고 말한다. 세상 즐거움을 아는 사람은 행복하게 살려고 집을 꾸미고 좋은 옷으로 치장하며 살아간다. 그러나 세상에서 인생이 느끼는 기쁨은 한순간이라는 것을 아는 사람은 세상에 속한 기쁨을 다시 생각해 보아야 한다.

세상 기쁨은 한순간인 것을 아는 사람은 주님 안의 변함없는 천상의 기쁨을 찾아가야 한다.
주님 은혜의 풍성함을 아는 사람은 이 세상은 아니라는 것을 안다. 세상 기쁨은 일시적이고 한순간이지만 주님 안의 기쁨은 영원해서 이 기쁨은 사람을 매우 행복하게 해준다.
믿음으로 주님 기쁨을 맛본 사람은 영원한 생명을 맛보는 것과 같다. 그리고 믿음 안에 오는 기쁨은 온몸과 마음을 넉넉히 채우고도 남는다. 주님을 믿음으로 들어오는 하늘의 신령한 기쁨을 아는 사람은 주님 안에 오는 천상의 기쁨을 누리는 삶이 되어야 한다.

"내가 이것을 너희에게 이름은 내 기쁨이 너희 안에 있어 너희 기쁨을 충만하게 하려 함이라" – 요 15:11

진리이신 주님

세상에는 많은 이념과 철학과 이론이 존재한다.
어떤 말을 들어도 사람에게 다 필요한 말이고 지혜가 된다.
사람은 세상 지혜를 배우면서 바르게 살아가려고 애를 쓴다.
세상에서 참 지혜를 찾아가는 길은 그리 쉬운 일이 아니다.
종교도 다양해서 다 자신이 믿는 종교가 참된 줄 안다. 그러나 참된 종교는 그 안으로 들어가 보아야 참인지 아닌지 분별할 수 있다. 기독교는 하나님을 믿는 종교다. 성부 성자 성령님의 삼위일체 하나님의 신비함을 아는 사람은 하나님 진리를 기쁘게 믿는다. 진리 자체가 되시는 주님을 믿으면 그 영향은 온 영혼과 삶에 크게 미친다.

주님은 온 우주의 진리가 되신다.
이 진리를 아는 사람은 주님을 즐겨 따른다. 주님 진리를 아는 사람은 주님 진리를 따르다가 주님 생명을 경험하면 주님은 신묘막측하신 분임을 깨닫는다. 주님 진리의 깊이를 아는 사람은 이 진리만이 영생을 준다는 사실을 믿는다. 주님 진리는 사망을 이기는 권세가 있다.
사망을 이기는 권세를 가진 주님을 아는 사람은 이 진리의 길로 나아가야 한다. 그리고 하나님의 진리가 성도를 생명의 길로 인도해 준다. 주님 안에 생명을 살리는 진리가 있다는 사실을 안다면 주님 진리를 잘 따라가야 한다.

"그러므로 예수께서 자기를 믿은 유대인들에게 이르시되 너희가 내 말에 거하면 참으로 내 제자가 되고 진리를 알지니 진리가 너희를 자유롭게 하리라" – 요 8:31–32

빛이신 주님

세상을 바라보면 우주 만물을 창조하신 하나님의 놀라운 솜씨에 감탄한다. 한순간이라도 우주 만물의 창조주 하나님을 의식한다는 것은 하나님 은혜로만 가능하다.
모든 것 위에 모든 것을 초월하시는 능력의 하나님을 만상을 통하여 인식하는 일이란 사람 또한 하나님이 만드신 피조물임을 알기 때문이다. 성도는 조물주이신 하나님을 믿는다. 우주 만물을 창조하신 하나님을 어떻게 믿게 되었는지 그 자체가 또 놀라운 신비가 된다.
그 크고 크신 하나님 앞에서 사람이 할 일이란 하나님을 늘 높여 드리고 하나님께 영광을 돌리는 삶이 되어야 한다.

그 인생 모든 것도 주님이 주시는 선물이라는 것을 아는 사람은 주님을 붙든다. 생명의 주님을 아는 믿음으로 사는 즐거움을 빼앗을 자가 없으니 이 또한 영광된 길이 된다.
비천한 사람에게 오시려고 죽고 낮아지신 주님, 공기같이 작아지셔서 마음 안으로 들어오시는 주님은 빛 그 자체가 되신다. 빛이신 주님을 믿고 사는 것 또한 진실한 믿음으로만 가능하다. 믿음 안에 오는 이 은혜의 빛은 주님을 아는 놀라운 일이 된다. 이 빛을 아는 사람은 마음이 행복해지고 이 빛으로 숙달된 성도는 주님을 따른다.

"어두운 데에 빛이 비치라 말씀하셨던 그 하나님께서 예수 그리스도의 얼굴에 있는 하나님의 영광을 아는 빛을 우리 마음에 비추셨느니라" – 고후 4:6

173

거룩하신 주님

주님을 믿으려면 그 삶이 거룩해져야 한다(레 20:26).
사람들은 주님이 자신의 구주이신 것을 알고 믿는다.
또 우주 만물의 창조주요, 거룩하신 하나님을 믿는다. 그 크신 하나님을 믿는 사람은 세상 이치를 따라가지 않는다. 그리고 거룩하신 하나님이 누구신지 안다면 미련하게 믿으면 안 된다.
거룩하신 하나님은 창조주요, 생명을 살리는 귀하신 하나님이심을 안다면 온 마음을 드려야 한다. 하나님은 흠이 조금도 없으신 분이다. 그런 하나님을 안다면 몸과 마음이 거룩해야지 믿음은 그냥 되지 않는다.

주님은 완전하고 거룩하신 분이라는 사실을 안다면 성도도 온전하고 거룩해야 한다. 사람이 거룩한 믿음으로 나아가려면 죄를 멀리해야 한다. 그 이유는 주님이 죄를 싫어하시니 죄를 지으면 안 된다. 사람이 세상 죄에 물들어 사는 것을 아시는 주님은 그 죄에서 돌아오라고 부르신다.
세상 죄에서 슬픈 환경과 아픈 삶에서 돌아갈 곳은 믿음밖에 없다. 성도는 죄를 멀리하고 거룩하게 살아가야 한다. 사람이 거룩하게 살면 주님은 그를 영원한 생명 길로 인도해 주신다. 사람이 거룩하신 주님을 믿으려면 세상 삶도 믿음도 거룩해져야 한다.

"기록되었으되 내가 거룩하니 너희도 거룩할지어다 하셨느니라" – 벧전 1:16

삶의 지혜

사람은 서로 관계를 맺으면서 살아간다.
그리고 사람과 지내다 보면 육신의 특성이 많이 나타난다. 어떤 이는 친절하고 또는 예의 바른 사람을 만난다. 그리고 가장 부족한 육신을 보면 어디 나설 주제가 못 된다는 것도 안다.
복잡하고 혼탁한 세상을 살아가는 인생은 그 가는 길에 장애가 많음을 안다. 이 세상 어디서 어떤 일이 생겨서 어떤 어려움이 생길지 그 앞날을 아무도 보장하지 못함을 아는 사람은 주님을 믿어야 한다.

세상 허무함을 아는 사람은 믿음을 붙든다.
그러나 믿음이 약해서 육신 수준으로 믿고 세상 지식으로 가는 믿음은 속히 자라지 않는다. 세상 모든 것을 총동원하면서 주님을 믿어도 겉사람으로 나아가는 믿음이라면 다시 생각해 보아야 한다.
믿음은 가진 것, 높은 것으로 되지 않는다. 그러나 믿음 안에 오는 삶의 지혜는 성도를 은혜로운 곳으로 이끌어 준다. 그리고 성도는 세상에서 믿음으로 다르게 생각하고 다르게 보고 느끼면서 다르게 살아가야 한다.
사람이 주님을 믿으면 어리석게 보이고 바보같이 보이나 믿음 안에 오는 삶의 지혜(신 32:29)를 아는 사람은 주님을 바르게 믿어야 한다.

"오직 부르심을 받은 자들에게는 유대인이나 헬라인이나 그리스도는 하나님의 능력이요 하나님의 지혜니라" – 고전 1:24

삶의 소망

사람은 삶의 보람을 행복에서 찾는다.
그리고 인생의 의미를 되새기면서 행복을 추구한다. 그러나 사람이 바르게 살려면 삶의 의미를 믿음 안에서 찾아야 한다. 그 인생이 주님을 믿고 사는 것이 바른 믿음이다. 믿음은 삶의 방향을 정해주고 온전한 믿음으로 나가기를 권한다. 믿음이 되려면 세상 관점을 넘어가야 한다.
그 인생은 세상 성공 지향적으로 나아가나 성경은 내 손으로 한 모든 일과 내가 수고한 모든 일이 다 헛되다(전 2:11)고 한다. 사람은 헛된 세상이 아니라 생명의 주님을 따라가야 한다.

사람이 행복을 찾아가려면 주님을 소망하는 믿음으로 나아가야 한다. 육신은 세상을 좋아하나 성도는 하늘에 소망을 두어야 한다. 사람이 주님을 믿어도 그 믿음이 세상 것을 추구하는 성공, 이득을 위한 수단으로 생각한다면 한참 잘못된 믿음이다. 그의 믿음이 육신 성공에 목적에 있다면 그 앞길은 실패와 절망이 기다리고 있을 뿐이다. 사람이 세상 것을 많이 가진다는 것은 분명히 큰 복이지만 거기에 주님을 더한 삶이 안되면 세상 삶도 가치가 없어진다. 그러나 그가 주님을 소망하는 믿음이 되면 새롭게 사는 날이 돌아온다는 것을 기대해야 한다.

"우리가 이 소망을 가지고 있는 것은 영혼의 닻 같아서 튼튼하고 견고하여 휘장 안에 들어 가나니" – 히 6:19

삶의 재능

세상 삶의 의미를 주님 안에서 발견한 사람은 믿음을 붙든다. 그리고 사람은 세상을 좋아하지만 거기서 초월하는 믿음은 주님이 주셔야 한다. 사람이 세상 즐거움으로 가다가 비어 버린 영혼의 실상을 안다면 매사에 조심해야 한다. 그러나 세상 육신의 탁월한 재능은 인생에 고통을 더한다. 세상 육신의 재능이 자신만의 것인 줄 아는 삶은 주님의 구원 계획을 거스른다. 사람은 육신의 재능이 자신에게서 비롯된다고 생각하면서 마음대로 사용한다. 그러나 그 재능의 의미를 주님 안에서 찾은 사람은 이 재능을 주님께 다시 돌려드리는 삶으로 나아가야 한다.

주어진 재능은 주님이 주신 것을 알기에 감사로 받아야 한다. 그러나 자신의 재능을 다른 사람과 비교하면 안 된다. 그 이유는 각자의 재능은 주님 주신 선물인 것을 알기 때문이다. 육신 안의 재능은 1달란트 받은 사람이나 10달란트 받은 사람이나 똑같이 주님이 주신 것을 알기에 주님을 위해 사용해야 한다.
성경의 예처럼 달란트를 땅속에 묻어두면 안 된다.
모든 재능이 주님 것임을 아는 사람은 다른 사람의 재능을 존중해야 한다. 육신의 모든 재능이 주님 선물임을 아는 사람은 주님께 이 재능을 다시 돌려드리는 삶으로 나아가야 한다.

"무릇 있는 자는 받아 풍족하게 되고 없는 자는 그 있는 것까지 빼앗기리라"
– 마 25:29

고난의 의미

사람은 복 받기를 원한다.
그러나 하나님 안에 신령한 복을 아는 사람은 편하게 믿으면 안 된다. 믿음 안에 오는 이 신령한 복은 세상 것과 같지 않다고 한다. 주님 안에서 누리는 복은 누리면 누릴수록 마음에 기쁨이 온다. 성도가 주님을 누릴수록 마음 안에 주님 생명으로 확장되는 은혜는 참된 믿음으로만 된다.
성도가 믿음이 되려면 주님이 흘리신 피를 묵상하면서 속 안에 든 검은 죄를 모두 토해내야 한다. 그리고 주님과 같이 사는 믿음의 실체 안으로 들어가야 한다.

사람들은 삶 속에서 고난을 통과할 때가 반드시 있다.
내적, 외적인 고난도 있으나 어둠의 세력이 방해하는 험한 고비를 넘어가야 한다. 때로는 마음에 악한 생각이 올라오면 그것을 거절해야 한다. 그 인생에 어떤 고난이 와도, 사탄이 그 가는 길을 방해해도 그 모든 어둠을 이기는 힘은 믿음뿐이다.

이 세상은 어둠이 지배한다. 그러나 믿음이 되면 불시에 고난과 불같은 시련이 와도 다 이길 수 있다. 고난은 힘들어도 고난 속에서 주님을 의지만 하면 험한 어둠과 악도 이기는 힘이 생기며 그 힘은 진실한 믿음으로만 된다.

"부당하게 고난을 받아도 하나님을 생각함으로 슬픔을 참으면 이는 아름다우나"
– 벧전 2:19

고난이 유익

사람은 고난을 겪는다.
흐린 날이 있으면 밝은 날이 있듯이 고난이 온 후에 들어오는 평안은 매우 귀한 것이다. 이 세상에 고난이 없는 사람은 없다. 그 인생에 오는 고난 강도는 다 다르지만 험한 고난을 이기는 힘은 믿음만으로 된다.
세상의 기상 이변을 이기면서 크는 자연을 본다면 사람도 힘든 고난을 이겨내야 한다. 그리고 고난이 오면 죽을 것 같이 아파도 이 고난이 믿음을 키우는 훈련이라고 생각되면 이 훈련을 잘 넘어가야 한다. 세상 고난은 힘드나 이 고난도 믿음을 세우는 귀한 재료로 받는 것이 바른 믿음이 된다.

그 인생에 고난은 계속되나 그 고난을 이기려면 육신의 힘으로는 불가능하다. 한낱 가벼운 종이도 같이 들면 그 무게가 덜한 것처럼 고난의 때에 같이 해주는 사람만 있으면 마음은 한결 가벼워진다.
사람이 세상 고난을 이기는 힘은 믿음뿐이다. 세상 삶에 계속되는 고난은 오직 믿음으로 이겨내야 한다. 험한 고난이 올 때 주님을 찾아간다면 믿음은 고난에 큰 도움이 된다.
고난은 또 게으르고 미지근한 믿음을 일으키는 기회임을 아는 사람은 믿음을 깨우는 힘으로 나아가야 한다.

"여호와께서 자기 백성의 상처를 싸매시며 그들의 맞은 자리를 고치시는 날에는 달빛은 햇빛 같겠고 햇빛은 일곱 배가 되어 일곱 날의 빛과 같으리라" – 사 30:26

179

고난의 쓴맛

고난(사 48:10)**의 쓴맛을** 경험한 사람은 고난은 험한 마음의 시련이라는 것을 안다. 고난이 오면 고통 속에 많이 실족한다.
힘든 고난이 한 번이 아니라 파도 같이 자주 밀려든다면 절망할 수밖에 없다. 고난이 오면 혈육도 친구도 다 떠난다. 사람이 만일 고난 속에 있다면 거기서 할 일은 무엇인지 생각해 보아야 한다.
고난 속에 오는 낙심과 좌절의 경험은 인생을 무력하게 만든다. 영혼도 몸도 고난의 쓴맛으로 어려워지면 삶의 의미도 소용이 없다.

고난이 오면 무엇을 해도 해결될 기미가 조금도 없으니 죽는 것이 사는 일보다 낫다고 생각한다. 그리고 검은 죄를 보고 죄로 뭉친 마음이 얼마나 더러운지 아는 기회가 오면 믿음만이 다라는 것을 안다.
험한 고난이 와도 믿음으로 숨는 법을 아는 사람은 주님께 피해야 한다. 세상 고난은 시시때때로 다가온다. 밖에서도, 마음에도 양면적인 시련이 주는 고난을 넘어가는 힘은 쉽지 않다.
사람에게 고난이 오면 믿음의 골방 안으로 들어가야 한다. 고난의 쓴맛을 경험한 사람이 믿음을 붙든다면 주님이 또 좋은 길을 열어주실 것을 바라고 기대해야 한다.

"하나님은 아프게 하시다가 싸매시며 상하게 하시다가 그의 손으로 고치시나니"
– 욥 5:18

180

고난의 고비

고난은 믿음을 키우는 재료다. 험한 고난을 통과하면서 자신도 모르게 붙드는 믿음을 보면 고난은 주님을 믿는 기회가 된다. 그리고 아무리 주위를 보아도 도움이 없는 냉정한 세상을 아는 사람은 주님을 의지해야 한다.
그 앞날이 조금도 보이지 않는 캄캄한 미로 속에 방황하는 사람을 알아주실 분은 주님뿐이다. 그리고 고난의 험한 터널을 통과하면서 주님께로 돌아가는 마음은 주님이 주신다. 믿음을 절실하게 붙든 적이 없는 사람이 고난 속에서 믿음을 굳게 붙든다면 그 믿음이 매우 좋은 줄 안다.

고난이 없으면 붙들 수 없는 믿음을 보면, 고난이 믿음에는 유익이라는 것을 깨닫는다. 사람도 배가 고파야 먹을 것을 찾듯이 쓰디쓴 고난 앞에 가서야 믿음이 중요함을 알게 된다. 사람이 고난 속에서 믿음을 붙든다면 그 일이 생명을 구원하는 기회가 된다.
사람이 아무리 힘써도 문제가 해결될 기미가 보이지 않는 사실을 보면 주님은 문제보다는 주님께 돌아오기를 원하신다는 것을 안다. 고난도 사실 믿음을 세우기 위한 한 가지 방법이라는 것을 아는 사람은 주님을 믿어야 한다. 그리고 믿음 안에 오는 신령한 복을 아는 사람은 고난의 고비도, 어려움도 다 주님께 맡겨야 한다.

"죄가 있어 매를 맞고 참으면 무슨 칭찬이 있으리요 그러나 선을 행함으로 고난을 받고 참으면 이는 하나님 앞에 아름다우니라" – 벧전 2:20

제3부

꿈

나는 꿈을 꾸면서 산다
늘 하늘을 나는 꿈을

나는 하늘을 날고 싶다
땅을 박차고 나는 꿈

나는 땅을 뛰어서 간다
우리 가야 할 그곳 향해

하루 종일 나는 달려간다
믿음, 소망 어린 곳 향해

이 땅은 습기가 서린 곳
애달픈 인생이 사는 곳

오늘 다시 일어나 가네
속히 가네 주님 나라로

구주 예수님 계시는 곳
우리 가야 할 그곳 향해

"내가 진실로 진실로 너희에게 이르노니 내가 보낸 자를 영접하는 자는 나를 영접하는 것이요 나를 영접하는 자는 나를 보내신 이를 영접하는 것이니라" – 요한복음 13:20

181

고난으로 이김

고난을 이기는 힘은 믿음밖에 없다.
아무리 능력이 많은 사람도 고난 앞에선 육신의 힘은 무익하다는 것을 경험한다. 불가항력적인 고난 앞에서 아무것도 할 수 없는 사람은 믿음을 되새겨 보아야 한다. 그리고 고난 속에 육신을 지탱해 주는 힘은 믿음뿐이다. 어려운 고난은 고통을 더하지만 쓰디쓴 고난이 바로 영혼을 살리는 약효가 된다.
사람이 고난을 이기려고 꾸준하게 믿음을 붙들다가 주님 위로와 은혜를 만나면 믿음이 다라는 것을 안다. 육신의 능력으로 조금도 맛볼 수 없는 주님 은혜는 쓰디쓴 고난으로만 가능하다.

고난 속에서 갈 곳이 없어 방황하는 그날 그때가 되면 주님만이 참 의지가 되어주신다. 어렵고 척박한 환경 속에서는 주님만이 소망이 되어주신다. 세상에서 그 힘든 사정을 알아주는 이는 주님 한 분뿐이다. 주님이 마음에 들어오시어 삶에 위로와 소망이 되면 힘든 고난도 아무것도 아니라는 것을 안다.
고난과 고통이 없으면 붙들 수 없는 믿음을 생각하면, 고난을 이기는 힘은 오직 믿음뿐이다. 세상 고난이 믿음의 묘약임을 아는 사람은 육신의 약함과 능욕과 궁핍도 기뻐하면서 고난을 이기는 믿음으로 나아가야 한다.

"그러므로 내가 그리스도를 위하여 약한 것들과 능욕과 궁핍과 박해와 곤고를 기뻐하노니 이는 내가 약한 그 때에 강함이라" – 고후 12:10

고난 통한 믿음

사람에게 고난이 오면 불안해서 잘 안주하지 못한다.
그러나 험한 고난 속에 붙드는 믿음은 삶에 큰 힘이 된다. 세상 고난 속에 믿음이 세워진 사람은 어떤 일이 와도 다시는 흔들리지 않는다. 그러나 고난도 감당할 능력이 있을 때 오는 것이지 아무 때나 오지 않는다.
세상 그 고난을 통해 믿음을 훈련하는 의미를 아는 사람은 어떤 고난이 와도 불평불만으로 나아가면 안 된다. 그리고 어려운 고난도 은혜라는 것을 아는 사람은 믿음을 붙든다. 사람이 고난을 통하여 은혜를 받고 고난을 통하여 새로 일어나는 힘은 그를 영광된 믿음으로 인도해 준다.

고난이 오면 다시 일어나 믿음을 붙드는 것을 보면 고난의 참된 의미가 무엇을 말하는지 깨닫는다.
주님은 고난 속에서 마음을 다루시고 문제를 다루신다.
믿음은 고난 속에서 자란다. 뜨거운 태양과 추위 속에서도 식물이 잘 자라듯이 문제가 올 때 주님을 바라보면 믿음이 자라는 것을 경험한다.
당대의 의인 욥에게도 온 고난(욥 5:18,19)이 성도에게 온다는 것은 이상한 일이 아니다. 어떤 고난도 감사로 받고 주님이 해주실 때까지 잠잠히 기다려야 한다.

"욕된 것으로 심고 영광스러운 것으로 다시 살아나며 약한 것으로 심고 강한 것으로 다시 살아나며" – 고전 15:43

183

십자가의 의미

십자가는 주님 몸을 십자가에 못 박은 사건이다.
십자가에는 사람을 죄와 사망에서 건지시는 주님의 희생적인 사랑이 담겨있다. 주님은 죄를 지으면서도 그것이 죄인 줄도 모르고 살아가는 인생을 긍휼히 여기시고 죄인을 구원하시려고 세상에 오셨다. 주님이 이 땅에 오신 이유는 영혼 구원을 위해 십자가를 지시는 데 있다.
십자가를 지신 후 생명 부활로 살아나신 주님처럼 성도도 육신의 모든 죄를 십자가에 처리 받은 후 믿음으로 다시 일어나야 한다. 한 알의 씨앗이 죽어야 새 생명이 태동하듯이 사람도 고난 속에 낮아진 후 다시 일어나는 믿음만 되면 다시 사는 길이 열린다.

험한 십자가는 슬프고 아픈 것이지만 결국은 영혼을 살리는 약효가 된다. 십자가가 생명을 구원하기 위한 위대한 주님 사랑에 대한 표현이라는 것만 알아도 믿음이 소중하다는 것을 깨닫는다. 그 십자가가 없는 믿음은 다 헛되고 십자가의 희생과 사랑은 사람을 사망에서 생명의 나라로 옮겨준다.

사람은 죄로 상한 몸이 십자가의 효험으로 나음을 경험해야 한다. 이 믿음의 비밀함을 아는 사람은 십자가의 의미를 마음에 되새기고 바른 믿음으로 살려고 애를 써야 한다.

"그러나 내게는 우리 주 예수 그리스도의 십자가 외에 결코 자랑할 것이 없으니 그리스도로 말미암아 세상이 나를 대하여 십자가에 못 박히고 내가 또한 세상을 대하여 그러하니라" – 갈 6:14

184

십자가의 능력

사람이 잘 믿으려면 혼탁하고 더러운 죄를 처리해야 한다. 사람이 육신의 거친 본성을 십자가에 처리 받지 않으면 믿음 안으로 들어가지 못한다. 내외적으로 겉사람과 속사람이 새로워지지 않으면 믿음은 아무것도 되지 못한다. 그리고 믿음이 되려면 세상에서 높아진 관념과 이론을 십자가에 못을 박아야 한다.
십자가 앞에서 육신의 무익함을 아는 사람은 세상을 따라가면 안 된다. 믿음이 되려면 세상 모든 일도 믿음으로 하지 않으면 소용이 없다. 그의 믿음이 주님 생명을 덧입는 은혜의 자리까지 이르려면 주님께 마음을 드려야 한다.

육신은 죄인이라는 것을 깨닫는 데서부터 믿음은 출발되어야 한다. 지금까지는 세상과 육신 중심으로 살아왔으나 이제부터는 주님을 마음에 모시고 살아가야 한다. 바르게 주님을 믿으려면 십자가 앞에서 육신의 본성을 거절하고 육신은 믿음에 전혀 소용없다는 사실을 인정해야 한다.

주님만이 삶의 전부가 된다고 고백하는 사람은 온전한 믿음으로 나아가야 한다. 주님 몸을 통과한 십자가의 능력을 모른다면 주님이 주시는 부활 생명도 말장난에 불과하다.

"십자가의 도가 멸망하는 자들에게는 미련한 것이요 구원을 받는 우리에게는 하나님의 능력이라" – 고전 1:18

185

십자가를 지고

믿음이 어리면 십자가도, 회개도 알지 못하지만 믿음이 자라면 믿음을 모르는 인생의 헛됨을 깨닫는다. 믿음이 되려면 주님께 선택받은 거룩한 백성으로서의 의미를 되새겨야 한다.
주님 은혜를 아는 사람은 기쁘게 십자가의 짐을 져야 한다.
십자가는 성도에게 주님이 주시는 특별한 사명이 된다.
아무리 믿음이 좋은 사람도 험한 십자가를 지는 일은 아무나 하지 못한다. 육신은 인생의 짐을 지고 살아가는 이 세상 나그네다. 그리고 주님 은혜에 감사해서 십자가를 지는 믿음은 생명을 살리는 길이 된다.

십자가가 두렵고 어리석게 보이나 주님이 주신 짐이라고 생각하면 기쁘게 져야 한다. 사람이 십자가를 지는 믿음이 되면 주님은 그 영혼을 더 밝은 곳으로 인도해 주신다. 그러나 믿음도 다 좋은 일만 있는 것이 아니다. 때로는 병들고 이유 없는 멸시도 받는다. 억울한 일도 당하고 엉뚱한 오해도 받는다.
험한 세상에서 낮고 비천한 자리에서 처리 받는 믿음을 모르면 주님 십자가도 알지 못한다. 십자가를 지려면 세상을 이기는 믿음으로 나아가야 한다. 십자가의 의미를 아는 사람은 항상 감사하면서 험한 십자가를 기쁘게 지는 힘으로 나아가야 한다.

"누구든지 자기 십자가를 지고 나를 따르지 않는 자도 능히 내 제자가 되지 못하리라"
– 눅 14:27

십자가로 가까이

믿음으로 가는 영성 길은 십자가에 가까이 나아가는 길을 말한다. 험한 십자가를 지는 믿음만 되면 그에게 주님은 영광되고 거룩한 빛을 비추어 주신다. 그러나 믿음이 어리면 십자가로 가까이 나아가지 못한다. 돌아보면 이 세상 그 자체가 십자가를 지는 삶이다. 사람은 선교를 위해 해외로 나가나 성도는 평범한 삶 속에서 십자가를 지는 삶으로 나아가야 한다.
세상은 성공 지향적으로 가나 십자가를 지려면 육신의 유익을 버려야 한다. 매사를 손해 보고 비우려면 진실한 믿음이 필요하다.

사람은 손해 보는 것을 싫어한다.
그러나 남이 가지 않는, 싫어하는 길로 가는 것이 바로 십자가로 가까이 나아가는 길이다. 사람이 믿음이 되려면 십자가에서 멀어지면 안 된다. 세상에서 십자가를 져야 할 일이 많은 것을 아는 사람은 십자가를 지는 일이 실재의 삶이 되어야 한다.
십자가로 가까이 나아가려면 섬기는 자세가 필요하다.
십자가를 지려면 손해를 보아도 괜찮다는 마음이 되어야 한다. 사람이 손해 보는 일이 싫으면 십자가를 지지 못한다. 사람이 바르게 믿으려면 험한 십자가로 가까이 나아가는 삶이 일상이 되어야 한다.

"우리가 알거니와 우리의 옛 사람이 예수와 함께 십자가에 못 박힌 것은 죄의 몸이 죽어 다시는 우리가 죄에게 종 노릇 하지 아니하려 함이니" – 롬 6:6

187

십자가를 순종

육신의 무능, 무익함을 아는 사람은 자신을 드러내지 않는다. 육신은 아무것도 할 수 없는 죄인이라고 인정이 되면 마음도 편해진다. 매사에 부족한 육신을 아는 사람은 십자가를 삶에 적용해야 한다. 성도는 십자가 앞에 육신의 현저한 것들을 처리받아야 한다.
믿음 안에서 육신은 한낱 작고 불의한 죄인에 불과함을 안다면 육신의 생각을 따라가면 안 된다. 그리고 쓸모없는 육신을 보면 주님이 아니고서는 살 수 없는 나약한 죄인이라는 것을 안다. 세상과 육신만 알던 사람이 주님을 믿으면 그 일이 바른 믿음 안에 사는 기회가 된다.

주님은 안일한 자리에서 일어나 주님을 신뢰하는 믿음으로 살기를 원하신다. 십자가 앞에서 모든 것을 비우고 낮추는 사람은 육신을 내세우거나 드러내지 않는다.
다만 무익한 종의 몸으로, 종이 되어, 종의 짐을 지고 가는 믿음이 되면 주님은 그를 영광된 믿음 안으로 인도해 주신다. 그리고 십자가를 순종하는 믿음만 되면 믿은 이후의 삶은 이전과 매우 다르게 차이가 난다. 그런 믿음의 소중함을 아는 사람은 십자가의 의미를 되새기면서 주님께 순종해야 한다.

"또 자기 십자가를 지고 나를 따르지 않는 자도 내게 합당하지 아니하니라" – 마 10:38

십자가를 적용

사람이 믿음으로 살아가려면 십자가를 잊으면 안 된다.
십자가의 교훈과 강령은 기독교의 강령 중의 강령이다. 그런데 십자가가 무섭고 두려워서 가까이 나아가지 못하면 문제가 된다. 사람은 험한 십자가를 생각만 해도 처참해서 십자가를 마음에 떠올리는 것조차도 싫어한다. 그만큼 십자가는 사람을 형용할 수 없는 곳으로 데리고 간다.
대부분의 사람은 은혜받는 것은 알지만 무섭고 두려운 십자가를 질 생각은 하지 못한다. 사람이 주님 십자가의 사랑을 알면 되는데 십자가가 힘들어 다들 십자가를 모른다고 외면한다.

믿음은 삶의 방향 전환을 요구한다.
하기 싫은 일, 가기 싫은 곳, 힘든 곳에서 십자가를 져야 한다. 믿음으로 살아가려면 십자가를 보고 피하듯 사람을 피하면 안 된다.
십자가는 주님이 지셨으나 사람도 자기 몫의 십자가가 있다. 그 인생이 져야 할 십자가는 과연 무엇인가? 만약 믿음이 된다면 십자가의 의미를 속히 찾아내야 한다. 그리고 온 삶을 십자가 앞으로 돌려야 한다. 십자가 위에서 잠잠이 침묵하신 주님처럼 십자가를 지고 묵묵히 주님을 따라가야 한다. 주님을 믿으려면 십자가를 져야 한다고 하시니 십자가를 적용하는 삶으로 나아가야 한다.

"무리와 제자들을 불러 이르시되 누구든지 나를 따라오려거든 자기를 부인하고 자기 십자가를 지고 나를 따를 것이니라" – 막 8:34

189

믿음 안에 감사

꽃이 핀 동산은 보는 이의 마음을 아름답게 해준다.
사방에서 풍겨오는 풀향기는 마음을 훈훈하게 해준다. 아름다운 자연을 바라보면 새삼 하나님이 만드신 세상이 귀하게 느껴진다. 현재 이곳에 있는 사람은 나 혼자뿐이다. 그런 나를 보고 환영하듯이 잠잠히 미소 짓는 꽃을 보면 마음이 밝아진다.
생각해 보면 사람이 살아가는 마을, 산천, 도시 모든 것이 다 하나님의 창조물이다. 그것을 아는 사람은 이 세상 삶을 하나님께 감사로 받아야 한다. 그리고 믿음으로 보고 듣고 느끼는 것마다 주님 은혜임을 아니 주님께 감사한 마음이 든다.

한 생명의 소중함을 연약한 풀잎에서 발견만 하면 그동안 살아온 인생도 감사하게 된다. 육신은 세상에서 하루살이 같은 삶으로 살아간다. 그동안 헛된 세상만 알고 산 전날을 돌아보면 세상은 믿음 없이는 살아갈 수 없는 곳이라는 것을 안다.
하루살이같이 사라질 허무한 인생 안에서 주님을 발견한 사람은 믿음 길을 열어주신 주님께 감사하며 살아가야 한다. 세상 삶은 매우 힘들어도 세상을 살아갈 힘을 주시는 주님을 아는 사람은 주님께 늘 감사해야 한다.

"우리를 비천한 가운데에서도 기억해 주신 이에게 감사하라 그 인자하심이 영원함이로다" –시 136:23

믿음의 행실

육신은 세상과 관계를 맺으면서 살아간다.
그리고 본받고 싶은 사람을 만나면 마음에 생동감이 넘친다. 그러나 세상 모든 일도 주님이 간섭해 주셔야지 마음대로 되지 않는다. 사람이 주님을 믿으려고 힘쓰지만 믿음은 육신의 힘으로는 되지 않는다. 주님을 잘 믿는다고 말해도 실천 없는 믿음을 보면 그 삶이 문제가 된다.
주님은 신실하지 못한 사람에게는 오시지 않는다. 사람이 열심히 믿으려고 결심을 해도 말씀대로 실천하지 못하면 참된 믿음이 되지 않는다.

주님을 믿어도 행함이 없이 편하게 믿고 편하게 사는 것이 문제가 된다. 그런 사람을 향하여 야고보는 행함이 없는 믿음은 죽은 믿음(약 2:26)이라고 말한다. 주님을 잘 믿는다고 말해도 행함이 없으면 소용이 없다.
사람이 주님을 믿으려면 그 삶을 되새겨 보아야 한다. 왜 주님을 믿는지, 왜 교회에 다녀야 하는지, 믿음의 의미를 모르면 믿음도 허례허식에 불과해진다.

믿음이란 사망과 죽음에서 생명을 건져주신 주님을 믿는 삶을 말한다. 믿음은 천천히 편하게 믿는 일이 아니라 전심으로 주님을 따르는 삶이 생애의 기쁨이 되어야 한다.

"네가 보거니와 믿음이 그의 행함과 함께 일하고 행함으로 믿음이 온전하게 되었느니라" – 약 2:22

191

믿음의 진실

사람들은 주님께 예배를 드리면서 마음에 위안을 얻는다. 삶에서 피곤해진 영혼을 일으켜 세우는 예배는 마음을 편안하게 해준다. 믿음은 인생에 없어서는 안 되는 귀하고 소중한 보화임을 아는 사람은 주님을 붙든다. 그리고 마음이 없는 믿음은 허울 좋은 행위에 불과하다.
속이 빈 믿음은 겉은 좋아 보여도 주님이 받지 않으시니 빈 믿음이 된다. 세상도 진실한 사람이 인정받는 것을 안다면 주님께 진실하게 마음을 드리는 것이 참된 믿음으로 가는 길이 된다.

진리와 생명이 되시는 주님을 믿으려면 진실한 마음이 필요하다. 마음과 의지를 드리고 온 삶을 믿음에 전념하는 사람에게 주님은 생명으로 가는 길을 열어주신다. 그러나 믿음이 빈 믿음에 불과한 사람은 이 빈 믿음에서 속히 일어나야 한다.
그리고 빈 믿음, 빈 마음으로 교회 마당만 밟는다면 믿음을 다시 생각해 보아야 한다. 주님은 신성을 가진 분이시고 사람과 똑같이 인성을 가진 주님을 아는 사람은 진실하게 주님을 믿어야 한다.
주님이 사람의 마음을 아신다는 것을 안다면 진실하게 이 믿음을 붙들어야 한다.

"그러나 성경이 모든 것을 죄 아래에 가두었으니 이는 예수 그리스도를 믿음으로 말미암는 약속을 믿는 자들에게 주려 함이라" – 갈 3:22

믿음의 현주소

사람은 주님께 예배(요 4:24)를 드린다.
주님께 예배를 드리는 것은 성도의 의무지만 그것으로 끝난다면 믿음은 깊이 들어가지 못한다. 그러나 이슬비에 옷깃을 적시듯이 주님 은혜가 온몸을 적시는 일만 되면 바른 믿음이 된다.
주님 은혜를 아는 사람은 이 믿음에서 멀어지면 안 된다.
사람은 잘 믿으려고 열심히 행하나 행함에 앞서 더 깊은 주님 은혜 안으로 들어가기를 원해야 한다.

믿음만이 참 진리라는 것을 아는 사람은 이 믿음을 기쁘게 여겨야 한다. 그러나 온종일 섬겨도 그 일이 진실한 마음이 아니면 소용이 없다.
사람이 주님을 믿으려면 삶이 진실해야 믿음도 자란다. 그 믿음은 그 무엇으로도 설명되지 않는 막연한 길이다. 그러나 그 막연한 믿음이 인생 안으로 들어온다면 믿음은 삶에 큰 힘이 된다.
세상에서 방황하는 나그네 같은 인생이 들어가서 안주할 믿음의 현주소는 주님 품밖에 없다. 성도가 들어가서 편히 쉴 믿음의 현주소는 주님뿐이라는 사실을 아는 사람은 주님을 따른다.

"내 형제들아 만일 사람이 믿음이 있노라 하고 행함이 없으면 무슨 유익이 있으리요 그 믿음이 능히 자기를 구원하겠느냐" – 약 2:14

193

믿음의 온전함

사람들은 좋은 곳과 맛있는 음식을 찾아다닌다.
그러나 세상에서 가장 좋은 곳은 주님 곁이고 가장 맛있는 음식은 주님 말씀이다. 목이 마른 사람은 물을 찾아다니지만 목마름을 모르는 사람은 물의 중요성을 알지 못한다. 그리고 사람은 물을 마셔야 하지만 영생하도록 솟아나는 생명 생수를 마시려면 주님을 믿어야 한다. 주님을 믿는 자는 성경에 이름과 같이 그 배에서 생수의 강이 흘러나오리라(요 7:38)고 하시니 그 물을 마시려면 온전한 믿음으로만 된다. 사람이 주님 은혜의 생수를 마시는 온전한 믿음이 되려면 장성한 분량에 이르는 믿음이 되어야 한다.

은혜의 생수가 무엇을 의미하는지 아는 사람은 이 생수를 찾아가야 한다. 믿음은 생명 생수를 얻기 위해 척박한 땅을 파내야 한다. 성도는 기쁨으로 구원의 우물(사 12:3)을 파서 그 물을 길어 마셔야 한다. 생명 생수란 마음 속에서 솟아오르는 생명수를 의미한다.
그 은혜의 생수를 얻으려면 굳고 척박한 마음을 갈아엎어야 한다. 마음 저변에 솟아오르는 구원의 생수는 온전한 믿음으로만 된다. 그 척박한 마음을 처리하는 과정은 깊은 믿음으로만 된다. 파내고 뒤집는 심령 처리 과정을 통하여 들어오는 주님 은혜의 생수는 온전한 믿음으로만 된다.

"내가 주는 물을 마시는 자는 영원히 목마르지 아니하리니 내가 주는 물은 그 속에서 영생하도록 솟아나는 샘물이 되리라" – 요 4:14

194

말씀 따르기

세상에는 온갖 좋은 것이 많다.
그것을 얻으려고 육신은 성공 지향적으로 나아간다. 그러나 세상 부귀, 명예, 권력이 아무리 좋아도 그것은 한순간에 지나지 않는다. 육신의 고유한 생명이 끝나는 날이면 학력도 지식도 부도 다 사라지니 허무한 인생이 된다.
주님은 사람에게 "썩을 양식을 위하여 일하지 말고 영생하도록 있는 양식을 위하여 하라"(요 6:27)라고 하셨다. 영원한 생명, 영생을 취하는 길은 오직 주님 안에서 찾아가야 한다. 말씀이신 주님만이 생명 길임을 아는 사람은 주님을 따라가야 한다.

주님을 믿기 원하는 사람은 먼저 그 나라와 그의 의를 구하는(마 6:33) 삶으로 나아가야 한다. 영원히 사는 나라, 주님이 사시는 영생의 나라가 바로 인생 앞에 놓여있다. 그것을 아는 사람은 자신의 모든 것을 허비해서라도 이 영생을 얻으려고 노력해야 한다. 믿음으로 맛보는 영생의 맛은 주님 안에서 찾아야 한다.
주님 안에서 맛보는 말씀의 맛이 어떤지 아는 사람은 믿음도 진실해야 한다. 그리고 주님 말씀을 들으면서 주님 은혜로 오는 주님 말씀만이 그의 영혼을 살려준다. 주님 말씀만이 영혼에 기쁨이 된다는 것을 아는 사람은 주님 말씀을 믿고 따르는 삶이 되어야 한다.

"내 양은 내 음성을 들으며 나는 그들을 알며 그들은 나를 따르느니라" – 요 10:27

195

말씀이 생명

믿음을 아는 사람은 성경(딤후 3:16)에 관심을 가진다. 사람이 성경 말씀을 주님과의 대화로 보기 시작하면 말씀 의미도 크게 달라진다. 주님은 말씀 자체이시고 말씀으로 사람에게 다가오신다. 하나님은 우주 만물의 시작도 말씀으로 창조하시고 사람도 하나님 형상으로 창조하셨다.
또한 성경은 하나님은 생명이라는 것을 가르친다. 하나님은 생명의 말씀으로 사람에게 다가오신다. 사람이 하나님 말씀을 듣는 그 자체만으로도 하나님 생명 안으로 들어가게 된다. 성도는 하나님 말씀을 묵상하면서 하나님 말씀이 생명으로 들리기까지 나아가야 한다.

주님 말씀은 '로고스'(logos)와 영감을 받은 말씀 즉 '레마'(rhema)로 구별된다. 사람은 성경 말씀을 묵상하다가 특별한 말씀이 마음과 영혼에 크게 영향을 미칠 때가 돌아온다. 그러면 말씀의 위력이 무엇인지, 말씀 생명이 무엇인지 아는 날이 돌아온다. 날마다 말씀을 읽고 들을 때 들어오는 말씀 은혜는 믿음 안에서 발견해야 한다. 문자로 보던 말씀이 생명으로 다가오면 그 말씀이 바로 '레마'가 된다. 주님 말씀이 특별한 생명으로 다가와 마음과 영혼에 큰 영향을 미친다면 이 말씀이 곧 '레마'다. 말씀이 '레마'가 된다는 것은 주님을 생명이신 말씀으로 받는 기회가 된다.

"예수께서 이르시되 어찌하여 선한 일을 내게 묻느냐 선한 이는 오직 한 분이시니라 네가 생명에 들어 가려면 계명들을 지키라" – 마 19:17

말씀 소유

주님 말씀은 삶에서 오는 모든 문제를 이기는 역동적인 힘이 된다. 그 믿음이 주님 말씀을 삶에 적용하는 훈련이 된다면 '레마'는 즉시 다양하게 다가올 것이다. 사람이 마음을 열고 '레마'를 갈망하면서 주님 말씀을 받는 믿음만 되면 믿음은 신속히 뚫린다. 주님 말씀이 생명으로 들리면 그 일이 사람을 변화시키는 큰 힘이 된다.
성도는 성령의 검 곧 말씀으로 무장해서 어둠과 대적을 물리치는 믿음으로 나아가야 한다. 구원의 투구를 쓰고 진리로 허리띠를 매는 성도는 십자가 군병으로 살아갈 준비를 단단히 해야 한다.

성도는 주님 말씀을 진정 소유하고 있는지 아닌지 아는 것이 중요하다. 사람이 주님을 믿으려면 주님 말씀을 따라가야 한다. 주님 말씀을 모르는 사람은 믿음도 알지 못해서 바르게 주님을 믿지 못한다. 성경은 주님이 우리를 사랑하시니 우리도 주님을 사랑하는 것이 마땅하다고 한다. 나 자신을 알지 못한다면 다른 이도 알지 못한다. 믿음 안에서 주님 말씀을 경험한 사람은 이웃을 사랑하는 삶으로 나아가야 한다.
주님 말씀을 아는 것이 주님을 사랑하는 길임을 아는 사람은 주님 말씀을 소유하는 믿음으로 나아가야 한다.

"구원의 투구와 성령의 검 곧 하나님의 말씀을 가지라" – 엡 6:17

197

말씀으로 살기

믿음은 말씀을 들으면서 자란다. 주님 말씀을 살아계신 말씀으로 받으면 그를 생명 길로 인도해 준다. 믿음은 주님 말씀을 마음에 간직하고 그 말씀이 삶 속에 그대로 이루어지도록 정성을 다해야 한다.

주님 말씀은 생명 자체다.

주님 말씀이 생명으로 들리려면 말씀을 마음에 새기고 묵상해야 한다. 삶 속에 주님 말씀의 역사가 그대로 이루어지려면 주님 말씀을 따라가야 한다. 주님은 성도에게 기쁨을 주시려고 세상에 오신 사실을 안다면 말씀 중심으로 나아가야 한다.

믿음이 되려면 말씀으로 변화 받는 삶으로 나아가야 한다.

또 성경 말씀을 깊이 묵상하고 되새기기만 하면 생각이 바뀌고 믿음도 새로워짐을 경험해야 한다. 사람이 주님을 아무리 잘 믿어도 주님 말씀은 처음부터 바르게 이해하지 못한다. 그러나 그 막연한 말씀이 실제로 생명으로 들리기까지 나아가려면 믿음이 깊어져야 한다. 그리고 말씀을 귀하게 여기고 묵상하는 일은 믿음이 성장하는 기회가 된다.

주님 말씀을 레마로 듣고 실천할 때만이 말씀은 생명을 살리는 양식이 되어 성도를 믿음 안으로 이끄는 큰 힘이 된다.

"너희는 말씀을 행하는 자가 되고 듣기만 하여 자신을 속이는 자가 되지 말라"
– 약 1:22

말씀안에 거함

사람이 주님 말씀을 듣지만 어떻게 말씀대로 살아가야 할지 고민한다. 그리고 주님 말씀을 듣고 실천하려면 말씀 안에 거하는 삶이 되어야 한다. 주님 말씀대로 살아가려면 주님 말씀을 바르게 듣는 힘이 와야 한다.
주님 말씀이 마음 안에 새겨진 사람은 말씀 안에 거하면서 말씀이 삶 속에서 그대로 이루어져야 한다. 그의 믿음이 말씀을 마음에 담고 실천하려면 주님 말씀이 마음에 깊이 심어져야 한다. 말씀이 마음 안에 거하려면 말씀을 마음에 되새기고 말씀 안에 거하려고 애를 써야 한다.

사람이 말씀을 읽는 것은 말씀이 바로 주님 생명이기 때문이다. 사람이 주님을 믿으려면 주님 말씀 앞에 먼저 마음을 열어야 한다.
바른 믿음이 되려면 믿음의 핵심인 말씀을 마음 안에 되새기고 실천해야 한다. 성도가 믿음이 성장하기를 원한다면 주님 말씀을 듣고 순종해야 한다.
주님 말씀이 마음 안에 거하려면 말씀이신 주님을 따라가야 한다. 성도가 말씀을 묵상하는 일은 진실한 믿음으로만 되고 주님께 가까이 나아가는 길은 말씀뿐이다. 이 의미를 아는 사람은 주님 말씀 안에 거하는 즐거움으로 살아가야 한다.

"너희가 내 안에 거하고 내 말이 너희 안에 거하면 무엇이든지 원하는 대로 구하라 그리하면 이루리라" – 요 15:7

199

섬김의 의미

믿음이 무엇인지, 은혜가 무엇을 말하는지 경험한 사람은 열심히 섬긴다. 믿음이 섬김과 같이 가고 섬기다가 믿음이 자라는 것을 아는 사람은 섬김에 온 힘을 쏟는다.

또 섬김은 믿음이 자라는 근거가 된다. 믿음이 섬김을 통해 자란다는 것은 믿음에 중요한 요점이 된다. 사람이 섬기고 싶은 열정이 와서 바르게 섬기려면 주님 은혜로 해야 한다.

주님도 세상에 오신 목적이 섬김을 받으려 함이 아니라 도리어 섬기려 하고 목숨을 많은 사람의 대속물로 주려 함이라(마 20:28)고 하셨다.

믿음은 섬기는 길로 나아가야 한다. 그리고 섬기는 일이 싫으면 회중 안에 깊이 들어오지 못한다. 사람이 섬기려면 자기희생으로 나아가야 한다. 시간과 몸과 물질을 드리면서 가는 이 섬김은 사명감이 있어야 한다. 섬김은 육신의 생각으로 하면 안 된다. 섬기면서 서로 돕지 못하면 참된 영성을 이루지 못한다.

아무리 작은 일도 마음을 낮추면서(사 26:5) 섬기는 일은 그의 믿음을 창대한 곳으로 이끌어간다. 섬김은 반드시 믿음으로 해야 할 믿음의 근본이고 의무가 된다. 믿음으로 섬기고 싶은 열정이 오면 마음이 낮아져야지 섬김은 그냥 되지 않는다.

"내가 모든 사람에게서 자유로우나 스스로 모든 사람에게 종이 된 것은 더 많은 사람을 얻고자 함이라" – 고전 9:19

섬기는 길

사람이 육신의 지성과 인성을 십자가에 처리하지 않으면 섬기는 길로 나아가지 못한다. 목숨을 걸듯이 섬기는 일에 집착하던 사람이 믿음이 온 후에 그것도 아니라는 인식이 오면 또한 포기해야 한다.
믿음은 행함이 없으면 안 된다고 하지만 행함도 온전하게 행하지 않으면 은혜도 의미도 사라진다. 사람이 많이 섬겨도 주님 은혜가 없으면 믿음이 깊이에 이르지 못한다. 사람의 섬김은 몸과 마음을 낮추어야 한다. 이 낮추는 믿음을 아는 사람은 섬김도 은밀하게 행해야 한다.

사람이 섬기는 일을 최고의 헌신으로 알고 기쁘게 나아간다면 믿음은 점차 성장의 길로 나아간다.
성장하는 믿음은 섬김과 순종을 통해서 이루어진다. 그리고 그 모든 섬김도 믿음이 아니면 내려놓아야 한다. 믿음으로 육신의 무능하고 쓸모없는 몸이 영광된 섬김을 위하여 작아지고 낮아지는 일은 아무나 하는 일이 아니다.
남이 하기 싫어하는 섬김은 진실한 믿음으로만 된다. 믿음이 오면 주님 은혜에 감사해서 섬기게 된다. 아주 작은 일도 주님께 기쁨을 드리는 기회임을 아는 사람은 겸손하게 이웃을 섬겨야 한다.

"누구든지 자기의 유익을 구하지 말고 남의 유익을 구하라" – 고전 10:24

201

섬기는 일꾼

식탁 앞에만 앉으면 감사하게 된다. 다른 이를 위해 이들이 죽고 불에 익혀져 희생한 것을 아니 감사가 저절로 나온다.
마찬가지로 희생도 섬김도 음식 재료들처럼 죽지 않으면 섬길 수 없다. 섬김이란 몸과 마음이 낮아져야지 논리나 이론으로 되지 않는다.
섬김이란 제단 위의 가축처럼 죽고 불사르고 태워지는 모든 고통을 겪어야 한다. 그의 믿음이 섬김의 길로 나아가려면 멸시와 천대 왕따도 받아야지 섬김은 그냥 되지 않는다. 몸과 마음이 낮아지는 의미를 모른다면 믿음 안의 낮아짐도 잘 알지 못한다.

사람은 육신의 생각으로 가득 차서 이 낮아짐의 의미를 알지 못한다. 외양만 낮아지면 되는 줄 알지만 낮아짐은 사람마다 다 다르게 나타난다.
섬기려는 성실한 일꾼은 모든 일도 사랑으로 해야 한다. 육신으로 믿어온 세월의 허무함을 아는 사람은 이 섬김의 의미를 되새겨보아야 한다.
섬김은 희생과 사랑으로 가야지 육신의 생각으로 가면 안 된다. 믿음이 자라면 기쁘게 섬길 마음이 오나 섬김도 희생도 모르는 일꾼은 세상과 육신만 아는 이것이 문제가 된다.

"너는 진리의 말씀을 옳게 분별하며 부끄러울 것이 없는 일꾼으로 인정된 자로 자신을 하나님 앞에 드리기를 힘쓰라" – 딤후 2:15

섬김의 본분

주님은 십자가에 스스로 못 박힘으로 하나님께 순종하신다. 십자가 희생의 결과는 영혼을 구원하는 사랑의 증표로 나타난다. 하나님은 사람을 얼마나 사랑하시는지 독생자 아들 예수 그리스도를 세상에 보내 주셨다. 세상 주님의 십자가 사건은 사람을 사망에서 생명 길로 인도해 주고 이 십자가가 없으면 인생은 살아갈 소망이 없다.
멸망으로 가는 길을 모르고 먹고 마시면서 즐기는 인생의 허무함을 아는 사람은 주님을 믿어야 한다. 그리고 주님을 믿음으로 소생하는 영혼의 기쁨을 안다면 섬김의 본분을 잊지 말고 따라가야 한다.

죄에서 건짐을 받은 사람은 주님의 지극하신 사랑을 깨달아야 한다. 그리고 믿음이 되려면 희생하고 섬기는 일을 인생의 영광으로 여겨야 한다. 섬김이란 매우 고되고 어려운 길이다.
이런 섬김을 아는 사람은 섬기다가 죽을 각오도 해야 한다.
주님이 흘리신 피로 생명 길을 열어주신 주님 은혜에 감사하려면 희생하고 섬겨야 한다. 하루살이 같은 인생은 언젠가는 죽을 수밖에 없다. 그러나 주님께 은혜를 받은 사람은 섬김의 본분을 기쁨으로 알고 끝까지 섬겨야 한다.

"인자가 온 것은 섬김을 받으려 함이 아니라 도리어 섬기려 하고 자기 목숨을 많은 사람의 대속물로 주려 함이니라" – 막 10:45

203

시련의 의미

사람들은 살아가면서 생애의 시련을 겪는다.
그리고 시련이 오는 그 속에서 육신은 고통을 받는다. 그 인생에 오는 시련을 돌아보면 매우 쓰리고 아프나 이 시련을 통하여 믿음을 붙든 것이 삶에 큰 도움이 된다. 세상 그 인생에 시련이 없으면 주님을 찾아가지 못할 것이다.
주님은 시련을 통하여 주님을 믿게 해주신다.
비바람에 나무가 흔들리듯이 사람도 시련 속에서 흔들리면서 살아간다. 그 험한 시련의 터널을 넘을 때마다 그것을 아시는 이는 오직 주님 한 분뿐이라는 것을 깨닫는다.

하나님은 인생으로 고생하고 고통당하는 일을 원하지 않으신다(애 3:33). 사람이 시련 당하는 것은 그 죄가 원인이 된다.
사람은 시련의 통증으로 아파하고 애통하면서 살아간다. 그러나 아직도 해결되지 못한 문제를 본다면 때와 기한은 주님 손에 맡겨야 한다. 돌아보면 시련은 주님 앞으로 속히 돌아오라는 주님이 부르시는 방법이다.
주님은 시련의 장소에서 소망이 없는 사람에게 믿음을 주시면서 주님만이 문제 해결의 키인 것을 깨닫게 해주신다. 세상 시련 속에서 시련의 그 의미를 알고 믿음으로 극복하는 이것이 바른 삶이 된다.

"우리 살아 있는 자가 항상 예수를 위하여 죽음에 넘겨짐은 예수의 생명이 또한 우리 죽을 육체에 나타나게 하려 함이라" – 고후 4:11

시련의 영광

십자가의 고통을 보면 세상 그 시련에도 의미가 있다.
시련 속에 든 사람은 이 시련을 통해 주님을 찾아가야 한다. 주님은 높으신 분이지만 시련의 사람을 아시고 도와주신다. 사람이 시련 당할 때 같이 해주시는 분은 주님 한 분뿐이다. 주님도 시련을 겪으신 분이기 때문에 사람의 시련을 보시고 주님도 마음 통증을 느끼신다.
사람 눈에 무기력하게 보이는 십자가는 바로 사람 생명을 구원하는 주님 사랑의 증표로 나타난다. 주님 십자가 시련은 바로 주님 사랑과 인격을 나타내는 장소라는 것만 알아도 믿음의 의미는 크게 차이가 난다.

희생을 모르는 사람은 냉정해서 주님 사랑이 무엇인지 알지 못한다. 그러나 주님은 "누구든지 나를 따라오려거든 자기를 부인하고 자기 십자가를 지고 나를 따를 것이니라"(마 16:24)라고 하신다. 시련의 십자가를 모르는 사람은 희생도 사랑도 알지 못한다. 그런 사람에게 주님은 "누구든지 제 목숨을 구원하고자 하면 잃을 것이요 누구든지 나를 위하여 제 목숨을 잃으면 찾으리라"(마 16:25)라고 하신다.
주님이 겪으신 십자가의 시련은 사람을 영광된 곳으로 인도해 준다. 시련 속에 오는 주님 은혜와 영광을 아는 사람은 오직 주님을 믿어야 한다.

"… 우리가 그와 함께 영광을 받기 위하여 고난도 함께 받아야 할 것이니라"
– 롬 8:17(하반절)

205

시련과 악

시련은 선한 일을 한 후에 오는 시련이 있고 악으로부터 당하는 시련도 있다. 질병으로 몸 관리를 잘못해서 오는 시련도 있고 또 사고로 고생을 하는 시련도 있다. 인생에서 시련이 없는 사람은 하나도 없다. 사람이 살아가다가 시련이 오면 여기서 붙들 곳은 믿음밖에 없다. 사람이 시련을 보면 무엇을 잘못했는지 그 삶을 다시 돌아보게 된다.

사실 시련을 모르는 사람은 믿음도 모르고 육신만 알고 육신만 챙긴다. 그러나 쓰디쓴 시련을 경험하면 이 시련이 주는 의미를 믿음 안에서 되새겨 보아야 한다.

시련 속에 든 인생이 찾아갈 곳은 주님밖에 없다.

시련 속에서 육신의 통증을 경험한 사람은 주님을 의지해야 한다. 성도는 세상 시련을 경험하면서 이 시련의 의미를 되새겨보아야 한다. 세상 시련을 잘 아시는 주님은 시련 속에 사는 인생을 아시고 돌보아 주신다. 험한 시련 속에서 사람은 육신의 약함을 알고 몸과 마음의 통증도 느낀다.

이런 양면적인 통증으로 힘이 든다면 이 통증에서 벗어나는 길은 믿음밖에 없다. 고된 시련의 장소에 오시어 도우시는 주님을 안다면 세상 악과 시련 속에서도 주님께 피하는 믿음이 바른 삶이 된다.

"예루살렘아 네 마음의 악을 씻어 버리라 그리하면 구원을 얻으리라 네 악한 생각이 네 속에 얼마나 오래 머물겠느냐" – 렘 4:14

시련과 위로

육신이 시련의 사람이라면 주님을 믿어야 한다.
험한 시련이 오면 주님 앞으로 나아가 주님께 도움을 구해야 한다. 사람이 시련 속에서 주님께 도움을 구하는 방법을 모른다면 그것은 믿음이 적다는 뜻이다. 사실 시련의 자리에서 붙들 분은 주님밖에 없다. 사방을 돌아보아도 도움받을 곳이 없는 사람은 믿음을 붙든다.
이 세상에서 믿음이 얼마나 좋은지를 아는 사람은 주님을 믿어야 한다. 이 세상 아무도 돌보는 이 없는 시련의 장소에서 의지할 이는 오직 주님 한 분뿐이다.

세상 시련은 매우 쓰리고 아프나 그 시련이 바로 주님을 찾아가는 기회가 된다. 힘든 시련의 사람을 향하여 주님은 돌아오라고 하신다.
세상 시련은 힘들어도 믿음 안에 위로만 오면 그 위로가 시련을 이기는 힘이 된다. 세상 시련이 아무리 힘들어도 주님 위로가 오면 다 넘어갈 수 있다. 세상 시련은 무섭고 두려우나 주님 위로만 오면 담대하게 살아갈 용기가 생긴다.
주님을 믿으면 마음의 불안감도 슬픈 감정도 다 떠나가는 경험 속에 주님이 살아계심도 알게 된다. 시련이 없으면 알 수 없는 믿음은 주님의 위로만 오면 다 이기고도 남는다.

"우리가 환난 당하는 것도 너희가 위로와 구원을 받게 하려는 것이요 우리가 위로를 받는 것도 너희가 위로를 받게 하려는 것이니 이 위로가 너희 속에 역사하여 우리가 받는 것 같은 고난을 너희도 견디게 하느니라" – 고후 1:6

207

시련의 감당

육신은 수 없는 시련에 시달린다.
사건으로 질병으로 또는 마음에 오는 통증으로 힘들어야 한다. 그러나 모든 시련을 주님이 아신다는 생각이 오면 조금은 마음이 편안해진다. 돌아보면 시련은 쓰라리고 아프나 그 아픔은 그냥 아픔이 아니라 육신의 약함을 아는 기회가 된다. 또 모든 통증은 육신의 헛됨을 알게 해준다. 시련 장소에서 삶이 외로운 인생은 주님을 믿어야 한다. 믿음은 돌아보면 어려울 때 큰 힘이 되는 것이지 편안하면 믿음의 중요함도 잘 깨닫지 못한다.

어렵고 가장 힘든 시절에 그것을 보시고 찾아오시는 분은 주님 한 분뿐이다. 그런 주님을 아는 사람은 주님을 붙든다.
시련의 사람을 아시고 오시는 주님을 아는 사람은 주님 한 분으로 감사해야 한다. 그리고 믿음만 오면 그 어디를 헤매고 다녀야 하는지 되묻고 싶다. 주님을 아는 사람은 괴로워도 아파도 주님을 의지하면서 고된 시련을 잘 감당해야 한다. 생각하면 시련은 사람을 주님 안으로 이끄는 동기가 된다.
육신이 시련 당할 때 주님을 찾아가는 믿음을 아는 사람은 이험한 시련도 감사로 받아야 한다.

"주께서 인생으로 고생하게 하시며 근심하게 하심은 본심이 아니시로다" – 애 3:33

하나님의 진실

믿음은 세상을 살아가는 중요한 요소다. 사람 관계도 믿음이 없으면 오래가지 못하고 믿음이 무너지면 서로 신뢰하지 못한다. 사람은 서로 잘 지내다가 믿음이 사라지면 오래가지 못한다.
세상 삶은 진실을 중요하게 여겨서 사람 사이도 진실함이 없으면 안 된다. 사람에게서 진실함이 없는 느낌이 드는 순간 상대에게 너는 나의 진실을 믿느냐고 감히 물어보지 못한다. 그러나 주님은 사람에게 너희는 나를 믿느냐고 물으신다.

사람 관계도 깨우치는 기회가 있어야 한다.
그 이유는 사람이 서로 믿지 못하면 그 관계도 오래가지 못하기 때문이다. 따라서 사람도 하나님을 믿으려면 마음이 진실해야 한다. 잘 믿다가 말다가 하는 믿음은 성장에 이르지 못한다.

인간 삶의 기본은 진실함이 바탕이 된다. 마찬가지로 사람이 하나님 앞으로 나아가려면 하나님을 진실하게 믿는 믿음으로 나아가야 한다. 그리고 하나님이 너는 나를 믿느냐고 물으신다면 그 질문이 속 안에 깊이 감추어진 신뢰감을 깨닫기 위한 질문임을 아는 사람은 진실하게 하나님을 믿어야 한다.

"진실로 그는 거만한 자를 비웃으시며 겸손한 자에게 은혜를 베푸시나니" – 잠 3:34

209

하나님 나라

성경은 천국을 겨자씨에 비유한다.
겨자씨란 극히 작은 씨앗을 말한다. 이 겨자씨를 땅에 뿌리면 싹이 트면서 큰 겨자 나무로 자란다. 이 나무는 늘 푸르러 공중의 새들이 거하는 거처가 된다. 이 겨자 나무가 날마다 자라가듯이 천국도 이 땅에 뿌리를 내린다(마 13:3-9).
땅속 깊이 뿌리내린 씨앗은 자라면서 많은 열매를 맺는다.
믿음의 씨앗도 사람 안에 깊숙이 뿌리를 내리고 자라가야 한다. 이와같이 성도 믿음도 늘 자라가야지 멈추면 생명을 구원하는 길은 나타나지 않는다.

믿음을 아는 사람은 이 땅을 중요하게 여긴다.
즉 세상을 중요하게 여겨야 한다. 세상에 사는 동안 이 땅에서 사람은 생명의 주님을 찾아가야 한다. 사람의 믿음이 처음에는 아주 작은 겨자씨 같으나 그 씨를 싹트게 하려고 애쓰는 일이 바로 믿음으로 하는 일이다. 하나님 나라는 겨자씨처럼 하나님을 믿고 키우는 사람에게 열린다.
하나님 나라는 신비하고 보이지 않게 깊이 감추어진 나라로 그 나라로 들어가려면 진실한 믿음이 되어야 한다. 그의 영혼이 은혜의 충만한 양에 이르려면 하나님을 향한 진실한 믿음이 되어야 한다.

"이르시되 때가 찼고 하나님의 나라가 가까이 왔으니 회개하고 복음을 믿으라 하시더라" – 막 1:15

하나님 생명

하나님 나라는 이 세상 그 어느 특별한 장소에 새워진 공간이 아니다. 천국은 육신이 죽은 후에 들어가는 나라이기 전에 현재 믿음으로 살아가는 나라를 말한다.
세상 삶은 하나님을 믿는 중요한 기회가 된다. 믿음이 되려면 하나님 안으로 들어가서 하나님과 같이 사는 삶이 되어야 한다. 이 세상은 힘들고 고생스럽다. 그러나 세상 그 어디에도 하나님 생명이 스미지 않은 곳이 없는 것을 아는 사람은 하나님을 진실하게 믿어야 한다.

성도는 현재 천국 안에 사는 삶이 실재가 되어야 한다.
사람에게 인생의 목표가 무엇이냐고 물으면 대개 재물이나 명예를 말한다. 그러나 믿음의 목표는 깊이 감추어진 천국 안으로 들어가는 삶을 말한다.
천국은 지금이라는 현재성을 가지고 있으며 현재 사람 마음 안에 와있다. 천국은 살아있는 생명체로서 겨자 나무처럼 자라면서 생명을 공급하는 생명 나라를 말한다. 천국 같은 은혜를 아는 사람은 하나님을 믿는 진실한 믿음만이 그의 생명을 살린다는 것을 또한 믿어야 한다.

"성령과 신부가 말씀하시기를 오라 하시는도다 듣는 자도 오라 할 것이요 목마른 자도 올 것이요 또 원하는 자는 값없이 생명수를 받으라 하시더라" – 계 22:17

211

하나님 계시

복음은 그 모든 것 위에 모든 것을 통치하시는 하나님이 진리라는 사실을 계시한다. 즉 계시란 하나님의 자기 전달 방법이다. 성도는 하나님의 계시를 믿음으로 받는다. 그리고 믿음은 하나님의 모든 것 안에 모든 것을 계시하는 참된 진리가 되신다는 사실을 아는 것이다.

사람은 눈으로는 하나님을 알아보지 못한다. 그러나 믿음은 보이는 세상 그 이상의 보이지 않는 하나님의 계시를 믿는 것을 말한다.

만물 속에 숨어 계신 하나님 계시를 통해 하나님은 초자연에 기초를 둔다는 사실을 믿는다. 성도는 모든 것 안에서 모든 것 그리고 그 이상인 하나님의 계시를 믿는다. 이 세상 보는 것마다, 만지는 것마다 하나님이 하신다는 믿음이 계시하는 믿음으로 성도를 이끌어 간다.

성도는 믿음으로 하나님이 창조하신 만물을 바라보면서 그 이상 즉 하나님의 초월적 계시하심을 믿는다. 성경은 하나님의 살아계심과 하나님 진리가 사람을 영생 구원으로 이끌어 간다는 사실을 계시해 준다.

생명인 하나님 말씀의 계시는 성령을 통한 성령님 은혜만이 하나님 말씀 계시의 근거가 되어준다.

"오직 하나님이 성령으로 이것을 우리에게 보이셨으니 성령은 모든 것 곧 하나님의 깊은 것까지도 통달하시느니라" – 고전 2:10

하나님 존재

사람은 하나님을 우주 만물의 창조주, 전지전능하신 분으로 생각하지 그 이상은 감히 어떤 분인지 가늠하지 못한다. 그 이유는 하나님 존재는 이 세상 무엇에도 비교할 수 없는 분으로 그 무엇으로도 알 수 없는 분이기 때문이다. 하나님은 이 세상 그 어떤 현실 속에서도 볼 수도 붙들 수도 없는 분이다.
하나님은 세상 지식과 이성으로 알 수 없는 무한한 존재나 성도 안에 살아 계신다. 하나님은 그 무엇으로도 증명할 수 없으나 육신의 이성과 지성과 오감으로 체험하는 믿음을 사람에게 주셨다. 이것을 아는 성도는 하나님을 믿는 믿음에 마음을 쏟는다.

하나님은 인간 지식수준으로 알 수 없는 무한한 존재시다.
그러나 성도는 기도하는 가운데 잔잔한 흐름 속에 오시는 하나님 은혜를 체험한다. 그리고 소리 없이 영광의 빛으로 오시는 하나님 사랑을 경험한다. 이 세상 어디에도 아니 계신 곳이 없는 하나님, 세상 모든 것을 아시는 초월적 능력의 하나님을 성도는 만난다. 하나님은 그 무엇으로도 정의를 내릴 수 없고 발견할 수 없는 분, 즉 육신의 이성과 지성으로 알 수 없는 무한하신 분이다.
세상 모든 것을 총동원해도 알 수 없는 하나님께 마음을 드린다면 그의 믿음을 기쁘게 받아주실 것을 또한 믿어야 한다.

"이것을 네게 나타내심은 여호와는 하나님이시요 그 외에는 다른 신이 없음을 네게 알게 하려 하심이니라" – 신 4:35

하나님은 창조주

성도는 창조주 하나님을 믿는다.
창세기를 보면 하나님이 세상을 창조하신 창조의 진리는 모든 것들과 관계를 나타낸다. 그리고 창조주 하나님은 모든 것 안에서 모든 것을 만드시고 우주 만물을 만드신 분이다. 성도는 모든 것 안에서 우주 만물을 만드신 하나님 안에서 하나님을 체험해야 한다.
성도는 높은 곳만이 아니라 세상 속에 살아계신 하나님을 믿어야 한다. 만물 속에 생생하게 넘치는 하나님 생명은 하나님 창조의 숨결이 된다. 그러나 사람은 하나님을 멀리 계신 분으로 오해하니 하나님 앞으로 가까이 나아가려고 하지 않는다.

사람이 창조의 하나님을 모른다면 믿음도 바르게 되지 못한다. 그 하나님을 두렵고 무서운 신으로 인식한다면 그 일은 우상숭배가 된다. 하나님을 무섭게만 느끼면 육신은 굴복하고 복종하는 노예 같은 삶이 된다. 우주 만물의 창조주 하나님, 생명을 주시는 하나님은 사람에게 하나님 숨결을 불어넣어 주신다. 사람이 믿음으로 하나님 숨결을 들이마시면 생명이 살아난다. 그리고 내쉬는 숨결 속에 모든 악하고 추한 것이 떠나면 그의 생명이 살아난다. 이런 믿음이 에덴동산 같은 행복한 곳으로 그를 인도해 준다면 하나님 창조의 신비함이 무엇인지 알고도 남는다.

"야곱아 너를 창조하신 여호와께서 지금 말씀하시느니라 이스라엘아 너를 지으신 이가 말씀하시느니라 너는 두려워하지 말라 내가 너를 구속하였고 내가 너를 지명하여 불렀나니 너는 내 것이라" – 사 43:1

하나님 사랑

사랑은 하나님 없이는 이해가 불가능하다.
하나님이 자신을 사랑으로 계시하심도 믿음으로만 설명이 되어야 한다. 사람과 하나님 관계는 사랑으로 맺어졌다. 하나님은 사람이 하나님 생명과 사랑을 체험하면서 살아가도록 만드셨다. 사람은 우주 만상의 위대함을 바라보면서 광활하고 위대하신 창조의 하나님 사랑을 의식한다. 그리고 그 신비하신 하나님 생명과 사랑을 연약한 풀 한 포기에서 발견해야 한다.
하나님은 세상 창조물을 통하여 자기 자신을 나타내시는 것을 안다면 이를 보고 깨닫게 하는 하나님 계시란 매우 신비한 것이 된다.

하나님은 세상 지식이나 철학으로 체험되는 분이 아니다.
하나님에 대한 체험은 믿음 안에서 믿음으로 해야 한다. 사람이 믿음이 어리면 그 멀고 먼 하나님 앞으로 어떻게 나아갈 수 있는지 근심한다. 그러나 한 가지 아는 사실은 십자가를 통해서 아주 작아지신 주님의 영이 사람 안에 들어오신다는 사실을 믿는 것이다.
공기같이 작아지신 사랑의 주님이 영으로 사람 안에 들어오심을 믿는 이것이 바른 믿음이 된다. 그리고 사람은 믿음으로 하나님 사랑을 체험해야 한다. 성도가 오직 하나님 사랑을 받으면 행복하게 사는 날이 돌아온다는 것을 믿어야 한다.

"이스라엘아 들으라 우리 하나님 여호와는 오직 유일한 여호와이시니 너는 마음을 다하고 뜻을 다하고 힘을 다하여 네 하나님 여호와를 사랑하라" – 신 6:4–5

영적 성장

성도에게 주님을 아는 지식이 오면 영혼 깊은 곳에서 영적인 각성이 일어난다. 이 영적 각성은 간단히 말해서 기도 생활에 비례한다. 이 사실을 아는 사람은 많은 시간을 기도로 보낸다. 성도는 주님과 친밀한 관계로 들어가기 위해서 늘 기도해야 한다. 그러나 사람이 기도하지 않는 원인은 기도의 참된 가치를 알지 못해서다.
믿음이 성장하는 길은 기도뿐인데 기도를 하지 않으면 주님을 만날 기회도 사라진다. 그의 믿음이 성령을 받는 것이 진정한 영성이라고 생각한다면 기도함으로 마음을 성령님 앞에 여는 일이 바른 기도가 된다.

사람이 은혜의 주님을 만나기 원하면 주님께 마음을 드려야 한다. 성도가 주님을 믿는 이유는 주님 영광 안에 들어가 살고 싶은 마음 때문이다. 믿음으로 변화되는 한 가지 방법은 사람에게 주님을 만나는 영적 체험이 와야 한다. 그리고 주님께 마음을 드린다면 마음에 들어오시는 분은 오직 주님 한 분이시다. 세상은 보이는 것으로 나아가지만 그 보이는 것은 오래가지 못하고 그 보이는 것으로는 변화되지 않는다. 그러나 사람이 변화받는 통로는 보이지 않는 영으로 가는 영적 믿음만이 영을 성장시키는 큰 힘이 된다.

"바람이 임의로 불매 네가 그 소리는 들어도 어디서 와서 어디로 가는지 알지 못하나니 성령으로 난 사람도 다 그러하니라" – 요 3:8

영적 씨름

사람은 많은 실패를 경험한다.
그러나 세상 실패 가운데서도 주님을 붙든다면 그 실패도 영적 성장으로 나아가는 길이 된다. 성도가 아는 신앙 선진들은 모두가 실패자들이었다. 사람도 세상에서 많은 실패로 고난받는다. 그러나 인생 실패를 통한 성공의 이면적 길은 오직 믿음으로만 가능하다.
육신은 세상에서 실패하고 낙심하는 그 속에서도 성도는 주님을 믿고 바라보는 삶으로 나아가야 한다.

모든 것이 부정적인 인간의 부정이 믿음 안에서는 믿음을 이끄는 도구가 된다. 이런 부정적인 사람이 영적 씨름을 통해서 새롭게 믿음이 세워지면 세상 실패도 전혀 나쁜 것만은 아니다. 이 세상은 실패의 연속 속에 놓여있다. 성도는 믿음으로 구원은 받았으나 영적 씨름을 하지 않으면 실패를 경험해야 한다. 사람은 주님을 잘 믿어도 실수를 하고 실패를 한다.
그러나 그 실패가 영적 씨름을 통해 믿음을 성공으로 이끄는 요인이 된다면 그 실패도 감사로 받아야 한다. 그리고 어떤 실패 속에서도 영적 씨름을 통하여 주님을 찾아만 가면 이 일이 믿음이 자라는 확실한 길이 된다.

"우리의 씨름은 혈과 육을 상대하는 것이 아니요 통치자들과 권세들과 이 어둠의 세상 주관자들과 하늘에 있는 악의 영들을 상대함이라" – 엡 6:12

217

영적 시련

성도는 믿음이 아니면 아무것도 할 수 없는 사람이다.
그러나 주님께 구원을 받은 사람은 결코 이 구원에서 제외되지 않는다. 오늘도 무능한 사람이 무엇이든지 할 수 있다는 힘이 오면 이것이 참된 믿음이 된다. 사람은 주님 은혜로 선택되었고 이 선택에 순종하는 것이 믿음으로 가는 길이다.
성도는 주님께 선택되었기 때문에 영적인 믿음으로 나아가도록 부르심을 받은 사람이다. 그러나 사람은 여전히 주님과 믿음을 모르니 우울하게 살아가야 한다. 성경은 이런 사실을 보고 원함은 내게 있으나 선을 행하는 것은 없노라고 탄식을 한다(롬 7:18).

영적 시련은 믿음 안에 오는 훈련방법이다.
사람은 종종 영적 시련을 경험하나 이 시련을 통해 인내하면서 믿음을 붙들면 사는 길이 열린다. 믿음은 육신의 약함과 무력함 위에 세워진다. 그 일을 모르는 사람은 육신을 믿으면서 무엇이든지 할 수 있다고 생각한다. 그러나 성도는 주님을 아는 진실한 믿음으로 나아가야 한다.
세상은 육신을 믿고 육신의 힘으로 나아가지만 성도는 영적인 믿음으로 나아가야 한다. 성도가 영적인 믿음이 없으면 육신은 무력한 존재가 되나 이 영적 안에 오는 심술궂은 시련은 구원으로 들어가는 참된 길이 된다.

"네가 만일 환난 날에 낙담하면 네 힘이 미약함을 보임이니라" – 잠 24:10

영적 실패

사람이 잘 믿으려면 주님만이 전적 자신의 필요가 된다고 인정해야 한다. 사람은 세상을 독단적으로 살아가나 성도는 주님으로 살아가야 한다. 주님을 진실하게 믿는 일이 하루의 삶이 되어야 한다. 주님은 "누구든지 하나님의 나라를 어린 아이와 같이 받들지 않는 자는 결단코 그 곳에 들어가지 못하리라"(막 10:15)라고 하신다. 육신은 주님이 아니고는 아무것도 할 수 없는 사람이라고 고백하면서 주님을 따라가야 한다. 또한 사람은 큰 산을 옮기는 큰 믿음이 되고 싶어 하나 믿음이 바르지 않은 사람은 주님을 잘 믿어야 한다.

세상이 힘든 그 속에서도 주님을 믿기만 하면 소망이 된다. 그리고 세상 실패로 육신의 힘을 잃어버린 후에야 주님만이 다라는 것을 깨닫는다. 그 인생에 실패란 과연 무엇인가? 즉 육신의 계획된 모든 것이 목표에 도달하지 못했을 때 오는 현상을 의미한다. 또 믿음 안에서 영적 실패를 경험한 사람은 세상도 소용이 없는 것을 안다. 그 세상 실패 속에 든 사람이 믿음이 무엇을 말하는지 안다면 영적 실패도 감사로 받아야 한다.
세상 실패를 경험한 사람이 주님을 찾아가는 수고가 바르게 주님을 찾아가는 믿음이 된다. 오늘도 주님은 영적으로 실패한 사람이 찾아오기를 늘 기다리고 계신다.

"주 여호와여 내 눈이 주께 향하며 내가 주께 피하오니 내 영혼을 빈궁한 대로 버려 두지 마옵소서" – 시 141:8

219

영적 치유

사람이 주님을 믿으려면 주님은 누구신지에 대한 깊은 자각에 도달해야 한다. 그리고 그의 믿음이 세상에서 습득된 지식으로는 영적 성장이 이루어지는 길은 나타나지 않는다. 영적 성장이라는 말을 정의하면 '내적치유'라고 말할 수 있다. 믿음 성장에는 영적, 육체적, 심리적 성장을 포함한다. 인간의 삶은 아픔, 부정적인 마음, 두려움과 근심 등이 그 삶을 파괴로 이끌어 간다. 그러나 믿음 안에 오는 영적 성장은 근본적으로 영혼과 몸에 대한 '내적치유로 가는 길'을 말한다.

믿음이 성장하려면 주님 성품이 속 안에서 깊이 확장되어야 한다. 믿음 성장이란 주님 사랑이 성도 안에 확장되는 것을 말한다. 믿음은 주님을 보호해 주시던 성령님이 성도를 가르치고 인도해 주셔야 한다.
그의 믿음이 성령의 지도 인도를 받으려면 성령님이 사람 안에 오시도록 마음을 열어야 한다. 성령님의 인도를 받지 못하는 믿음은 보이는 믿음에 불과하다.
믿음이 성장하려면 성령님 은혜로 살아가는 일이 목표가 되어야 한다. 사람 몸, 영혼 전체에 성령님의 풍성한 역사가 일어나면 그 일이 영적 치유로 가는 바른 믿음이 된다.

"여호와께서 내게 도움이 되지 아니하셨더면 내 영혼이 벌써 침묵 속에 잠겼으리로다"
– 시 94:17

영적 실재

믿음 성장이란 주님이 사람 안에 완전히 거함을 말한다.
믿음이란 예수 그리스도에 의한 소유, 성령에 의한 소유 안에서 예수 그리스도의 영으로 확장되는 믿음을 말한다. 믿음이 되면 주님이 사람 안에 오시고 사람은 오신 주님으로 살아가야 한다.
성도가 믿음을 통해 은혜 깊이에 도달하려면 영적인 믿음이 되어야 한다. 주님을 믿음으로 주님 은혜를 체험한 사람은 자연스럽게 이제는 내가 사는 것이 아니요 내 안에 사는 것은 그리스도(갈 2:20)이심을 고백하게 된다.

주님은 "사람이 나를 사랑하면 내 말을 지키리니 내 아버지께서 그를 사랑하실 것이요 우리가 그에게 가서 거처를 그와 함께 하리라"(요 14:23)라고 말씀하신다.
믿음이 성장한다는 것은 주님이 사람의 소유가 되고 사람이 또한 주님의 소유됨을 말한다. 바꾸어 말하면 사람이 주님 안으로 들어가고 주님이 사람 안으로 들어오셔야 한다. 믿음이 되려면 영적으로 성장하면 할수록 육신은 점점 작아지고 낮아져야 한다.
성도가 영적으로 성장하면 할수록 육신의 부족함과 죄를 보게 된다. 사실 영이 성장할수록 자신을 더 많이 알게 되는 이것이 바로 영적 실재로 가는 귀한 믿음이 된다.

"만일 너희 속에 하나님의 영이 거하시면 너희가 육신에 있지 아니하고 영에 있나니 누구든지 그리스도의 영이 없으면 그리스도의 사람이 아니라" – 롬 8:9

221

기도로 받음

사람이 기도한다면 믿음의 가장 깊은 곳까지 도달할 수는 없어도 주님에 대한 처절한 갈망을 가지고 나아가야 한다. 그리고 기도는 주님을 만나고 싶은 마음으로 해야 한다. 그러나 사람은 기도할 때마다 육신이 원하는 그 무엇을 가지고 육신 문제 해결에 목숨을 건다. 그러나 바른 기도는 주님이 사람에게 바라는 것이 무엇인지 알아야 한다.
기도란 주님에 대한 기대와 신뢰가 되는지 자신을 먼저 보아야 한다. 그리고 주님과 하나가 되어 기도할 때 그 기도가 무엇을 말하는지 새롭게 인식되어야 한다.

사람은 겸손한 자세로 기도해야 한다.
하나님 아버지를 부르면서 매우 가깝고도 친밀한 관계 안으로 들어가기 위해 기도해야 한다. 기도의 대상이신 하나님은 스스로 계시하시는 거룩하신 하나님을 말한다.
전지전능하신 하나님은 믿음의 친아버지가 되어주신다.
성도는 위대하신 하나님을 아버지라고 부르면서 아버지께 기도한다. 하나님을 믿는 성도가 하나님과 기도로 동행하는 삶이 바로 믿음으로 사는 바른 길이 된다.

"그러므로 내가 너희에게 말하노니 무엇이든지 기도하고 구하는 것은 받은 줄로 믿으라 그리하면 너희에게 그대로 되리라" – 막 11:24

기도로 열림

기도는 믿음에 큰 힘이 된다. 사람이 기도해도 주님 은혜를 체험하지 못하면 되는 것이 없다.
이 기도의 의미를 아는 사람은 주님께 간절히 기도한다. 그러나 사람들은 기도를 모르고 봉사와 헌신에 마음을 쏟는다. 매사에 헌신과 봉사가 진실한 믿음이라고 생각한다. 그 헌신과 봉사는 허울 좋은 믿음에 불과하다.
기도 없이 섬기는 사람은 늘 영적 광야에서 한없이 헤매나 기도로 성장하는 믿음을 모르면 더 성장하기를 기다려야 한다.

성경은 그리스도의 초보를 버리고 완전한 데로 나아가라(히 6:1-2)고 한다. 그리스도의 초보에서 벗어나는 길은 기도밖에 없다. 그리고 기도는 무엇을 구하느냐에 따라 큰 차이가 난다. 육신의 문제로 기도하던 사람이 주님을 만나려고 기도한다면 믿음이 자란다. 성도의 기도가 세상 욕망으로 나아간다면 영적인 상태는 매우 무력해진다. 그러나 영이 깨어서 주님께 기도만 하면 은혜로 가는 길이 열린다. 믿음으로 깨어서 하는 기도는 주님을 만나는 기회가 된다.
믿음이 되려면 기도의 방향이 변해야 한다. 육과 영의 일이 무엇을 말하는지 분별하는 힘이 오면 기도만이 믿음이 열리는 은혜의 문이 된다.

"구하는 이마다 받을 것이요 찾는 이는 찾아낼 것이요 두드리는 이에게는 열릴 것이니라" – 눅 11:10

기도의 수준

사람이 문제에 빠질 때면 그때는 영적 상태를 점검하는 기회가 된다. 믿음의 영적 성장 단계는 애굽, 광야, 가나안으로 가는 이스라엘 여정에 비유할 수 있다. 여기서 애굽은 불 신앙의 예를 말한다. 사람이 만일 애굽에 산다면 애굽의 수준대로, 광야에 산다면 광야의 수준대로 기도해야 한다.
비록 믿음이 어리고 연약해도 성도는 기도의 의무를 감당해야 한다. 주님께 믿음으로 드리는 기도는 성도가 해야 할 중요한 의무가 된다.

사람은 주님을 믿으려면 기도해야 한다.
기도는 힘들어도 그 기도만이 믿음을 성장시키는 동력이 된다.
그러나 기도 응답은 주님의 주권이어서 마음대로 되지 않는다.
아무리 기도해도 기도가 응답이 안될 때가 많은 것을 안다면 이 기도를 다시 생각해 보아야 한다. 기도도 주님 허락 하에 할 수 있음을 안다면 다 주님께 맡겨야 한다.
성도가 기도함으로 담대한 능력이 와서 세상을 이기는 힘은 진실한 기도로만 된다. 이런 기도를 경험한 사람은 오직 주님 한 분만이 자신의 모든 것이 된다고 고백한다. 기도 속에 오는 믿음의 변화가 영혼을 살리면 진실한 기도만이 세상을 이기는 힘이 된다.

"쉬지 말고 기도하라" – 살전 5:17

기도로 직고

세상에서 그 무엇을 보고 아는 모든 일은 믿음으로 해야 한다. 사람은 주님을 믿는다고 하면서 자유하다가 실패하고 때로는 고통을 받고 남에게 상처를 주기도 한다. 사람이 고통 속에 살아도 믿음 안에서는 주님으로 안전하게 사는 법을 배워야 한다. 바르게 주님을 믿으려면 세상 어려움과 모든 시련을 넘어가야 한다. 믿음으로 어려운 시련을 극복하면 이것이 세상을 이기는 믿음이 된다.

바른 믿음이 되려면 기도를 해야 한다. 기도하면서 감사한 것은 하나님께 직접 직고할 수 있는 자격을 주셨다는 것이다.
기도의 귀함을 아는 사람은 하나님께 기도로 직접 직고해야 한다. 이 세상 높은 사람에게도 다가가지 못하는 사람에게 하나님께 직접 직고할 자격을 주신 사실을 아는 사람은 기도로 모든 일을 하나님께 직고해야 한다. 믿음과 삶의 어려움을 해소하는 방법은 기도뿐이고 기도만이 사는 길이니 성도는 기도해야 한다.

그 인생이 아무리 불행하다 해도 기도를 하면 마음이 밝아온다. 세상 실패 속에도 하나님을 향한 바른 직고만이 영광된 하나님께 나아가는 바른 믿음이 된다.

"이러므로 우리 각 사람이 자기 일을 하나님께 직고하리라" – 롬 14:12

225

기도의 진실

성도는 주님께 기도해야 한다.
그리고 믿음의 의미를 발견하기 위해서라도 기도해야 한다. 주님이 누구신지, 나는 어떤 사람인지 알려면 먼저 기도를 해야 한다. 기도는 주님과의 대화다. 이 영적 대화는 삶 속에서 순간마다 일어나야 한다.
주님과의 대화를 일상에서 모르면 믿음은 자연히 소멸해 버린다. 성경에서 주님은 기도하실 때 하나님을 아빠, 아버지라고 부르셨듯이 성도도 하나님을 아빠, 아버지로 부르면서 순수하고 순전한 기도로 나아가야 한다.

기도는 아버지의 뜻이 하늘에서 이루어진 것 같이 땅에서도 이루어지기를(마 6:10) 원해야 한다. 기도는 주님의 뜻이 성도 삶 속에 그대로 이루어지기를 구해야 한다. 그런데 사람은 반대로 가면서 육신의 뜻이 이루어지기를 원한다. 그리고 그의 바라는 일이 이루어지지 않으면 주님을 원망한다. 그러나 주님은 개의치 않으시고 계속 그에게 은혜를 부어주신다.

그런 주님을 안다면 주님께 모든 것을 맡기는 기도가 바른 기도가 된다. 바른 기도란 믿음이 믿음 되게, 주님 은혜가 은혜 되게 해준다. 주님께 드리는 진실한 기도만이 믿음이 무엇인지 알게 해준다.

"예수께서 이르시되 너희는 기도할 때에 이렇게 하라 아버지여 이름이 거룩히 여김을 받으시오며 나라가 임하시오며" – 눅 11:2

임마누엘 주님

힘겨운 마음 고통이 온몸을 짓누르던 시절이 있었다.
그 속에서 바라볼 곳은 오직 주님 한 분밖에 없다. 의지할 곳이 없고 의논할 곳이 없는 사람은 매사를 혼자 이겨내야 한다. 세상을 살아가다가 이유 없이 당하는 고통을 안다면 세상도 소용이 없는 것을 깨닫는다.
세상과 그 죄의 냄새로 시달린 사람은 조용한 오솔길을 찾아가 주님께 마음을 드리는 일이 은혜 중의 은혜가 된다. 그리고 아무도 없는 곳에서 묵묵히 자라는 풀 한 포기도 아름답게 보인다. 그 한 포기 풀의 당당하고 외로운 삶을 보면 마음이 풀리는 이것이 믿음으로 사는 귀한 일이 된다.

순간적으로 들리는 주님 음성이 온몸에 영향을 미치면 육신은 하찮은 존재라는 것을 깨닫는다. 그리고 늘 함께 해주시는 주님을 아니 연약한 삶도 복임을 안다. 그리고 세상 그 어디를 가든지 함께 해주시는 임마누엘 주님을 아는 사람은 그 외로운 삶도 감사로 받아야 한다. 주님은 사람의 깊은 속까지도 다 아시니 세상 근심도 주님께 맡겨야 한다.
믿음은 늘 함께해 주시는 임마누엘 주님과 같이 살아가야 한다. 세상 그 어떤 일을 당해도 마음이 여유로워지고 편해지는 이것이 바로 임마누엘 주님으로 사는 거룩한 삶이 된다.

"보라 처녀가 잉태하여 아들을 낳을 것이요 그의 이름은 임마누엘이라 하리라 하셨으니 이를 번역한즉 하나님이 우리와 함께 계시다 함이라" – 마 1:23

말씀이신 주님

주님을 주인으로 모신 사람은 무슨 일을 하든지 주님 뜻을 따라가야 한다. 세상 모든 일도, 어떻게 해야 할지 결정하는 것도 주님 뜻을 따라야 한다. 세상에서 마음대로 살아가던 사람이 주님을 믿은 후의 삶은 주님 말씀을 따라야 한다.
주님 말씀은 세상 그 가는 길에 힘이 되어준다. 주님 말씀으로 인도를 받는 사람은 주님이 말씀하시는 길로 가야 한다. 마음대로 돌아다니다가 다치는 경험 속에 주님만이 사람을 살리는 힘이 되신다는 것을 경험해야 한다.

삶 속에 의지할 주님이 계시니 얼마나 좋은지를 아는 사람은 주님을 붙든다. 세상만 알던 사람이 주님을 모시고 사는 즐거움을 아니 믿음이 소중함도 알게 된다.
세상에서 주님을 모시고 살려면 먼저 주님 말씀을 들어야 한다. 주님 말씀 안으로 들어가려면 진실한 믿음이 되어야 하고 주님 말씀이 믿음으로 열려야 한다.
세상 삶의 모든 일을 주님 손에 올려드리는 믿음은 진실한 삶으로만 된다. 세상 어떤 문제가 와도 마음이 편안해지려면 주님 말씀을 믿는 믿음이 되어야 한다.

"하나님의 도는 완전하고 여호와의 말씀은 순수하니 그는 자기에게 피하는 모든 자의 방패시로다" – 시 18:30

진리이신 주님

주님을 아는 사람은 세상만사도 주님이 하신다는 것을 안다. 그것을 아는 사람은 믿음이 아니면 아무것도 할 수 없다고 고백을 한다. 성도는 모든 문제를 마음대로 결정하면 안 된다. 주님께 삶의 주권과 의사결정을 맡겨야 한다. 그리고 어떤 일이든지 잘 되면 잘 되는 대로 안되면 안되는 대로 주님 뜻으로 받아야 한다.

여기에 오기까지 믿음은 오래 걸리지만 믿음의 폭과 양은 사람마다 각각 다르게 나타난다. 삶 속에서 어떤 일이 생겨도 믿음이 오면 그것이 인생에 큰 소망이 된다.

믿음이란 주님 말씀대로 사는 삶을 말한다.

주님 말씀을 알지 못하면 성경 말씀대로 살아가야 한다. "나는 선한 목자라 선한 목자는 양들을 위하여 목숨을 버리거니와"(요 10:11)라는 말씀만이 그 믿음을 주님께 인도해 준다. 주님이 삶에 목자가 되어만 주시면 세상에 그 어떤 어려움이 와도 다 극복하게 된다.

성도는 주님의 어린 양이다. 어린 양은 목자 되신 주님을 주인으로 믿고 따라가야 한다. 믿음이 어려서 주님이 목자가 되심을 모르는 사람은 마음대로 다니다가 다친다. 그러나 주님만이 참 진리라는 사실을 깨달은 사람은 주님 말씀을 잘 들어야 한다.

"진실로 진실로 너희에게 이르노니 죽은 자들이 하나님의 아들의 음성을 들을 때가 오나니 곧 이 때라 듣는 자는 살아나리라" – 요 5:25

229

지혜이신 주님

예전에는 모든 것을 세상 지식에 좌우해 결정했다.
그러나 지금은 믿음의 지혜로 결정해야 한다. 사람 관계도 모든 문제도 믿음의 지혜로 결정하는 일은 매우 안전한 삶이 된다. 인생 삶의 의사결정을 주님께 맡기지 못하면 믿음이 자라는 길도 나타나지 않는다. 믿음은 주님을 순종해야 열리는데 이 순종을 모르는 사람은 주님 은혜도 열리지 않는다. 그리고 모든 일을 주님께 맡길 줄 아는 사람은 주님을 따라가야 한다.
그 믿음으로 가는 도상에서 경험하는 주님의 지혜는 세상 모든 것을 넘고도 남는다.

믿음의 심지가 견고한 사람은 세상 이치를 따라가지 않는다. 믿음이 되려면 이 세상 헛되고 헛된 것에 마음을 두지 말아야 한다. 주님을 아는 지혜가 오면 모든 일도 잘 된다는 믿음이 삶에 기쁨이 된다.
믿음으로 살려면 주님 지혜로 나아가야 한다.
육신을 믿고 세상만 아는 것이 아니라 주님을 아는 지혜로 나아가야 한다. 주님을 아는 지혜가 그를 믿음 안으로 이끌어만 주면 세상 신념도 능력도 다 아니라는 것을 안다. 이 믿음 안에 오는 지혜는 주님 안에서만 가능하다는 것을 아는 사람은 이 지혜의 주님을 붙들어야 한다.

"지혜자의 마음은 초상집에 있으되 우매한 자의 마음은 혼인집에 있느니라" – 전 7:4

사랑이신 주님

세상 삶은 만남과 헤어짐의 연속이다. 그리고 그의 인간 관계가 어떤지 알려면 매우 오래 걸린다.
세상은 사람에 따라 각양각색의 특성을 보이기에 매사를 잘 분별해야 한다. 그러나 자신이 큰 죄인이라는 사실을 아는 사람은 세상에 너무 집착하면 안 된다.
사람이 세상만 안다면 믿음은 성장으로 나아가지 못하고 믿음도 육신의 유익으로 나아간다면 믿음의 길은 열리지 않는다. 세상 문제 해결에 목숨을 걸면 믿음도 은혜도 막혀서 소멸해 버린다.

믿음으로 살려면 사람을 사랑해야 하는데 사랑 없는 관계는 오래가지 못한다. 빈 사랑이 길지 못함을 아는 사람은 진실하게 사람을 사랑해야 한다.
사람 관계도 사랑이 부족하면 오래 지속되지 못하는 것을 안다면 매사에 사랑으로 나아가야 한다. 아무리 말을 잘하고 일을 잘해도 사랑이 없으면 사람 관계는 다 끊어진다. 이 세상을 살아가는 방법은 사랑이고 사람을 사귀는 것도 사랑이 필요하다.
사람이 주님을 믿으려면 주님을 진심으로 사랑해야 한다. 마음이 없는 빈말과 사랑이 없는 빈 마음은 소리만 울리는 꽹과리 같은 텅 빈 삶이 된다. 이것을 아는 사람은 주님을 사랑하는 삶이 되어야 한다.

"내가 사람의 방언과 천사의 말을 할지라도 사랑이 없으면 소리 나는 구리와 울리는 꽹과리가 되고" – 고전 13:1

231

믿음의 길

오늘 하루도 믿음으로 시작하려면 그 삶의 우선순위에 주님을 두어야 한다. 매사에 믿음으로 나아가면 마음이 편해지는 이것이 믿음 안에서 오는 은혜가 된다. 그리고 끊임없이 주님을 붙드는 것은 주님이 어떤 분인지를 알기 때문이다.
사람이 주님을 믿으면 되는데 그 믿음이 안된다는 것의 원인은 믿음이 어려서다. 그러나 성도는 그 어디를 가도 무엇을 보아도 주님을 생각하는 이것이 은혜가 된다. 이런 신비하고 이면적인 길을 혼자 가라고 하면 누구나 가지 못한다. 그리고 주님을 믿지 못하게 방해하는 세상 유혹을 안다면 주님을 굳게 붙들어야 한다.

믿음 안에서 보는 육신은 얼마나 약한지 말로 표현이 안 된다. 그 육신의 약함을 아는 일이 바로 주님을 붙드는 기회가 된다. 그리고 믿음을 붙들기만 하면 믿음의 유익이 무엇인지 다 안다. 그러나 돌아보면 사람은 다 혼자로 이 혼자 사는 길이 주님이 원하시는 길이라면 그대로 순종해야 한다.
믿음의 길은 더욱 신비해서 혼자 사는 사람을 주님은 외면하지 않으신다. 그리고 홀로 주님을 바라보는 일이 영혼을 살린다. 믿음은 외롭고 힘든 길이나 주님을 믿으면 주님 은혜로 사는 길이 열림이 생애에 큰 기쁨이라는 것을 깨닫는다.

"믿음이 연약한 자를 너희가 받되 그의 의견을 비판하지 말라 어떤 사람은 모든 것을 먹을 만한 믿음이 있고 믿음이 연약한 자는 채소만 먹느니라" – 롬 14:1-2

사랑의 길

그 인생 가는 길은 매우 신비하나 그 인생은 사람 마음대로 되지 않는다. 그리고 그 인생이 주님을 알려면 바른 믿음이 되어야 한다. 성도가 믿음으로 맛보는 주님 사랑은 세상 그 무엇에도 비교가 되지 않는다. 그냥 주님을 믿으면 된다는 간단한 말 속에 믿음의 깊은 뜻이 들어있음을 아는 사람은 믿음을 붙든다. 주님 안에서 경험하는 신비한 사랑은 그 무엇으로도 표현이 안된다. 주님을 믿는 길에 들어오는 주님 사랑은 사람을 사랑하신다는 의미가 들어있다.

주님은 사랑이시다. 세상도 사람도 변하나 사랑의 주님은 변함이 없으시다. 주님 사랑은 그 믿음에 따라 폭과 깊이가 다르게 나타난다. 그러나 주님 사랑이 온몸을 감싸는 순간만 오면 영혼은 하늘을 나는 새와 같이 높이 솟아오른다. 주님이 목숨까지 희생하시면서 주시는 주님 사랑은 세상을 다 주고도 얻을 수 없는 큰 보화가 된다. 성도가 주님 사랑을 경험하면 주님 사랑은 신비하게 맛보는 사랑의 극치가 된다.
믿음 안에서 맛보는 신비한 주님 사랑은 영혼과 몸을 살리고 생명을 살리고도 남는다. 이런 사실을 아는 사람은 자신의 모든 것을 다 허비해서도 주님을 따르려고 애를 쓰는 삶이 믿음 안에 사는 영광된 길이 된다.

"누가 우리를 그리스도의 사랑에서 끊으리요 환난이나 곤고나 박해나 기근이나 적신이나 위험이나 칼이랴" – 롬 8:35

233

생명의 길

생명을 구원하는 길은 주님 안에서만 찾을 수 있다.
주님은 세상에서 맛볼 수 없는 귀한 생명을 맛보여 주신다. 주님 생명을 아는 사람이 주님 생명이 그 삶에 영향을 미치기만 하면 온몸이 건강해지는 경험 속에 주님 크신 사랑을 깨닫게 된다. 검은 죄로 죽었던 사람이 주님 생명으로 살아진다는 것은 놀라운 기적이 된다.
주님이 주시는 은혜의 선물이 바로 주님 생명이다.
이 생명을 소유한 사람은 주님 안에서 주님 생명이 자라가야 한다. 그리고 믿음이 자란다는 의미는 주님이 사람 안에 들어오시어 주님의 생명으로 살아짐을 아는 것이다.

예배만 드리면 마음에 오는 편안함도 주님이 주시는 생명 때문이다. 주님 생명 맛이 얼마나 좋은지 아는 사람은 주님 은혜를 사모하면서 주님 앞으로 나아가야 한다. 믿음 안에 주님 생명이 안으로 들어만 오면 이 생명은 주님 것임을 안다. 주님 은혜를 아는 사람은 믿기 이전의 삶이 얼마나 헛된지를 잘 안다.
믿음을 모르고 무지하게 살아온 지난날을 아는 사람은 그 인생 모든 일도 주님께 전적으로 맡겨야 한다. 사망에서 생명으로 들어가는 그 믿음이 주님과 사랑의 관계로 맺어지려면 주님의 생명(신 30:20) 안으로 계속 이끌림을 받아야 한다.

"공의와 인자를 따라 구하는 자는 생명과 공의와 영광을 얻느니라" – 잠 21:21

은밀한 길

주님 은혜가 깊어져 영혼이 충족되면 자족하는 믿음으로 나아가야 한다. 믿음은 주님과 은밀한 교제 속에서 영혼이 충족만 되면 믿음만이 참되다는 것을 안다. 성도가 주님의 은밀한 은혜를 모른다면 믿음을 다시 생각해 보아야 한다.
그러나 믿음도 주님이 주셔야 하고 은밀한 길에서 만나는 주님을 모르면 믿음도 무엇인지 알지 못한다. 주님과 깊은 사귐 안으로 들어간 사람이 주님의 은밀하신 은혜 맛을 알면 믿음이 무엇을 말하는지 다 안다.

믿음의 은밀함을 아는 사람은 이 은혜에서 떨어질 것을 늘 두렵게 여긴다. 주님을 향한 은밀한 믿음이 되면 모든 것을 주님께 맡겨야 한다. 은혜도 믿음도 영으로 몸의 행실을 다스리는 믿음이 되려면 주님을 의지해야 한다. 세상 육신은 반드시 죽어도 영으로 몸의 행실을 죽이면 사는 길이 열린다. 이 주님의 은밀한 은혜의 풍성함을 아는 사람은 영혼의 기쁨과 희락이 무엇인지 아니 주님을 붙든다.
이런 믿음을 모르는 사람은 지금이라도 속히 은밀한 믿음 안으로 들어가기를 원해야 한다. 그리고 주님께 마음을 드리면 은밀한 은혜로 사는 날이 돌아온다는 것 또한 기대해야 한다.

"너희가 육신대로 살면 반드시 죽을 것이로되 영으로써 몸의 행실을 죽이면 살리니"
– 롬 8:13

235

평강의 길

은혜가 깊어진 사람은 주님 안에서 편히 쉰다.
주님 평강이 마음에 들어만 오면 세상 근심도 다 눈 녹듯 사라진다. 죄가 아닌 것이 없는 곳에 주님 평강이 들어오면 마음이 편안해진다. 믿음만 되면 모든 잡념도 다 사탄이 주는 어둠의 술수임을 알게 된다.
믿음으로 죄와 어둠을 물리친 후 주님 평강이 안으로 들어온 사람은 영혼도 해처럼 밝게 빛난다. 믿음의 은택으로 살아난 사람은 마음 성전도 바르게 세워져 그 안에 주님이 들어오시기만 하면 주님과 같이 사는 행복한 삶이 된다.

믿음으로 살려면 육신 안의 추함을 보고 추한 것들을 믿음으로 떠나보내야 한다. 사람이 마음을 깨끗이 하려면 무수한 과정을 거쳐야 한다. 마음에 쓴 뿌리를 뽑아낸 자리를 주님 은혜로 채워야 한다. 바른 믿음이 되려면 육신의 곧고 옳고 높아진 불의한 것들을 믿음으로 처리해야 한다.
이 마음처리 과정을 통하여 마음을 깨끗이 만드는 일은 그리 쉬운 일이 아니다. 사람이 신령한 복을 받으려면 반드시 마음을 처리해야지 믿음은 그냥 되지 않는다. 폭풍이 지나간 후에 향기로운 에덴동산 같은 행복한 평강은 혼탁한 마음을 처리한 후에 들어오는 참된 믿음으로만 가능하다.

"그리스도의 평강이 너희 마음을 주장하게 하라 너희는 평강을 위하여 한 몸으로 부르심을 받았나니 너희는 또한 감사하는 자가 되라" – 골 3:15

믿음과 사랑

온종일 주님을 떠올리는 순간은 믿음을 성장으로 이끈다.
그러나 마음과 생각이 복잡하면 주님은 그곳에 들어오시지 못한다. 믿음이 되려면 주님을 생각하는 일이 사람을 편안하게 해준다. 그 인생에 주님 사랑이 안으로 들어와 마음과 영혼을 살린다면 믿음은 매우 귀한 것이다.
믿음으로 주님 사랑이 채워진 사람은 주님 사랑을 늘 유지하려고 애써야 한다. 그리고 주님 사랑으로 사는 비결을 아니 항상 은혜로운 삶이 되어야 한다. 주님을 믿는 믿음 자체가 큰 복임을 아는 사람은 이 믿음을 붙들어야 한다.

사는 동안 주님 사랑을 받고 주님을 사랑(신 7:9)함으로 사는 것이란 신비한 복이 된다. 세상에는 많은 종교와 신이 있지만 진정한 신이신 우주 만물 창조자이신 하나님을 사랑하는 믿음은 놀라운 기적이 된다.
이런 기적 같은 삶이 바로 믿음 안에 오는 복이다. 그러나 믿기 이전 무익한 육신을 믿고 산 그날이 있기에 지금의 믿음이 귀하다는 것을 안다.
믿음과 사랑은 주님이 주시나 성도는 주님을 사랑해야 한다. 주님을 구하고 찾는 사람에게 주시는 사랑의 선물은 무엇으로도 표현할 길 없이 많다. 이것을 아는 성도는 끝까지 주님을 사랑하는 마음으로 살아가야 한다.

"그리스도 예수 안에서는 할례나 무할례나 효력이 없으되 사랑으로써 역사하는 믿음뿐이니라" – 갈 5:6

믿음으로 동행

성도는 잘 믿다가 어느 한고비만 넘어가면 내주 내재의 주님을 경험한다. 믿음이 여기에 이르는 과정은 진실한 믿음으로만 된다. 그러나 많이 애를 써도 그 안되는 믿음을 본다면 많이 노력해야 한다. 그리고 성도가 주님을 붙드는 믿음은 매우 귀하다. 사람이 주님 이름을 부르면서 주님께 달려가는 일은 바른 믿음으로만 된다. 아무리 하고 싶어도 안되는 주님과 동행하는 믿음은 또한 믿음이 자라야 한다. 믿음은 주님과 동행하는 사람에게 주님은 그의 믿음을 보시고 신령한 은혜를 부어주신다.

주님과 동행하는 믿음을 주님은 알아주신다.
주님이 주시는 은혜의 물 한 모금만 마셔도 살 것 같은 마음은 진실한 믿음으로만 된다. 세상은 매사를 육신의 힘으로 하려고 하지만 믿음이 올라가려면 주님과 동행해야 한다. 그리고 마음이 편해지면서 주님으로 만족하고 기쁜 삶이 된다면 이것이 주님과 동행하는 믿음이 된다. 육신과 세상이 다 헛되다는 것을 아는 사람은 주님과 동행하는 믿음의 귀함을 안다. 주님을 바라보면 주님의 어떠하심도 아는 사람은 헛된 세상을 찾아다니지 않는다.
믿음이 육신의 힘으로 되지 못함을 아는 사람은 주님과 동행하는 믿음이 무엇인지 아니 매사를 잘 분별해야 한다.

"나를 보내신 이가 나와 함께 하시도다 나는 항상 그가 기뻐하시는 일을 행하므로 나를 혼자 두지 아니하셨느니라" – 요 8:29

믿음의 날개

사람은 새를 부러워한다.
그 이유는 푸른 하늘을 마음대로 날아다닐 수 있기 때문이다. 성도도 때로는 하늘을 나는 믿음으로 살아가려고 애를 쓴다. 독수리같이 하늘로 날아오르는 꿈을 꾸면서 주님을 앙망한다. 그러나 그의 믿음이 어려 아직 걸음마 수준이라면 어떻게 하나. 어떤 이는 하늘을 오르는 믿음으로 사는데 어떤 이는 땅을 짚어도 바르게 서지 못하는 믿음이라면 어떻게 해야 하는지…. 믿음은 각자 분량에 따라 다 다르게 나타난다. 만일 사람이 자신을 보는 눈이 열리면 많이 낙심해야 한다. 자신을 보지 못하면 믿음도 몰라서 주님을 붙들지 못하면 어찌해야 하는지 근심이 된다.

주님은 말씀하신다. 나를 따라오려거든 자기를 부인하라고 하신다. 세상과 육신은 전혀 아니라고 부인하는 일은 마음대로 안 된다. 경험에 의하면 극히 작은 일 하나도 육신대로 되지 못함을 아는 사람은 믿음을 붙들어야 한다. 그러나 믿음은 영적이어서인지 사람 마음대로 되지 않는다. 그의 믿음 수준이 걸음마 수준이라면 믿음의 날개가 달릴 그날까지 기다려야 한다.
믿음이 아기 수준이라면 몸이 자라야 걸을 수 있듯이 믿음도 자라야 걷고 달리고 날아다니는 믿음으로 살 때가 돌아온다. 다만 성도는 주님이 해주실 때까지 묵묵히 참고 기다려야 한다.

"오직 여호와를 앙망하는 자는 새 힘을 얻으리니 독수리가 날개치며 올라감 같을 것이요 달음박질하여도 곤비하지 아니하겠고 걸어가도 피곤하지 아니하리로다"
– 사 40:31

239

믿음으로 이김

삶의 의욕이 사라지는 곳에서 붙들 것은 믿음밖에 없다. 고난의 가시덤불 속에서도 의지할 분은 주님 한 분뿐이다. 그 인생 생애의 마지막 고비에서도 붙들 분은 오직 주님 한 분뿐이다. 그런 주님을 생각하면 감사가 되고 눈물이 나는 순간이 오면 주님과 정이 많이 든 것을 알게 된다. 그리고 주님 은혜를 따라가면 인생의 슬픔도 질곡도 다 이겨지니 이것이 삶에 능력이 된다. 믿음은 주님과 같이 사는 삶을 말한다. 믿음 없는 사람은 주님을 생각할 줄 모르나 믿음의 소중함을 아는 사람은 주님을 늘 의지해야 한다.

이 헛된 세상을 어떻게 살았을까 생각하니 믿음의 소중함을 알게 된다. 그리고 주님을 믿은 그날이 없었다면 오늘의 믿음도 없는 것을 안다. 세상은 매우 차갑다. 손해 볼 것 같으면 다 돌아서는 상황에서 할 말은 없으나 다만 거기서 붙든 믿음이 영혼을 살린다. 성도가 믿음이 되려면 사람에게 기대지 말고 섬김으로 가고 섬김으로 끝나야 한다. 주님께 빚을 많이 진 사람은 섬기며 사는 일이 주님께 빚을 갚는 길이라는 것을 안다. 그리고 고난 속에 산 전날의 슬픔은 아직도 마음을 시리게 하나 그 어떤 어려움이 와도 이기는 힘은 오직 주님을 믿는 믿음뿐이다.

"예수께서 하나님의 아들이심을 믿는 자가 아니면 세상을 이기는 자가 누구냐"
– 요일 5:5

믿음으로 예배

거룩한 주일에 교회에 가는 일도 큰 영적 싸움이다.
그러나 주님을 만나는 즐거움으로 교회에 가는 이 일이 은혜가 된다. 주님은 교회에 가는 사람을 기뻐하신다. 나를 기다리고 계실 주님을 생각하면 반드시 교회에 나가서 예배를 드려야 한다. 그리고 주님께 예배드리기 위해 교회에 가는 일은 성도의 의무가 된다.

사람이 진리와 생명이 되시는 주님을 모르면 믿음도 알지 못해서 주님을 잘 믿지 못한다. 힘든 세상을 아는 사람은 생명의 주님을 믿어야 한다. 그러나 주님을 믿는다고 하면서 세상 즐거움을 따라다닌다면 그 믿음을 다시 생각해 보아야 한다.
예배란 한마디로 세상에서 돌아서는 것이고 또 주님 앞으로 나아가는 일을 말한다. 죄에서 바르지 못한 것에 돌아서는 믿음을 모르면 주님을 바르게 믿지 못한다. 사람이 진실한 믿음이 되려면 세상 헛된 것에서 돌아와야 한다.
세상 탐욕과 세상 유익을 도모하는 자리에서 돌아와야 한다. 육신의 유익에서, 세상 죄에서, 옳지 못한 생각에서 돌아가는 믿음이 주님께 드리는 진정한 예배가 된다.

"아버지께 참되게 예배하는 자들은 영과 진리로 예배할 때가 오나니 곧 이 때라 아버지께서는 자기에게 이렇게 예배하는 자들을 찾으시느니라" – 요 4:23

241

말씀의 주님

성도가 믿음이 되려면 주님 말씀을 기뻐해야 한다.
주님 말씀을 읽거나 들을 때 그 느낌은 주님 은혜로만 된다. 주님 말씀을 들으면서 느끼는 주님 은혜를 아는 사람은 더 깊은 말씀 안으로 들어가기 위해 애를 써야 한다. 그리고 주님을 사모하다가 들리는 주님 음성은 신비한 것이 된다.
은은히 말씀하시는 주님을 만나는 기쁨은 그 영향이 얼마나 큰지 그 일이 성도의 생명을 살리고도 남는다. 불시에 들리는 주님 음성은 내가 곧 너를 사랑하신다는 의미다. 그것을 아는 사람은 주님 말씀 안으로 들어가려고 애를 쓰나 주님 음성은 누구나 원한다고 반드시 들리는 것은 아니다.

주님 말씀만이 믿음을 일구는 도구가 된다.
그 이유는 주님은 말씀 자체이시기 때문이다. 성도가 성경 말씀을 읽고 묵상하는 일은 주님 앞으로 나아가는 귀한 시간이 된다. 빈 마음에 말씀을 외우고 채우는 순간은 주님 은혜 안으로 들어가는 첩경이 된다. 텅 비고 공허한 마음을 말씀으로 채우는 일은 믿음이 없으면 안 된다.
믿음에 대한 열정도 믿음을 일구기 위해 힘쓰는 일도 진실한 삶이 되어야 한다. 말씀이 곧 주님 자체라는 것을 안다면 주님 말씀을 믿고 사는 것이 바른 믿음이 된다.

"그러므로 믿음은 들음에서 나며 들음은 그리스도의 말씀으로 말미암았느니라"
– 롬 10:17

말씀 묵상

꾸준히 말씀을 탐독하는 일은 매우 은혜로운 곳으로 믿음을 인도해 준다. 말씀 한 구절 한 구절 소중한 말씀을 묵상하면 그 말씀이 마음을 편하게 해준다.

"너는 또 그것을 네 손목에 매어 기호를 삼으며 네 미간에 붙여 표로 삼고"(신 6:8)라고 하신 말씀대로 살면 그 일이 은혜가 된다. 주님 말씀이 생명이 되어 돌아온다면 말씀은 신비 그 자체가 된다. 오늘도 묵상한 말씀이 불시에 주님 생명으로 들리기만 하면 주님이 살아계심도 알게 된다. 사람들은 세상 현실 속에 살아계신 주님을 믿어야 한다. 사람이 주님을 믿으면 주님 말씀만이 최고 영성의 자리로 그를 인도해 준다.

문자로 보던 말씀이 실제 생명의 말씀으로 듣는 기회가 온다면 천지가 개벽할 정도로 믿음이 바뀐다. 주님 말씀은 영혼과 몸을 풍성하게 만든다. 주님 말씀이 생명이 되어 온몸을 물들인다면 영혼은 하늘을 나는 새와 같이 높이 날아오른다. 이것을 아는 사람은 말씀을 묵상하면서 주님 안으로 들어가려고 애써야 한다. 주님 말씀을 간절하게 사모하는 일이 주님 안으로 들어가는 동기가 된다.

성도의 육신은 이 땅에 사나 영혼은 하늘나라의 백성으로 사는 삶이 되어야 한다. 이 믿음을 아는 사람은 주님 말씀을 늘 묵상하는 삶이 되어야 한다.

"나의 반석이시요 나의 구속자이신 여호와여 내 입의 말과 마음의 묵상이 주님 앞에 열납되기를 원하나이다" – 시 19:14

243

말씀 교훈

믿음이 되려면 말씀을 읽어야 마음에 들어오는 것이지 말씀을 읽지 않으면 안 된다. 사람이 말씀 중심으로 살아가려고 애를 쓴다면 주님은 말씀 안으로 그를 인도해 주신다. 믿음은 단시일에 이루어지지 않는다. 오래 마음을 드려야 하고 오래 인내해야 한다. 그리고 주님 말씀을 들어도 지나가는 말로만 듣는다면 되는 일이 없다.
"하나님의 말씀은 살아 있고 활력이 있어 좌우에 날선 어떤 검보다도 예리하여 혼과 영과 및 관절과 골수를 찔러 쪼개기까지 하며 또 마음의 생각과 뜻을 판단하나니"(히 4:12)라고 한다.

사람이 주님 말씀 교훈 앞에만 가면 육신은 벌거벗은 것 같이 드러난다. 아무리 잘난 사람도 주님 앞에서는 벌거숭이 자체라는 것을 아는 사람은 믿음을 붙든다. 믿음이 자라면 육신의 능력과 지식은 아무것도 아니다. 그러나 주님 말씀 교훈을 은혜로 받으면 마음에 큰 지각변동이 일어난다.
주님의 말씀 교훈(신 4:36)을 깨닫는 것도 말씀을 마음에 간직해야지 그냥 되지 않는다. 말씀 교훈이 생명이 되려면 말씀에 대한 은혜가 와야 한다. 사람이 아무리 말씀 교훈 안으로 들어가려고 애를 써도 주님 말씀은 어려워서 마음대로 되지 않음을 안다면 말씀 교훈을 사모하는 삶이 일상이 되어야 한다.

"여호와의 율법은 완전하여 영혼을 소성시키며 여호와의 증거는 확실하여 우둔한 자를 지혜롭게 하며 여호와의 교훈은 정직하여 마음을 기쁘게 하고 여호와의 계명은 순결하여 눈을 밝게 하시도다" – 시 19:7–8

말씀 지혜

주님 말씀의 위대함과 신비함을 깨달은 사람은 성경 말씀을 읽는다. 말씀을 묵상할 때 말씀 지혜만 오면 말씀의 신비함도 무엇인지 안다. 그러나 성경 말씀을 읽고 행하는 일은 매우 어려운 일이다.

또한 주님은 항상 말씀하시나 들리지 않으면 잘 실천하지 못한다.

주님 말씀이 마음에 들어와서 그대로 순종을 하면 이것이 믿음 성장에 큰 도움이 된다. 그리고 주님을 믿고 주님의 말씀을 따라서 순종하는 믿음은 주님 말씀대로 살아가는 삶을 말한다.

믿음이 어리면 어릴수록 말씀을 의지해야 한다.

믿음은 비록 어려도 주님을 순종하려면 말씀을 많이 들어야 한다. 믿음 안에 오는 은밀한 하나님 지혜를 아는 사람은 이 말씀의 의미를 깨달아야 한다. 주님 말씀을 아는 지혜가 오면 믿음이 주는 유익이 무엇인지 아는 사람은 믿음을 붙든다. 그리고 주님 말씀은 늘 묵상해야지 믿음은 그냥 되지 않는다.

사람이 만일 말씀 순종이 안된다면 믿음이 더 자라기를 기다려야 한다. 사람들은 믿음이 왜 안되냐고 묻지만 믿음이 되려면 말씀 지혜가 와야 한다. 그리고 주님 말씀만이 믿음 안으로 들어가는 참된 지혜가 된다는 것을 삶 속에서 경험해야 한다.

"또 어려서부터 성경을 알았나니 성경은 능히 너로 하여금 그리스도 예수 안에 있는 믿음으로 말미암아 구원에 이르는 지혜가 있게 하느니라" – 딤후 3:15

245

말씀 즉 떡

성경은 성령의 영감을 받아 쓴 책이다.
사람이 성경을 보지만 성경을 마음대로 해석하면 안 된다. 그리고 성경을 적절히 인용하는 것은 좋지만 성경을 마음대로 판단해도 안 된다. 성도 삶이 성경 말씀과 함께하려면 말씀을 많이 읽어야 한다.
주님은 묵상하는 말씀을 통해 사람에게 개인적으로 말씀해 주신다. 주님 말씀을 묵상하면 그 말씀을 통하여 말씀이 무엇인지 깨닫는다. 사람이 바르게 말씀을 묵상하는 능력만 오면 말씀 중심으로 살게 되니 이것이 믿음 안에 오는 큰 힘이 된다.

사람은 매일 밥을 먹지만 주님 말씀인 떡을 먹으려고 하지 않는다. 사람이 말씀 가까이 나아가지 못하는 이유는 믿음이 게을러서다. 믿음이 나태하고 어리면 주님 말씀을 읽지 못한다.
사탄은 사람을 영적으로 혼탁하게 만드나 여기에 잠식당하지 않으려면 말씀으로 무장해야 한다. 믿음은 흑암의 세력에 유혹당하지 않기 위해서라도 말씀을 묵상하면서 말씀 떡을 많이 먹어야 한다. 하나님은 내 생각이 너희 생각과 다르다(사 55:8)고 하신다.
믿음은 육신 생각이 아니라 주님 생각을 따라가야 한다. 오늘도 말씀을 주시는 주님을 안다면 인내하면서 주님이 말씀해 주실 때까지 잠잠히 참아야 한다.

"예수께서 대답하여 이르시되 기록되었으되 사람이 떡으로만 살 것이 아니요 하나님의 입으로부터 나오는 모든 말씀으로 살 것이라 하였느니라 하시니" – 마 4:4

246

삼위일체 하나님

삼위일체 하나님에 대한 확신은 바른 믿음으로만 된다.
삼위일체란 오직 하나님 한 분에 대한 고유한 존재를 나타낸다.
삼위일체는 성부 성자 성령에 대한 심오한 인격과 특성을 드러낸다. 삼위일체 하나님은 세상 논리나 지식으로는 전혀 알 수 없는 신비하신 존재다. 하나님은 인간의 지혜로 체험할 수 있는 분이 아니라 성령 안에서 성령으로 체험해야 한다. 눈으로 볼 수도, 알 수도 없는 하나님은 우주 만물 위에 초월적으로 살아 계신다(초월).
예수님은 하나님과 함께 사람을 위해 사람 마음 안에 계시고 사신다(내주 내재). 하나님의 영이신 성령님은 하나님 권능과 사랑으로 사람 안에 계신다(내재).

사람은 우주 만물의 창조자, 완성자이신 하나님을 믿는다. 하나님 아들을 믿는다는 것은 이 땅에 아들을 보내신 하나님을 믿는다는 의미다. 삼위일체 하나님은 사랑이시다. 사랑이 없는 관계는 단절을 의미한다. 하나님과의 단절이란 즉 사람 영이 하나님과 관계가 끊어짐을 뜻한다. 성도는 하나님 사랑이 깊어질수록 하나님의 크신 사랑을 깨달아야 한다. 그리고 바른 믿음이 되려면 하나님과 같이 사고하고 행동해야 한다.
하나님과의 관계가 사랑의 관계로 맺어진 사람은 삼위일체 하나님을 믿는 진실한 믿음으로 살아가야 한다.

"이스라엘의 왕인 여호와, 이스라엘의 구원자인 만군의 여호와가 이같이 말하노라 나는 처음이요 나는 마지막이라 나 외에 다른 신이 없느니라" – 사 44:6

247

주님이신 하나님

이스라엘 백성은 여호와 하나님을 “아도나이” 곧 “주님”이라고 불렀다. 성도도 전능하신 하나님을 주님이라고 부른다. 성도가 기도할 때도 주님 이름을 부르면서 기도하는 것이 바른 길이 된다. 사람들은 삶의 필요를 위해 주님 이름을 부르나 빈 믿음, 빈 마음이라면 다시 생각해 보아야 한다.
날마다 주님 이름을 불러도 주님이 누구신지 알지 못하면 빈 믿음이 된다. 대부분의 사람은 주님을 경험한 적은 없으나 주님 이름을 부르면 주님은 그를 반드시 기억해 주신다.

사람은 곧 하나님 생명으로 창조된 하나님 피조물이다. 하나님의 피조물인 육신은 조물주이신 하나님 앞으로 나아가야 한다. 그런데 조물주이신 하나님을 사람이 먼저 찾아가는 것이 아니라 조물주이신 주님이 사람에게 먼저 찾아오신다. 그러나 믿음이 적어 주님을 받을 마음 준비가 되지 못하면 주님은 사람 안에 들어오시지 못한다.

하나님은 사람에게 왜 주님 이름을 주셨나? 믿음으로 살아가려면 주님을 자신의 주인으로 모시고 살아야 한다는 의미다. 성도가 주님 이름을 부르는 것은 주님을 주인으로 모시겠다는 믿음의 고백이 된다.

“그런즉 너는 알라 오직 네 하나님 여호와는 하나님이시요 신실하신 하나님이시라 그를 사랑하고 그의 계명을 지키는 자에게는 천 대까지 그의 언약을 이행하시며 인애를 베푸시되” – 신 7:9

248

여호와 하나님

이스라엘은 하나님을 여호와(사 44:6) 하나님으로 부른다.
여호와의 의미는 여호와를 보통 "나는 나다" 또는 "나는 내가 존재하는 곳에 있다"로 번역한다. 창조주 하나님은 단순히 있는 존재를 넘어 살아서 활동하시는 초월적인 존재를 뜻한다. 하나님은 "나는 여호와다" 하심으로 하나님은 스스로 계시는(출 3:14) 분임을 알려 주셨다.
이스라엘 백성은 여호와 하나님이 이스라엘을 도와주시는 분임을 알고 큰 위로를 받았다. 마찬가지로 사람이 하나님을 믿기만 하면 은혜의 하나님을 경험하게 해주신다.

사람 그 인생은 곤하고 아파도 여호와 하나님 임재만 온다면 살아갈 힘이 온다. 창조주 여호와는 세상을 초월해 계시고 동시에 사람을 위해 살아계시면서 사람을 사랑해 주신다.
이런 사실을 알면 믿음의 갭(gap)은 크게 줄어든다.
과거 이스라엘 백성이 불렀던 그 이름 "여호와 하나님"을 지금도 성도는 부른다. 그리고 여호와 하나님의 은혜를 덧입고 사는 이 세상은 여호와 하나님이 살아계신 곳이다. 이 땅에서 사람의 마음과 생각을 지켜주시는 여호와 하나님을 안다면 믿음만이 전부라는 것을 알게 된다.

"그런즉 너는 오늘 위로 하늘에나 아래로 땅에 오직 여호와는 하나님이시요 다른 신이 없는 줄을 알아 명심하고" – 신 4:39

249

은혜의 하나님

하나님은 영원하시고 은혜로운 분이시다.
그러나 이스라엘 백성이 거듭 죄를 지으면서 하나님을 원망한다. 이스라엘이 하나님과 관계가 멀어질 때마다 "이스라엘이여 내가 어찌 너를 버리겠느냐"(호 11:8)라고 하시면서 하나님은 마음 아파하셨다. 이스라엘 백성은 하나님과 사이가 멀어져도 하나님은 이스라엘 백성을 버리지 아니하셨다. 이 땅에서 하나님을 잊고 마음대로 살아가는 사람은 불의한 자식의 모습과 다름이 없다. 그러나 인간의 지성, 인성, 감성 등 모든 인격이 하나님의 형상대로 지음을 받은 사람은 반드시 하나님을 믿어야 한다.

하나님 창조물인 사람이 하나님과 멀어지는 일을 하나님은 매우 슬퍼하신다. 하나님의 사랑은 떠나간 자식이 돌아오기를 기다리시듯(눅 15:11-32) 사람이 속히 돌아오기를 기다리신다.
사람이 극도로 힘들 때 하나님은 마음 형편을 보시고 은혜를 주신다. 때로는 죽을 것 같은 긴박한 처지에 놓여있을 때도 그 괴로움을 보시고 도와주신다. 항상 은혜로우신 하나님은 어떤 상황 속에서도 사람과 함께해 주신다. 세상 그 인생 삶의 소망이란 과연 무엇인가? 성도가 왜 세상 고난 때문에 좌절감을 느껴야 하는지, 이 낮은 감정을 무릅쓰고 하나님을 향해 달려가는 믿음이 은혜의 하나님을 찾아가는 거룩한 길이 된다.

"주 예수의 은혜가 모든 자들에게 있을지어다 아멘" – 계 22:21

사랑의 하나님

이스라엘 백성에게 하나님은 능력 많고 강하신 분으로 나타난다. 전능자란 뜻은 하나님은 모든 것을 다 하실 수 있는 분임을 뜻한다. 세상 가장 연약한 육신이 전능하신 하나님을 찾아가는 일은 매우 거룩한 길이 된다.
먼 옛날 옛적 이스라엘은 하나님을 찾아가 제물을 바치면서 하나님께 보호받으려고 했다. 그러나 구약시대 이스라엘은 무수한 제물을 바쳐도 하나님은 기뻐하지 않으셨다. 그 이유는 하나님을 믿어도 마음에 없는 형식적이고 규범적인 예배는 하나님 마음에 기쁨이 되지 못하시기 때문이다.

사랑만이 모든 것을 능가한다. 사랑과 전능의 힘으로 하나님은 세상을 창조하셨다. 세상을 다스리는 힘은 하나님의 전능과 주님이 몸 버려 희생하신 사랑만이 큰 힘이 된다.
사람은 세상에서 사랑을 받으려고 애쓰나 참된 사랑은 하나님 안에서 발견해야 한다. 하나님 안에서 발견된 사랑이 바로 진정한 하나님을 믿는 믿음의 근거가 되어야 한다. 따라서 신약은 사랑의 주님께 초점을 맞추고 하나님 전능의 힘은 하나님이 사랑 되심을 말한다. 세상 모든 죄를 사해주고 이기는 힘은 오직 하나님의 크신 사랑 하나뿐이다.

"하나님이 우리를 사랑하시는 사랑을 우리가 알고 믿었노니 하나님은 사랑이시라 사랑 안에 거하는 자는 하나님 안에 거하고 하나님도 그의 안에 거하시느니라"
– 요일 4:16

선하신 하나님

하나님은 자비로우시고 선하시다.
하나님의 선하심은 만물을 창조하신 후에 좋다고 하신 말씀에서 그 원인을 찾는다. 우주 만물은 하나님 생명이 들어있기 때문에 다 선해 보인다. 하나님은 사람이 악해도 선해도 똑같이 햇빛과 공기와 수분을 공급해 주신다. 사람이 불의하게 살아도 선악 간에 모든 사람을 끌어안으시는 하나님을 아는 사람은 하나님 없이 마음대로 살아가면 안 된다.
하나님은 선과 악을 판별하고 결정하는 의지와 감정을 주셨다. 믿음이 되려면 선과 악이 무엇을 의미하는지 판별이 되어야 한다.

하나님의 그 선하심을 안다면 불평과 불만으로 가면 안 된다. 불평불만이 많은 사람은 가나안에 들어가지 못하고 광야에서 다 죽었다. 극히 작은 것 하나에도 참지 못하고 화를 낸다면 바람에 불려 다니는 검불과 같은 존재가 된다. 그리고 믿음이 매우 부족함을 아는 사람은 하나님을 경외하는 삶으로 나아가야 한다.
하나님이 마음 안에 들어오시면 믿음으로 선하게 사는 날이 돌아온다. 늘 선하신 하나님을 바라만 보면 마음도 선해지면서 선하게 살게 된다. 성도가 흑암의 어둠의 세력과 하는 싸움이 바로 선하신 하나님께 영광 돌리는 길이 된다.

"너희는 여호와의 선하심을 맛보아 알지어다 그에게 피하는 자는 복이 있도다"
– 시 34:8

252

생명의 하나님

하나님은 생명이시다.
하나님이 생명이 되신다는 것은 사람이 하나님 생명을 누리며 살아감을 의미한다. 하나님 은혜를 누린다는 것은 하나님의 생명을 누린다는 뜻이다. 하나님 생명은 온 천지에 충만하다. 그 위대한 자연 속에서 그것을 보고 감탄하는 것이란 하나님 생명이 그 안에 들어있음을 알기 때문이다.
사람이 믿음으로 하나님과 관계를 맺는다면 그것은 사랑과 생명적인 관계를 의미한다. 믿음으로 하나님의 거룩한 생명을 받아 사는 삶이 되면 믿음의 의미가 무엇인지 조금은 알게 된다.

하나님 생명으로 충만하면 세상 죄로 죽은 영혼은 급속하게 깨어난다. 충만하신 하나님 생명을 소유한 사람은 하나님 생명을 받아 살아가니 영혼에 곤비함이 없다. 믿음으로 하나님과 생명적인 관계를 체험한 사람은 하나님께 사랑을 받는다. 사람이 하나님을 믿으면 하나님의 생명이 안으로 들어온다.

믿음으로 하나님 생명이 열매 맺기까지 성장, 성숙으로 나아가는 것이 바른 믿음이다. 하나님은 성도에게 하나님 생명을 공급해 주시면서 모든 죄를 이기고 살아가라고 말씀해 주신다.

"네 하나님 여호와를 사랑하고 그의 말씀을 청종하며 또 그를 의지하라 그는 네 생명이시요 네 장수이시니 여호와께서 네 조상 아브라함과 이삭과 야곱에게 주리라고 맹세하신 땅에 네가 거주하리라" – 신 30:20

253

하늘의 하나님

사람들은 하나님을 지극히 높은데 계시는 하늘의 하나님이라고 표현한다. 하늘에 계신 하나님은 인간의 지혜나 어떤 능력으로도 도달할 수 없는 영원한 초월자로서의 하나님을 의미한다. 하늘에도 땅에도 계신 하나님은 사람의 아버지가 되어주신다. 하늘에 계신 하나님은 땅에도 계시니 이 땅을 사는 동안 사람은 하나님을 믿어야 한다. 이 땅은 매우 중요한 곳으로 이 땅을 떠나서는 도저히 하나님을 체험하지 못한다. 성도는 이 땅에서 하나님을 믿으면서 그의 믿음이 자라가야 한다.

이 세상은 하나님을 만나는 유일한 장소다. 하늘에 계신 하나님은 가장 연약하고 보일 것 없는 지극히 작은 자(마 25:40) 안에서 체험이 되어야 한다. 하나님을 만나는 장소는 거룩한 성전만이 아니라 세상 어느 곳이나 하나님을 만나는 장소가 된다. 이 세상 그 누구도 하나님을 본 사람이 없는 하나님은 만물 안에 깊이 숨어 계신다.
그런 하나님을 아는 믿음이 그의 영혼을 은혜로운 곳으로 이끌어 준다. 그리고 하나님이 원하시는 것이 무엇인지, 기뻐하시는 것이 무엇인지 분별하면서 하늘의 하나님 앞으로 나아가는 믿음이 그의 생명을 살린다.

"하늘에서는 주 외에 누가 내게 있으리요 땅에서는 주 밖에 내가 사모할 이 없나이다"
– 시 73:25

찬양의 하나님

성도는 아름다운 가사와 곡조로 하나님을 향해 찬양을 드린다. 믿음으로 하나님께 찬양만 드리면 답답한 마음도 싱싱하게 살아난다. 온 마음으로 하나님께 드리는 찬양은 믿음에 대한 확신을 더해준다. 이 찬양은 하나님을 향해 마음을 여는 동기가 된다. 그리고 찬양을 통하여 하나님께 마음을 드리면 마음에 기쁨이 오고 영혼도 하늘을 뛰어오른다. 그리고 전심으로 찬양을 드릴 때 오는 하나님 임재의 경험은 그 드리는 찬양을 하나님이 기뻐하신다는 의미가 된다. 하나님을 향하여 드리는 은혜의 찬양은 영혼이 하나님 사랑으로 충족되고도 남는다.

하나님께 드리는 찬양(렘 17:14)의 기쁨으로 사는 사람은 믿음도 깊어진다. 찬양할 때 들어오는 하나님 은혜는 마음을 기쁘게 한다. 그의 믿음이 찬양 안에서 하나님과 일치되는 마음은 바로 하나님과 동행하는 일이 된다. 사람이 찬양으로 나아가면 하나님이 같이 해주신다는 믿음이 영혼을 살린다. 그리고 하나님께 찬양을 드리는 순간은 하나님과 하나 되는 순간이 된다.

이 믿음을 아는 사람은 늘 찬양함으로 하나님 사랑이 마음 안에 스며들면서 그 드리는 찬양은 영혼을 하나님께 이끄는 큰 힘이 된다.

"호흡이 있는 자마다 여호와를 찬양할지어다 할렐루야" – 시 150:6

255

겸손의 의미

겸손은 반드시 믿음으로 갖추어야 할 덕목이다.
겸손한 사람을 만날 때 마음이 편해지면 겸손이 좋은 줄 안다. 그러나 겸손도 믿음으로 되어야지 육신의 힘으로 되면 안 된다. 겸손이란 바로 믿음 안에 오는 풍성한 내적 열매가 된다. 이 겸손이 만약 인위적이라면 겸손의 외양은 그럴듯해 보여도 그것이 아니라는 것을 안다.
사람도 겸손한 마음이 되려면 그 일은 육신의 힘으로 되지 못한다. 그의 믿음이 성장, 성숙 안에 들어오는 겸손은 주님 은혜로만 된다.

겸손이란 영적 성장 안에서 오는 내적 열매가 된다.
믿음으로 마음이 낮아진 사람은 겸손으로 세워진 낮은 존재로 살아가야 한다. 육신의 어떠함을 아는 사람은 겸손하려고 애쓰나 마음이 겸손하게 낮아지는 길은 바른 믿음으로만 가능하다. 믿음이 온 후 내면 저변에서 이루어지는 천지가 개벽할 정도로 크고 큰 심령의 지각변동 속에서 오는 겸손은 바른 믿음이 되어야 한다.
믿음으로 죄의 쓰레기를 비워내고 씻어낸 자리에 들어오는 겸손의 열매는 참된 믿음으로만 된다. 사람이 회개함으로 마음이 낮아진 자리에 임하는 겸손은 주님의 선물인 동시에 풍성한 영적 열매가 된다.

"여호와를 경외하는 것은 지혜의 훈계라 겸손은 존귀의 길잡이니라" – 잠 15:33

겸손한 사람

교회는 많은 사람이 모이는 장소다.
그러나 교회도 죄인들의 집합장소라는 것을 아니 믿음 인식이 변한다. 사람이 도적 같은 죄인임을 안다면 믿음은 많이 변해야 한다. 그러나 죄를 판단할 이는 오직 주님이시지 사람이 말할 것이 못 된다. 주님은 어린아이와 같이 자기를 낮추는 사람이 천국에서 큰 자라고 하신다(마 18:4).
육신의 가치를 중요하게 여기는 사람은 육신을 드러내기를 좋아한다. 그러나 주님 말씀을 따라 살려면 낮아져야 한다. 마음이 낮아지고 몸이 낮아지는 힘은 바른 믿음으로만 된다.

사람이 육신의 고유한 특성으로 사는 곳이 바로 이 세상 삶이다. 육신으로 가는 삶은 믿음이 아니면 다 거절해야 한다. 믿음이 아니면 다 아니라는 것을 아는 사람이 육신을 부정하는 곳에는 분쟁도 시기도 일어나지 않는다.

겸손으로 세워지면 자기 자랑, 자기과신, 자기 위엄도 다 내려놓는다. 몸인 육신의 습관과 습성이 믿음이 아니라는 것을 아는 사람은 육신의 힘으로 가는 믿음의 헛됨을 알아야 한다. 그리고 겸손의 띠로 몸을 매는 진실한 믿음만이 거룩한 삶이 된다.

"사람의 마음의 교만은 멸망의 선봉이요 겸손은 존귀의 길잡이니라" – 잠 18:12

257

겸손한 마음

마음이 낮고 겸손한 모습은 사람 눈에는 보이지 않는다.
겸손이 내적 열매인 것만 알아도 사람 눈으로 보려고 하지 말아야 한다. 사람은 그가 겸손해 보이면 겸손한 사람이라고 생각한다. 그러나 세월이 지나면 겸손한 사람인지 아닌지 다 알게 된다. 아무리 겸손하게 보여도 겸손은 사람의 언행으로는 되지 않는다. 겸손이란 마음 낮아짐이고 마음이 낮아진 사람은 겸손하게 행동한다. 성도는 마음과 몸이 서로 합력하여 겸손을 드러내야 한다. 겸손을 몸으로 실천하는 삶은 믿음으로 지향해야 할 거룩한 덕목이다.

묵묵히 믿음의 길로 나아가는 사람은 주님을 의지한다. 육신으로 할 수 있는 일이 아무것도 없음을 아는 사람은 주님을 의지해야 한다. 겸손의 의미가 무엇을 말하는지 아는 사람은 세상이 덧없음을 안다. 육신의 덧없음을 아는 사람은 겸손하게 살 줄 안다. 사람이 겸손하게 모든 것을 비우는 삶은 바른 믿음이 되어야 한다. 믿음으로 마음이 낮아지는 겸손은 마음대로 되지 않는다.
겉으로 보이는 겸손(사 2:17)과 믿음의 열매로 오는 겸손은 전혀 다르다. 믿음이 깊어진 후 오는 낮아지는 마음은 겸손하게 살아가라는 주님의 선물임을 안다면 겸손하게 처신해야 한다.

"사람이 교만하면 낮아지게 되겠고 마음이 겸손하면 영예를 얻으리라" – 잠 29:23

겸손과 인내

겸손은 주님 은혜 안에 오는 영적 열매다.
마음에 숨은 사람이 안정되고 온유해지는 겸손은 낮은 믿음으로 가능하다. 믿음으로 겸손의 미덕이 오면 영적 믿음의 땅은 크게 넓어지나 겸손은 인위적으로 되지 않는다. 믿음으로 쳐들어가는 선악간의 치열한 영적 싸움을 통해서 얻은 겸손이 심령 안에 들어오기만 하면 새롭게 사는 날이 돌아온다.
성도가 많은 신앙 훈련을 거쳐도 마음이 낮아짐이 안되는 이유는 무엇인가? 마음이 겸손하지 못하다는 것은 그의 믿음이 육신 차원 때문이라는 것만 알아도 믿음은 달라져야 한다.

겸손은 낮은 곳으로 마음을 이끌어 간다. 믿음으로 악과 사탄을 물리치는 과정에 겸손한 은혜가 들어온다. 믿음으로 쳐부수고 이긴 후에 마음 저변에서부터 낮아지는 경험은 신비 그 자체가 된다. 주님이 겸손을 선물로 주시는 이유는 겸손하게 살아가라는 응답으로 받는다. 믿음 안에 오는 겸손은 그 무엇으로도 설명하지 못한다. 심령이 낮아진 곳에서 맛보는 주님 은혜의 영광 맛은 무엇으로도 표현하지 못한다.
성도의 믿음과 마음 처리 과정은 멀고 힘들어도 악을 밀어내는 그 인내를 통해서 들어오는 겸손은 믿음 안에 오는 큰 영적 보화가 된다.

"일의 끝이 시작보다 낫고 참는 마음이 교만한 마음보다 나으니" – 전 7:8

259

치유와 평안

기독교 믿음의 핵심은 영적 치유에 있다.
주님은 사람에게 믿음에 대한 필요를 아시고 채워주신다. 그리고 주님 앞에 나아가서 마음 드리면 영혼의 치유를 체험한다. 마음을 드리는 것이 주님께 치유를 받는 순간이라는 사실만 알아도 그 의미는 달라진다. 성도는 믿음 안에서 주님 평안과 믿음에 대한 확신이 와야 한다. 사람이 마음을 드리는 곳에서 오는 평안과 기쁨은 영적 치유를 일으키는 기회가 된다.

주님께 마음을 드리면 치유와 평안이 온다.
성도는 영과 혼과 몸이 치유 받는 기적을 경험해야 한다. 주님께 마음을 드리다가 하나님 은혜를 체험하기만 하면 마음이 평안해진다. 그리고 주님께 모든 죄를 고백하기만 하면 치유의 은혜가 온다. 사람이 주님 평안으로 가득한 경험 속에 온갖 거짓과 분노가 다 떠나가는 것은 바른 믿음으로만 가능하다.

믿음 안에서 성령님 능력으로 사탄이 물러가는 자리에 임하는 평안함이란 믿음 안에 오는 탁월한 치유의 효력이 된다.

"평안을 너희에게 끼치노니 곧 나의 평안을 너희에게 주노라 내가 너희에게 주는 것은 세상이 주는 것과 같지 아니하니라 너희는 마음에 근심하지도 말고 두려워하지도 말라" – 요 14:27

치유와 은총

사람이 주님 앞으로 나아가려면 조용한 곳을 찾아가야 한다. 주님을 만나는 조용한 장소는 들판이나 산천이나 어디든지 다 된다. 그 어디서나 주님께 마음을 드리면 평안을 맛보고 주님 치유를 경험하게 된다. 주님께 마음을 드릴 때 오는 은혜의 경험은 마음을 변화시킨다.
또 주님께 나아갈 때 평안해지는 마음 현실은 매우 신비한 현상이 아닐 수 없다. 사람은 아무리 돌아다녀도 아무 감동도 없으나 주님께 마음을 드리다가 오는 평안은 세상 그 무엇에도 비교가 안된다.

마음 안에서 주님 평안을 맛보는 것이란 주님 은총을 통해서만 가능하다. 사람이 주님 평안 속으로 들어만 가면 믿음이 얼마나 좋은지 알게 된다. 주님은 비천한 사람에게 치유의 은총을 선물로 주신다. 그리고 주님 앞으로 나아가는 그 자체만으로도 치유를 일으키면 주님 은총만이 다라는 것을 안다.

주님 은총은 마음에 치유를 일으키고 주님 은총의 경험은 그 자체가 은혜 안에서 주님을 경험하는 것과 같다. 주님을 믿는 사람은 마음이 안정되고 온유해야 한다. 세상에서 상하고 실패한 육신이 치유를 받고 일어나는 힘은 주님 은총으로만 가능하다.

"이것을 너희에게 이르는 것은 너희로 내 안에서 평안을 누리게 하려 함이라 세상에서는 너희가 환난을 당하나 담대하라 내가 세상을 이기었노라" – 요 16:33

261

치유와 은혜

사람이 주님 말씀을 들으면서 주님 은혜가 오면 마음이 편안해진다. 그리고 무거운 짐을 주님께 맡기기만 하면 마음에 안정을 느낀다. 마음을 드리다가 주님 은혜가 오면 마음에 치유를 경험한다. 주님 은혜로 영혼의 치유를 경험한 사람은 주님을 즐거워한다. 그리고 주님 은혜가 치유로 다가오면 믿음이 매우 좋은 줄 안다.

상한 마음을 치유해 주시려고 이 땅에 오신 주님은 치유의 근원이 되신다. 사람이 치유를 받으려면 세상 검은 죄에서 돌아서야 한다. 죄를 통하여 병이 들어오는 사실을 안다면 정결한 삶이 되어야 한다.

주님 평안은 상한 마음을 치유해 주는 신비한 묘약이 된다.

주님 은혜만이 온 삶을 치유해 주는 신령한 묘약임을 아는 사람은 주님께 나아가야 한다. 성도는 주님만이 완전하시고 능력이 많으신 분이니 주님을 의지해야 한다. 사람이 주님 은혜로 나음을 입기만 하면 건강하게 사는 날이 돌아온다.

우리 육신은 감히 주님 앞으로 나아갈 수 없는 큰 죄인이다. 그러나 주님 은혜를 힘입어 주님 앞으로 나아가기만 하면 주님은 그를 받아주시고 상한 마음을 치유해 주신다. 흉한 죄인을 주님이 품어만 주시면 새롭게 사는 날이 돌아오는 이것이 삶에 큰 기쁨이 된다.

"여호와여 주는 의인에게 복을 주시고 방패로 함 같이 은혜로 그를 호위하시리이다"
– 시 5:12

치유와 사랑

오늘도 사랑(신 30:16)**을** 표현하는 언어로부터 하루가 시작되어야 한다. 믿음이 되려면 주님을 사랑한다고 고백해야 한다. 주님은 사랑이시지만 두려운 하나님이 마음에 각인된 사람은 하나님을 심판하시는 하나님으로 오해해서 하나님을 멀리한다.
그러나 하나님은 친아버지보다 더 친밀한 영의 친아버지로 영적, 육체적 장애를 치료해 주신다. 그것을 아는 사람은 모든 고통을 보시고 치료해 주시는 치유의 하나님께 나아가야 한다.

사람이 하나님께 마음을 드린 후 편안해진다는 것은 치유가 주는 효력이 된다. 하나님은 치유의 아버지시다. 그리고 주님께 나아가기만 하면 주님은 육신의 병과 악을 쫓아 주시고 치료해 주신다. 주님 사랑을 아는 사람은 마음의 병과 고통을 주님께 다 맡겨야 한다.

치유란 말은 전 생애적인 치유, 마음과 영혼을 포함한 온전한 치유를 말한다. 주님은 사람의 육체적, 심리적, 영적 고통을 아시는 분이시다.
육신의 모든 병을 사랑의 주님께 맡기면 그는 주님 치유의 은혜로 다시 살아난다. 영혼과 몸이 치유 받기를 원하는 사람은 주님 사랑 앞으로 나아가서 반드시 치유를 받아야 한다.

"사랑은 오래 참고 사랑은 온유하며 시기하지 아니하며 사랑은 자랑하지 아니하며 교만하지 아니하며" – 고전 13:4

263

치유와 용납

주님이 사람을 치유해 주시는 의미는 모든 죄를 모두 용납해 주신다는 뜻이 들어있다.

주님은 육신의 허물을 용납해 주시고 상한 마음을 치유해 주신다. 사람은 죄인이지만 주님은 그의 죄를 용납해 주신다. 그리고 그동안 주님을 믿지 않은 죄를 용납받기 위해 마음을 여는 것이 치유의 시작이 된다. 성도는 그 죄를 용납해 주시도록 그 죄를 주님 앞에 내놓아야 한다. 사람이 주님을 믿지 않으면 치유의 자리까지 나아가지 못한다. 인간 치유의 문제는 영적인 문제로 이런 문제가 새롭게 정리되어야 믿음도 해결이 난다.

사람이 죄의 문제를 해결하려면 견고한 마음 진이 무너져야 한다. 주님을 믿음으로 마음 진이 무너진다는 것은 육신의 모든 자원이 다 무너진 후 다시 세워지는 믿음을 말한다. 그리고 믿음으로 치유해 주고 치유를 받는 일은 또한 온전한 믿음으로만 된다. 믿음은 남을 용납하기에 앞서 자기 자신의 죄를 스스로 용납해야 한다. 그리고 그동안 서로의 죄를 용납하지 못한 사실도 용납할 수 있어야 한다.

자신을 돌아보고 매사에 부족한 것들도 용납해야 한다. 모든 죄를 서로가 용납함으로 오는 치유의 은혜는 많은 것을 얻고도 남는다.

"누가 누구에게 불만이 있거든 서로 용납하여 피차 용서하되 주께서 너희를 용서하신 것 같이 너희도 그리하고" – 골 3:13

264

치유와 용서

사람은 자신을 사랑하지 못하는 육신을 보아야 한다.
그리고 매사에 부정적인 것에 대한 반감도 돌아보아야 한다. 세상 냉담한 현실을 보고 실망하는 마음도 믿음으로 살펴보아야 한다. 그곳에서 내가 나를 용서하지 못하는데 어떻게 남이 나를 용서해 주는지 보아야 한다. 그리고 사람은 모임에서도 용서가 필요하고 가정에서도 용서가 필요하다. 사람 사이에 오는 상처로 마음이 아파도 자신을 용서한 것 같이 그들을 용서해야 한다. 이 용서하는 마음이 곧 치유를 일으키는 능력이 된다.

효과적인 치유의 핵심은 용서에 있다. 성도는 가장 큰 고통을 준 사람을 용서해야 한다. 자신과 이웃을 용서하지 못하면 주님도 그를 용서하지 않으신다. 주님이 자신을 용서해 주신 것을 믿음으로 받기만 하면 마음 안에서 치유를 일으킨다.
주님의 용서가 무엇인지 안다면 이 용서를 통해 마음 평안을 누려야 한다. 또 내가 나를 용서하고 다른 사람을 용서하기까지는 오래 걸린다. 서로 간에 용서를 통하여 마음에 치유를 일으키는 기적은 진실한 믿음으로 가능하다.
마음의 상처와 극히 작은 슬픔도 다 보시는 주님을 안다면 치유와 용서의 힘으로 다시 일어나는 굳센 믿음이 되어야 한다.

"너희가 사람의 잘못을 용서하면 너희 하늘 아버지께서도 너희 잘못을 용서하시려니와" – 마 6:14

265

치유와 효능

은혜는 성도를 주님께 이끈다.
성도는 은혜를 받으면서 그리스도인의 의미를 되새겨 보아야 한다. 또 성도는 주님 은혜로 믿음에 대한 내적 증거를 가진 사람이다. 내적 증거가 있는 사람은 믿음이 세워지기 위해 청결하게 마음을 유지해야 한다. 어디를 가든지 주님이 나를 아신다는 분명한 믿음을 가지고 나아가야 한다.
주님은 사람을 치료해 주시고 회복된 후 바른 믿음으로 살아가기를 원하신다. 주님 은혜로 치유를 받은 사람은 치유의 효능이 무엇인지 보아야 한다.

믿음은 죄로부터 해방되어 자신이 치료되었다는 사실을 아는 것이다. 믿음의 효능으로 치유된 사람은 이전과 다르게 온전한 믿음으로 살아가야 한다. 성도에게 오는 치유의 에너지는 영혼을 풍성하게 해주는 능력이 된다.

믿음으로 온몸이 온전케 된 사람은 주님 치유로 영혼을 치유받아서 새롭게 살아가야 한다. 믿음 안에 치유의 효능만 오면 기쁘게 사는 날이 돌아온다. 그리고 육신이 주님 능력으로 치유된 사람은 믿음을 키우고 열매 맺는 치유의 효능으로 나아가야 한다.

"젊은 사자는 궁핍하여 주릴지라도 여호와를 찾는 자는 모든 좋은 것에 부족함이 없으리로다" – 시 34:10

고통의 결과

사람은 많은 사건 속에서 힘들게 살아간다.
그리고 낙심하는 자리에서 믿음을 붙든다면 믿음이 좋은 줄 안다. 사람이 세상만 알면 믿음에 열심을 내지 못한다. 사람들은 주님을 잘 믿으려고 하지만 믿음이 바르지 못하니 문제가 된다. 그러나 모든 고통의 문제를 해결해 주시는 분은 주님임을 아는 사람은 주님을 믿어야 한다.
세상 험한 고통 속에 든 사람이 믿음에 전념한다면 새롭게 사는 날이 돌아온다. 고통 속에서 주님께 나아가고 주님을 붙드는 믿음 또한 주님 은혜로 되어야 한다.

사람은 문제가 오면 주님 앞으로 나아간다. 그러나 문제가 해결될 때도 있지만 해결이 안 될 때도 있는 것을 경험하면 모든 주권은 주님 것이어서 마음대로 되지 않는다. 사람이 어떤 고통 앞에서도 상관없이 주님께 나아가기만 하면 마음이 편한 이것이 바로 믿음 안에 오는 치유가 된다. 고통 속에서도 주님을 붙들면 믿음이 성장한다. 그 인생이 주님 사랑을 경험만 하면 고통은 믿음을 성장시키는 원동력이 된다.
고통이 없으면 붙들 수 없는 믿음을 보면 고통 속에 붙든 믿음이 영혼을 살린다. 고통은 결국 축복을 여는 길이라는 것을 아는 사람은 고통도 그리 두려워하지 않게 되는 이것이 참된 믿음이 된다.

"무릇 그리스도 예수 안에서 경건하게 살고자 하는 자는 박해를 받으리라" – 딤후 3:12

267

고통의 하나님

사람을 사랑하려면 고통이 뒤따른다는 사실은 사랑을 해본 사람만이 안다. 그러나 사람은 하나님도 고통을 당하신다는 것을 알지 못한다. 세상 고통이 죄의 결과임을 아는 사람은 거룩하신 하나님께 나아가야 한다. 하나님이 죄인 때문에 희생하신 대가는 너무나 크다. 그 크고 거룩하신 하나님은 자녀를 사랑하시기 때문에 자녀가 아플 때면 같이 고통(렘 10:19)을 당하신다.
주님이 죄인을 사랑하시므로 십자가에 고통을 당하신 것처럼 하나님도 사람과 같이 고통을 당하신다. 고통이란 혼자만이 아니라 서로가 같이 받아야 한다.

다른 사람의 고통은 방관하는 것이 아니라 고통의 사람을 보고 위로하면 고통과 사랑의 관계는 매우 깊다. 그리고 고통 속에 든 사람은 믿음으로 할 일이 무엇인지 새겨보아야 한다.

세상 고통의 사람을 알고 찾아오시는 이는 하나님 한 분임을 경험해야 한다. 사람이 힘들면 하나님도 힘들고 사람이 아프면 하나님도 아파하신다는 동질감이 더 하나님 앞으로 나아가는 동기가 된다. 사람이 아플 때면 나만이 아니라 하나님도 아프신 분임을 아는 사람은 하나님도 고통의 하나님이심을 깨닫는다.

"에브라임은 나의 사랑하는 아들 기뻐하는 자식이 아니냐 내가 그를 책망하여 말할 때마다 깊이 생각하노라 그러므로 그를 위하여 내 창자가 들끓으니 내가 반드시 그를 불쌍히 여기리라 여호와의 말씀이니라" – 렘 31:20

268

고통과 사랑

사람은 살아가다가 종종 고통을 당한다.
세상 고통 중 가장 큰 고통은 주님이 십자가에 달리신 고통이다. 주님도 육신을 입으셨고 인성과 육성을 가진 분이시니 십자가 고통이 힘들지 않을 수 없다. 그것을 아는 사람은 이 고통의 의미를 새겨보아야 한다. 어려운 사람을 멀리하는 세상을 보면 사랑이 없으면 아무것도 하지 못한다. 그러나 십자가의 고통이 생명을 살리는 사랑의 의미가 들어있음을 안다면 주님과 같은 진실한 사랑만이 바른 믿음이 된다.

고통 가운데 사는 현실을 보면 세상은 그리 믿을 것이 못 된다. 냉정한 세상을 보면 소망은 없으나 주님만이 진실한 사랑의 주인이심을 안다. 그리고 주님을 믿는 성도로 사는 일은 매우 어려운 일이나 그 일만이 참된 믿음으로 사는 길이 된다.
남을 위해 허비하고 섬기는 일은 믿음이 되어야 한다. 그 가는 길에 온갖 오해, 시기와 천대가 빈번해도 험한 짐을 지는 신실한 믿음만이 사람을 살린다.
믿음이란 예수 그리스도의 고통에 동참하는 삶을 말한다. 성도는 고통을 없애달라고 할 것이 아니라 고통을 통하여 진정한 사랑의 의미를 깨닫게 되기를 원해야 한다.

"우리는 형제를 사랑함으로 사망에서 옮겨 생명으로 들어간 줄을 알거니와 사랑하지 아니하는 자는 사망에 머물러 있느니라" – 요일 3:14

269

고통의 사람

사람은 선하게 사는데 고통을 당할 때가 있다.
모든 고통도 죄에서 비롯된 것을 아는 사람은 오래 참아야 한다. 이 세상 삶은 고통에서 벗어날 길이 없는 것이 문제가 된다. 그리고 세상 모든 고통도 주님이 아신다는 것을 아니 그 고통도 참아야 한다. 세상 고통 속에 비상 상황이 오면 주님은 그를 고통 속에 버려두지 않으신다. 돌아보면 세상 모든 고통은 주님을 믿지 않은 삶이 근거가 된다. 그리고 고통을 겪으면서 발견한 한 가지 사실은 고통은 벌이 아니라 믿음 안으로 들어가는 입구라는 것을 깨닫는다.

하나님은 세상을 만드실 때 빛과 어둠, 선과 악을 만드셨다.
사람은 빛과 어둠의 양면적인 삶에서 선과 악에서 오는 고통을 당하면서 살아가야 한다. 동전의 양면과 같이 행복과 불행은 세상 삶 곳곳에 존재한다. 그리고 거기서 어느 길로 가야 하는지 하나님은 분명한 길을 보여주신다.
죄인의 길은 사망이요 의인의 길은 생명으로 가는 길이다. 사람은 하나님을 아는 지식이 부족해서 생명 길을 찾아가지 못한다. 그러나 세상 고통 속에서도 하나님을 붙든다면 하나님 은혜로 사는 날이 돌아온다는 것을 믿어야 한다.

"네 악이 너를 징계하겠고 네 반역이 너를 책망할 것이라 그런즉 네 하나님 여호와를 버림과 네 속에 나를 경외함이 없는 것이 악이요 고통인 줄 알라 주 만군의 여호와의 말씀이니라" – 렘 2:19

고통 극복

고통 속에 든 사람은 주님도 고통을 받으신다는 것을 아니 참아야 한다. 주님도 십자가에서 내려오실 수 없듯이 고통의 사람은 이 고통의 자리에서 마음대로 내려오지 못한다. 육신은 고통으로 신음하지만 용납하기 어려운 고통 속에서도 주님을 신뢰하는 믿음이 삶의 용기가 된다. 그리고 고통을 이기는 방법을 주님 십자가 교훈에서 배워야 한다.

믿음은 참고 견딜 뿐만 아니라 극복하는 비결도 주님이 지신 십자가를 보고 극복해야 한다. 죄도 없이 멸시를 받으면서도 끝까지 참으신 주님을 본다면 사람도 이 고통을 믿음으로 이겨내야 한다.

성도는 십자가를 바라보면서 고통의 의미를 되새겨야 한다. 주님은 사람에게 감당할 만큼 시련을 주신다. 그리고 이 고통은 믿음으로 이기라고 주신 숙제임을 아는 사람은 이 고통을 잘 극복해야 한다. 고통 속에 사방이 막혀 숨 쉬는 것조차 어려운 사람이 주님을 바라보면 숨이 쉬어진다. 그 모든 고통을 극복하는 힘은 주님을 믿는 믿음으로만 가능하다.

세상 고통을 넘어가면서 느끼는 것은 주님이 아니고는 살아갈 수 없는 죄인이라는 것을 안다. 세상 그 인생에 고통이 오면 그때는 믿음으로 돌아오라는 주님 뜻으로 받아들여야 한다.

"그러므로 너희는 죄가 너희 죽을 몸을 지배하지 못하게 하여 몸의 사욕에 순종하지 말고" – 롬 6:12

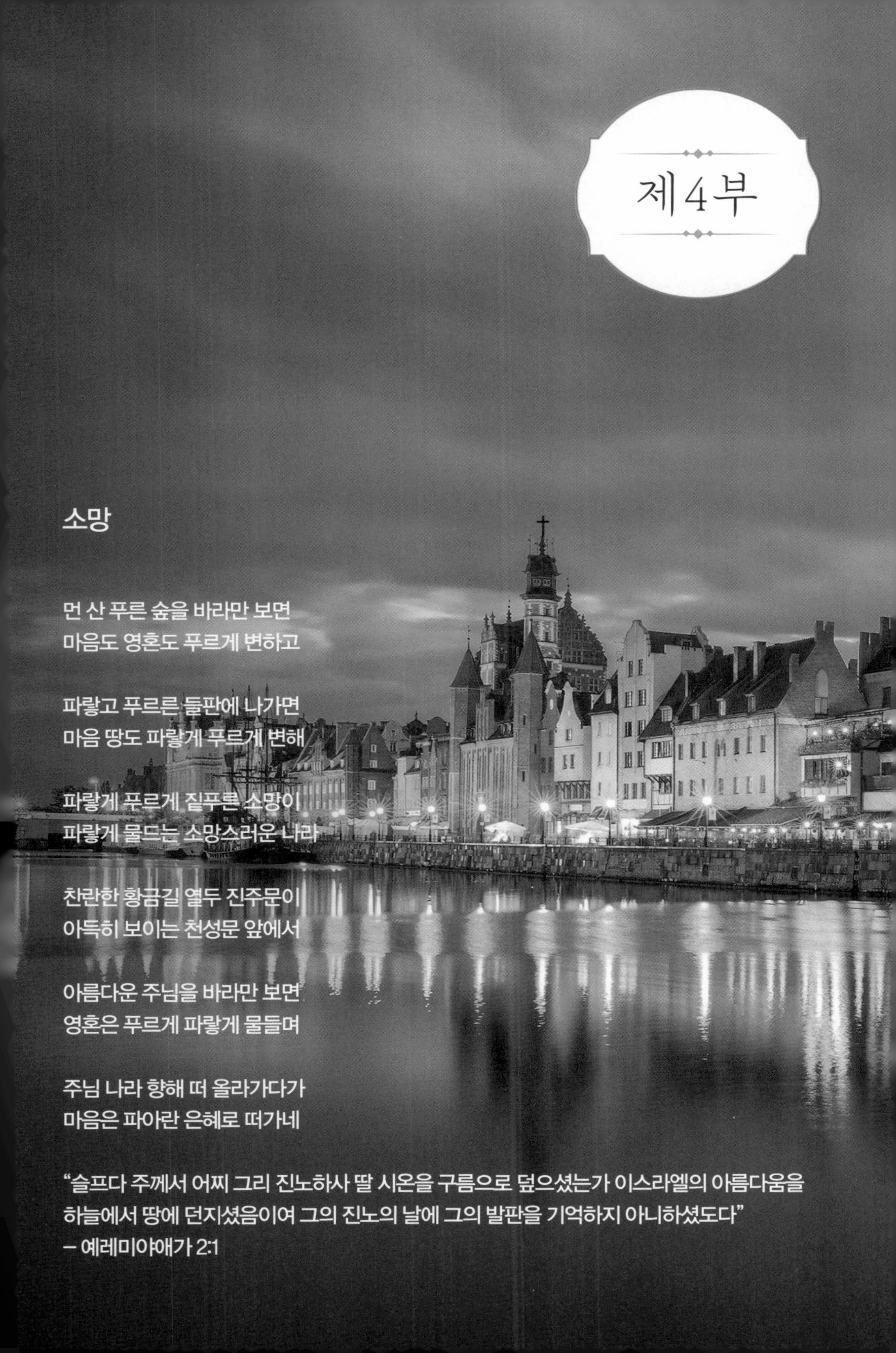

제4부

소망

먼 산 푸른 숲을 바라만 보면
마음도 영혼도 푸르게 변하고

파랗고 푸르른 들판에 나가면
마음 땅도 파랗게 푸르게 변해

파랗게 푸르게 짙푸른 소망이
파랗게 물드는 소망스러운 나라

찬란한 황금길 열두 진주문이
아득히 보이는 천성문 앞에서

아름다운 주님을 바라만 보면
영혼은 푸르게 파랗게 물들며

주님 나라 향해 떠 올라가다가
마음은 파아란 은혜로 떠가네

"슬프다 주께서 어찌 그리 진노하사 딸 시온을 구름으로 덮으셨는가 이스라엘의 아름다움을 하늘에서 땅에 던지셨음이여 그의 진노의 날에 그의 발판을 기억하지 아니하셨도다"
– 예레미야애가 2:1

271

고통 속에 돌아옴

세상은 알게 모르게 사건에 시달리면서 살아가야 한다.
사방에서 밀물같이 밀려드는 사건을 보면 마음은 낙심해야 한다. 세상 근심 걱정 때문에 잠 못 이루는 밤이 오지만 문제는 해결될 기미가 없다는 데 있다. 육신은 온 힘을 다해도 육신의 능력으로 안되는 세상을 본다면 미래에 대한 소망은 사라진다. 비바람에 흔들리는 나뭇가지처럼 마음이 흔들리고 요동할 때면 몸은 사뭇 바람에 추락하는 낙엽과 흡사하다. 그런 경험 속에 몸은 매우 연약한 육신임을 깨닫는다.

아직도 해결되지 못하는 문제 앞에만 오면 세상도 사람도 다 소용이 없음을 느낀다. 세상 실패를 통한 고통이 사람을 낙심하게 하지만 그래도 세상을 따라가지 않는 믿음이 사람을 살린다. 세상과 사람만 알던 사람이 주님이 당하신 고통을 보면서 사람을 의지하는 법을 버리게 된다.
육신은 고통을 당하는 인생 때문에 절망하여 죽을 수밖에 없다. 그러나 힘든 단련(욥 23:10)을 통해 이기는 믿음이 오면 믿음은 고통을 통해서 자란다. 고통이 없으면 자라지 못하는 믿음을 보면 믿음에 대한 인식이 크게 바뀐다. 그리고 믿음을 성장시키려고 오는 고통에 눈을 뜨면, 고통 속에서도 주님께 돌아가는 사람은 이 고통도 감사로 받아야 한다.

"너희가 전에는 양과 같이 길을 잃었더니 이제는 너희 영혼의 목자와 감독 되신 이에게 돌아왔느니라" – 벧전 2:25

272

주님을 찾아감

세상 만물을 보는 사람은 극히 초자연적인 하나님을 의식한다. 단지 광대하시고 위대하신 하나님 앞에만 가면 거룩하신 하나님을 어떻게 경외해야 할지 근심이 된다. 또 저 크고 크신 하나님이 어떻게 이 작고 좁은 사람 안으로 들어오시는지 그 일조차 상상이 안된다. 저 크신 하나님이 사람을 위해 낮추시고 작아지신 주님을 생각하면 감사가 저절로 된다. 특히 주님을 모르는 사람에게 주님이 오신다는 사실은 천지가 개벽하는 큰 기적이 된다. 주님은 비천하고 소외된 사람을 아시고 오시는 분이시다.

사람은 주님을 믿는다. 그런 사람을 아시고 주님이 오신다는 사실은 신비한 일이다. 그 보이지 않는 주님이 마음 안으로 들어오신다는 사실은 신실한 믿음으로만 된다. 하나님은 독생자 예수님을 세상에 보내 주셨다. 그리고 주님 이름을 알려 주시고 마음에 들어오시어 주님 사랑을 맛 보여주신다. 주님은 죄인을 구원하시는 그 대가를 주님 십자가의 피로 갚아 주셨다. 죄인인 사람 대신 핏값을 치르신 주님을 찾아가기만 하면 구원(사 37:20)으로 가는 길이 열린다. 그러나 이 일을 모르는 사람은 믿음을 장식품으로 달고 다니나 믿음을 아는 사람은 주님을 찾아가야 한다.

"하나님이여 주는 나의 하나님이시라 내가 간절히 주를 찾되 물이 없어 마르고 황폐한 땅에서 내 영혼이 주를 갈망하며 내 육체가 주를 앙모하나이다" – 시 63:1

273

주님을 아는 복

세상에서 쓴맛을 볼 때면 믿음의 귀함도 알게 된다.
그리고 주님만이 참 의지라는 것을 아는 사람은 믿음이 좋은 줄 안다. 그러나 사람들은 복을 받으려고 돌아다닌다. 자신이 믿는 신이 어떤 신인지 모르면서 무조건 그 앞에 나아가서 절을 하면서 복을 빈다. 그 모습은 보기에는 좋아 보여도 맹목적인 믿음은 멸망으로 내려가는 길인 줄 알지 못한다.
그 신이 참 신인지 거짓 신인지 알지도 못하면서 따라간다면 구원으로 가는 길은 영원히 열리지 않는다. 세상은 거짓 신으로 가득해서 사람이 참 진리를 찾아가지 못하게 늘 방해를 한다.

사람은 주님을 믿는다. 주님께 마음을 드리면 주님은 아시고 찾아오신다. 사람에게 사랑으로 찾아오시는 주님은 어디에나 살아 계신다. 세상 어디나 계시지 않은 곳이 없으신 주님은 사람 안에 살아 계신다.
마음 안에서 만나는 주님은 사랑 자체가 되신다. 세상 신같이 무섭고 두려운 신이 아니라 인자하고 자비로우신 친아버지가 되신다. 주님을 믿다가 믿음이 철이 든 후에 만나는 주님은 사랑이심을 경험해야 한다.
주님 사랑을 경험한 사람은 모든 보화를 다 주고서도 풍성한 주님 복 안으로 들어가려고 힘써야 한다.

"내가 여호와께 아뢰되 주는 나의 주님이시오니 주 밖에는 나의 복이 없다 하였나이다"
– 시 16:2

274

주님은 사랑

세상은 헛되나 주님 사랑만이 삶의 의지가 되어주신다.

"하나님은 사랑이심이라"(요일 4:8)

크고 크신 하나님이 사람을 향해 사랑한다고 말씀하신다. 사람은 진정한 사랑을 찾아다니나 주님만이 참된 사랑이 되어주신다. 세상은 사람을 사귀면서 정으로 나아가나 성도는 주님 사랑으로 나아가야 한다.

사람이 사랑한다고 아무리 말해도 그 말이 빈말이라는 것은 누구나 다 안다. 사람도 주님을 사랑한다는 말은 매우 잘하나 마음 안에 진실이 묻어나지 않는 사랑은 거짓 사랑이 된다.

사랑이란 말은 매우 아름다운 언어다. 사람이 그 사랑이 안된다는 것은 무엇을 의미하나? 사랑 없는 마음은 냉정해서 아무것도 느끼지 못한다. 그리고 성도는 주님 사랑은 목숨까지 내놓은 참된 사랑이심을 안다. 사람이 주님 사랑을 원한다면 믿음이 없는 사랑은 오래가지 못한다. 주님이 자신을 죽기까지 사랑해 주신다는 이 믿음이 사람을 살린다.

이 세상에서 힘이 들 때면 주님을 바라보는 일이란 매우 큰 힘이 된다. 전혀 무익한 사람을 향하여 조건 없이 오시는 사랑의 주님을 안다면 주님을 믿는 일만이 진정 사랑의 길이라는 것을 알게 된다.

"누구든지 그의 말씀을 지키는 자는 하나님의 사랑이 참으로 그 속에서 온전하게 되었나니 이로써 우리가 그의 안에 있는 줄을 아노라" – 요일 2:5

275

주님은 망대

사람은 생활 속에서 많은 이를 만난다.
그리고 사람을 믿지 못하면 사람 관계도 오래가지 못한다. 세상 육신의 유익으로 나아가면 사람 관계는 멀어진다. 육신의 유익으로 나아가는 사람의 특징은 자기밖에 모른다는 것이다. 그러나 세상에서 믿을 곳이 없는 사람은 믿음의 망대가 되시는 주님을 믿어야 한다.
마음이 상할 때도 찾아가서 기댈 분은 망대가 되시는 주님밖에 없다. 세상에서 어렵고 곤할 때 주님 이름을 부르면 담대하게 살아갈 용기가 난다. 믿음 안에서 육신의 헛됨을 아는 사람은 믿음의 망대가 되시는 주님을 믿어야 한다.

성경은 "네 보물 있는 그 곳에는 네 마음도 있느니라"(마 6:21)라고 한다. 세상 사람은 무엇으로 사는지 모르나 보물처럼 믿음에 목적을 둔 사람은 주님을 마음에 채우면서 살아가야 한다. 주님은 육신의 비천한 곳을 보고 위로해 주시는 삶의 망대가 되어주신다. 그 인생의 외로움을 아는 사람은 망대이신 주님 앞으로 나아가야 한다.
정이 없는 세상에서 병들고 가난하면 자식도 다 떠나간다. 거기서 의지할 망대는 오직 주님 한 분밖에 없다. 그 인생은 고독하고 가난해도 삶의 망대 되시는 주님을 바라보기만 하면 삶에 큰 위로가 된다.

"여호와의 이름은 견고한 망대라 의인은 그리로 달려가서 안전함을 얻느니라"
– 잠 18:10

주님은 은신처

주님은 삶의 은신처가 되어주신다.
주님을 은신처로 삼은 사람은 세상의 어떤 어려움도 이기게 된다. 주님을 은신처로 아는 사람은 그 믿음이 세상 문제 해결 차원으로 내려가면 안 된다.
주님을 은신처로 삼은 사람은 모든 일도 믿음으로 해야지 육신의 힘으로 하면 안 된다. 그의 믿음이 모든 것을 뒤로하지 않으면 주님 은신처에 편히 안주하지 못한다.
믿음으로 모든 것을 비우는 법을 알지 못하면 그의 삶은 주님의 참된 은신처가 되지 못한다.

주님을 은신처로 삼은 사람은 편하게 살아간다.
이런 이면적인 길을 모르고 마음대로 가다가 다치면 인생은 고통을 받는다. 세상에서 그동안 주님을 알지 못하고 산 세월이 얼마나 많은지…. 주님은 그런 사람을 알아주시니 주님만이 참된 사랑이심을 깨닫는다. 그리고 주님을 은신처로 삼은 사람은 세상 어려움도 다 극복할 수 있다.
믿음으로 살아가려면 아주 작은 일 하나도 주님 마음을 알고 해야지 마음대로 하면 안 된다. 그 인생에 주님을 은신처로 삼은 사람은 믿음도 절대 요동하지 말아야 한다.

"주는 나의 은신처요 방패시라 내가 주의 말씀을 바라나이다" – 시 119:114

277

주님을 순종

믿음 안에서 사람이 변한다는 것은 놀라운 일이다.
육신의 힘으로 조금도 변하지 못하는 무능한 사람이 믿음으로 변화를 받아서 순종하는 삶은 믿음이 자라는 근거가 된다. 그리고 감정과 생각과 표정이 굳어지고 삶이 굳어진 사람에게 주님은 오신다.
어둡고 척박한 삶 속으로 주님은 와주신다.
감히 주님을 받을 마음 준비가 안 된 사람을 향하여 오시는 주님은 사랑 그 자체가 되신다. 이 세상 외롭고 곤한 사람을 아시는 주님을 모르면 어떻게 주님을 믿을 수 있는지 의문이 된다.

주님을 의지하는 믿음은 생애의 기쁨이 된다.
돌같이 무감각한 육신을 변화시키는 이는 혈육도 친구도 아니다. 오직 사랑의 주님만이 차갑고 딱딱한 마음을 회복시켜 주신다.
주님만이 세상 전부인 것을 아는 사람은 믿음만이 삶에 큰 기쁨이 되어야 한다. 세상은 일시적이고 죽으면 끝이 난다. 그러나 사람이 주님을 순종하면서 주님을 믿으면 나머지 일은 다 주님이 해결해 주신다. 성도는 마음을 돌이켜 주님을 순종하는 믿음으로 나아가야 한다.

"… 순종이 제사보다 낫고 듣는 것이 숫양의 기름보다 나으니" – 삼상 15:22(하반절)

278

주님을 찬송

주님을 찬송하고 주님께 영광을 돌리는 일은 성도의 도리다. 주님께 찬송을 드리는 삶은 믿음에 중요한 요점이 된다. 사람이 매 순간 주님께 찬송을 드리면 삶에 큰 힘이 된다. 사람이 찬송으로 주님께 나아가는 믿음이 되면 그의 영혼은 매우 푸르고 맑아진다. 수시로 드리는 찬송은 마음과 영혼이 주님을 향하여 활짝 열리는 기회가 된다.
주님을 찬송하는 삶은 사람이 마땅히 해야 할 일이지만 이런 수고를 통하여 드리는 찬송은 그의 영혼을 더 창대한 믿음으로 이끌어 준다.

찬송을 통하여 주님께 드리는 곡조와 가사는 영혼에 큰 울림이 되어 거룩한 곳으로 마음을 인도해 준다. 아름다운 곡조인 천상의 하모니는 죄로 검고 부패한 육신과 영혼을 새롭게 살려주는 기회가 된다.
이 찬송을 통하여 오는 은혜는 그의 영혼을 회복시킨다. 마음이 외롭고 곤할 때 주님께 찬송을 드리는 일이 마음에 닿기만 하면 삶에 큰 기쁨이 된다.
주님을 찬송함으로 사는 삶은 매우 큰 은혜가 된다. 사람이 죽기까지 주님을 찬송하고 주님께 마음을 드리는 것이 믿음 안에 사는 거룩한 은혜의 발로가 된다.

"그러므로 우리는 예수로 말미암아 항상 찬송의 제사를 하나님께 드리자 이는 그 이름을 증언하는 입술의 열매니라" – 히 13:15

279

은혜로 낮아짐

주님은 말씀하신다.

"너희가 무엇을 보려고 나갔더냐 부드러운 옷 입은 사람이냐 부드러운 옷을 입은 사람들은 왕궁에 있느니라"(마 11:8)

이 말씀의 의미를 아는 사람은 세상 어디를 가도 몸을 낮춰야 한다. 세상 사람은 좋은 옷을 입고 다니면서 즐겁게 살아간다. 격이 높은 사람과 어울리면서 격이 높은 삶으로 나아가기를 원한다. 사람들은 좋은 집, 좋은 차, 좋은 옷, 좋은 음식이 사람 마음을 만족하게 하지 못하는 것을 알지 못한다. 보이는 세상을 따르다가 마음이 공허해진다면 그때는 어떻게 해야 하는지 의문이 든다.

많은 군중 속에 들어가 있어도 마음이 외로운 사람은 믿음을 되새겨 보아야 한다. 사실 그 사는 인생 자체가 허전하다는 것을 아는 사람은 믿음을 붙든다. 믿음이 없는 빈 마음은 무엇을 어떻게 채워도 해결이 나지 않는다. 성도는 사람이 모인 장소에 가면 몸과 마음을 낮추어야 한다. 세상은 자랑하고 드러내나 믿음이 되려면 겸손하게 처신해야 한다. 주님 은혜로 몸과 마음을 낮게 낮추는 사람을 주님은 다 아신다. 그러나 그 믿음이 가라지처럼 알맹이도 없이 헛자라서 키만 크다면 다시 돌아보아야 한다. 그리고 몸을 낮출 줄 아는 사람은 겸손함만이 믿음으로 사는 참된 길임을 아니 그것이 삶에 큰 행복이 된다.

"그러므로 누구든지 이 어린 아이와 같이 자기를 낮추는 사람이 천국에서 큰 자니라"
– 마 18:4

은혜로 심음

사람은 천국은 죽어서 들어가는 곳이라고 생각한다.
그러나 천국은 현재 믿음 안에 누리는 큰 보화가 된다.
사람이 주님을 믿으면 되는데 믿음 안에 얼마나 많은 보화가 있는지 알지 못해서 주님을 잘 믿지 못한다. 믿음이 되려면 천상의 보화를 일구는 믿음이 되어야 한다. 믿음 안에 일구는 보화의 맛은 인간의 상상을 초월하고도 남는다. 주님 은혜의 맛은 세상 그 무엇과도 바꿀 수 없는 귀한 보화가 된다. 주님을 믿는 길에 맛보는 영생은 무엇을 다 주어도 얻을 수 없는 주님 은혜로 오는 영원한 생명을 말한다.

믿음 안에서 누리는 은혜는 주님 주시는 선물이다.
성도는 그 믿음 정도에 따라서 은혜의 폭이 크게 차이가 난다.
믿음은 그냥 믿는다가 아니라 주님 은혜로 되어야 한다. 믿음은 성령님 안에서 성령을 받아 성령으로 심어야 한다. 그의 믿음이 육체로 심으면 육신의 썩을 것만 거두지만 성령으로 심는 보화의 무궁무진함을 아는 사람은 주님을 믿어야 한다.
믿음 안에 오는 하늘 보화는 성령을 따라서 믿음을 심음으로 오는 열매임을 안다면 생애의 모든 것을 소비하고라도 그 보화를 얻으려고 힘써야 한다. 주님 은혜로 심는 믿음을 아는 사람은 기쁘게 이 길로 나아가야 한다.

"자기의 육체를 위하여 심는 자는 육체로부터 썩어질 것을 거두고 성령을 위하여 심는 자는 성령으로부터 영생을 거두리라" – 갈 6:8

281

은혜로 거둠

주님 안으로 들어가려는 마음은 아무에게나 오지 않는다.
믿음 안에 오는 은혜도 누구나 받는 것이 아니다. 성도는 주님 은혜로 주님께 믿음을 선물로 받은 사람이다. 믿음이 주님 은혜로만 가능하다는 것을 아는 사람은 믿음을 감사로 받아야 한다. 믿음이 되려면 주님의 말씀 진리 안으로 들어가면 갈수록 주님 은혜와 사랑의 깊이를 체험해야 한다.
그리고 주님 진리로 마음이 벅차다면 이것은 바른 믿음으로만 된다. 이 믿음을 아는 성도는 천국 같은 은혜로운 믿음으로 나아가야 한다.

지금까지 육신의 힘으로 일구어낸 성공과 부귀도 믿음 앞에서는 아무것도 아님을 아는 사람은 믿음을 붙든다. 세상 육신 힘의 헛됨을 아는 사람은 주님 앞으로 돌아와야 한다. 주님을 믿고 산다는 것은 매우 은혜롭고 감동적인 길이다.
또 주님 안에서 화평으로 심고 의를 거둔다는 것은 은혜로운 믿음으로만 가능하다. 주님 안에서 누리는 평안과 즐거움, 감격과 감사한 마음은 바른 믿음으로만 가능하다. 믿음 안에서 은혜로 심고 성령의 열매를 거둔다는 것은 주님 안에 오는 큰 능력이 된다. 성도는 믿음의 열매를 주님 은혜로 풍성히 거두는 삶이 되어야 한다.

"화평하게 하는 자들은 화평으로 심어 의의 열매를 거두느니라" – 약 3:18

은혜로 구원

구원이 주님 것임을 아는 사람은 주님을 따른다. 믿음이 주님이 주신 선물이라는 것을 아는 사람은 주님을 믿는다. 주님 주신 믿음이 매우 소중하다고 생각하는 사람은 주님을 섬긴다. 그리고 주님을 믿는 사람은 매우 행복한 삶이라고 고백을 한다. 믿음이 이런 자리에 오지 못한 사람은 더 노력해야 한다.
주님만이 자신의 전부라고 인정하는 삶은 그의 생명을 살린다. 주님 은혜로 주님이 자신의 전부가 된다고 고백하는 것은 누구나 할 수 있는 일이 아니다,

세상 모든 일도 주님 손길이 미치지 않은 곳이 없음을 안다. 그뿐인가 마음 안 깊은 곳까지 세세히 감찰하시는 주님을 안다면 주님을 바르게 믿어야 한다.
믿음은 거룩하고 신비로운 길이다.
그의 믿음이 주님 은혜로 세워져 새롭게 산다면 그 일은 주님 은혜지 육신의 힘이 아니다. 믿음이 되려면 주님을 입으로 시인하면서 구원(렘 4:14)에 이르기까지 나아가야 한다.
죄인인 육신을 거절하고 주님을 믿는 사람은 주님을 즐거워해야 한다. 그 인생도 마음 생각도 다 주님이 아시고 인도해 주시는 주님을 안다면 은혜로운 믿음만이 영혼을 구원하는 큰 힘이 된다.

"사람이 마음으로 믿어 의에 이르고 입으로 시인하여 구원에 이르느니라" – 롬 10:10

283

은혜의 전신 갑주

주님을 믿는 믿음이 무엇을 말하는지 아는 사람은 주님을 따른다. 주님을 아는 사람은 주님만이 다라는 것을 안다.
악과 사탄이 출몰하는 곳에서의 믿음은 모든 것을 이기고도 남는다. 그의 믿음이 세상 검은 유혹을 이기려면 믿음의 전신 갑주를 준비해야 한다. 세상 흉한 악과 싸우는 힘은 참된 믿음으로만 된다. 그의 마음 형편을 세세히 아시는 주님을 안다면 반드시 세상 악에서 이기는 믿음이 되어야 한다.
주님은 사람이 현재 어떤 생각을 하는지 무엇을 근심하는지 다 아신다. 주님은 지금 무엇을 원하는지 무엇을 하고 싶은지 다 아시고 어디가 아픈지 약한지도 다 아신다.

육신의 필요가 무엇인지 주님은 다 아시니 다른 것을 따라가면 안 된다. 주님은 육신의 약함도 다 아시니 이것이 믿음의 소망이 된다. 전적으로 주님을 신뢰하는 믿음은 주님 은혜로 믿음의 전신 갑주를 마련해야 한다.
믿음으로 어둠의 세력을 이기려면 은혜의 전신 갑주로 온몸을 무장해야 한다. 그의 믿음이 전신 갑주로 무장하려면 말씀과 기도로 나아가야 한다. 세상만 알던 사람이 변하여 험한 악을 대적하려면 주님 은혜로 사는 믿음이 되어야 한다.

"끝으로 너희가 주 안에서와 그 힘의 능력으로 강건하여지고 마귀의 간계를 능히 대적하기 위하여 하나님의 전신 갑주를 입으라" – 엡 6:10-11

284

은혜로 자람

온전한 주님 은혜 안으로 들어가기를 원하는 사람은 바른 삶으로 나아가야 한다. 주님을 믿으려면 모든 관심도, 느낌도 주님 은혜로 해야 한다. 특히 근심이 많고 생각이 많은 사람은 마음을 잘 단속해야 한다. 그리고 믿음이 자라기 위해서는 전심으로 주님을 의지해야 한다.
주님을 향한 생각도 느낌도 믿음으로만 되는 것을 아는 사람은 주님을 의지해야 한다. 사람이 주님 은혜로 주님께 마음을 드리는 일을 인생 최고의 행복으로 여겨야 한다.

사람이 주님을 믿으려면 마음과 생각을 바르게 해야 한다.
주님 안으로 들어가고 싶은 마음은 진실한 믿음으로만 가능하다. 믿음 안에서 마음과 생각이 바르게 새로워지려면 육신의 불의한 생각은 다 버려야 한다. 이 부정적인 육신의 생각이 은혜가 되려면 보이지 않는 악에 대한 싸움이 내면 안에서 수시로 일어나야 한다.

무수한 잡념이 도사린 마음 안에서 일어나는 선악 간의 전투는 참된 믿음만이 무기가 된다. 세상 불의와 악을 향한 믿음의 투쟁을 아는 성도는 그 전투에서 당당히 이기면 믿음도 자란다.

"주 예수 그리스도의 은혜가 너희 심령에 있을지어다" – 빌 4:23

285

은혜로 회복

믿음이란 주님 안에서 먹고 마시는 것을 말한다.
그러면 무엇을 먹고 마셔야 하는가? 그것은 주님의 살과 피를 먹고 마셔야 한다. 주님은 "인자의 살을 먹지 아니하고 인자의 피를 마시지 아니하면 너희 속에 생명이 없느니라"(요 6:53)라고 말씀하신다. 여기서 주님의 살과 피란 무엇을 말하는가? 그것은 주님 말씀과 생명 생수를 먹고 마셔야 한다는 의미다.
시몬 베드로는 "주여 영생의 말씀이 주께 있사오니 우리가 누구에게로 가오리이까"(요 6:68)라고 한다. 그렇다. 사람이 가야 할 곳은 세상 검은 죄에서 건져주신 주님을 찾아가야 한다.

그 믿음이 은혜 되려면 주님이 십자가에서 흘리신 피를 들여 마시고 토해내는 그 속에서 속 안에 악한 것들이 다 떠나가야 한다. 그리고 말씀의 떡인 영의 양식을 먹으면서 믿음이 자라가야 한다. 오늘도 주님은 말씀하신다. "너희는 믿음 안에 있는가 너희 자신을 시험하고 너희 자신을 확증하라…"(고후 13:5)라고 하시는 말씀 속에서 자신의 믿음을 돌아보아야 한다. 세상에는 온전한 사람은 하나도 없으나 믿음이 성장하려면 많이 변해야 한다. 그 믿음이 은혜가 되려면 주님 생명으로 살아가야 한다. 추한 죄를 은혜의 생수로 씻어내어 아름답게 회복되는 진정한 믿음의 사람이 되어야 한다.

"하나님 우리 아버지와 주 예수 그리스도로부터 은혜와 평강이 있기를 원하노라"
– 고후 1:2

286

부활 믿음

주님은 십자가에 못 박히신 지 삼 일만에 사망 권세를 딛고 부활 승천하셨다. 이 복음의 희소식은 커다란 사건이며 인생에 큰 기쁨을 준다. 비록 이 세상 사는 그 환경은 힘드나 주님을 믿음으로 부활 영광에 이르는 믿음은 매우 아름다운 것이다. 그리고 우리 육신은 한 번은 죽는다.
그러나 주님을 믿으면 두 번째 사망에서 건짐을 받은 사람에게는 영원히 사는 길이 열린다. 죄와 사망 길에서 건짐을 받은 이가 바로 성도다. 그리고 주님이 십자가에서 죽고 부활하신 의미가 무엇인지 아는 성도는 자신의 믿음을 다시 보아야 한다.

사람은 한 번은 죽으나 주님을 믿는 성도는 영원히 죽지 않는다. 그가 주님 가신 길을 따라만 가면 영생으로 가는 길이 열린다. 주님은 생명으로 가는 길을 열어주시고 싶으셔서 나를 따라오라고 말씀하신다. 사람이 주님을 믿으면 부활 생명으로 사는 날이 반드시 돌아온다.
부활이란 죽지 않고 영원히 사는 것을 말한다.
그리고 믿음은 선한 일을 하는 사람은 생명의 부활로 나온다고 말한다. 부활이란 죽은 후가 아니라 현재 부활 믿음으로 살아가야 한다. 사망과 어둠에서 생명 부활로 옮겨지는 이 기적 같은 믿음은 오직 주님 은혜로만 된다.

"선한 일을 행한 자는 생명의 부활로, 악한 일을 행한 자는 심판의 부활로 나오리라"
– 요 5:29

287

부활 생명

주님을 자신의 구주로 영접한 사람은 믿음에서 믿음에 이르는 길로 나간다. 성도가 주님을 바르게 믿으면 주님은 그를 생명 길로 인도해 주신다. 그리고 주님을 자신의 구주로 고백만 하면 사는 길이 열린다. 돌같이 딱딱한 죄인을 위해 육신의 형상을 입고 세상에 오신 주님은 부활 생명으로 가는 길을 열어주신다. 세상 아무리 도적 같은 죄인이라고 해도 주님을 믿으면 어둠에서 빛으로 사망에서 생명으로 건짐을 받는다.
이 부활 생명으로 가는 믿음이 오면 사건마다 생각마다 부활이 주는 기쁜 은혜로 살아갈 힘이 온다.

세상 우울감과 낙심 등 좌절감이 밀려들어도 주님 앞으로 돌아만 가면 주님은 곧 회복시켜 주신다. 사람이 어둠의 세력을 이기고 부활 생명으로 살아진다는 것은 진실한 믿음으로만 된다. 세상 근심과 생각도 다 어둠의 술수라는 것을 아는 사람은 부활 믿음을 붙들어야 한다. 사람이 믿음이 되려면 마음 안에서 일어나는 혼탁한 감정과 불의한 생각을 다 밀어내야 한다. 극히 작은 생각 하나라도 어둠의 유혹이라는 사실을 아는 사람은 그들을 물리치는 믿음으로 나아가야 한다. 부활이란 무엇인가? 만왕의 왕이신 주님의 거룩하신 생명이 사람 안으로 들어와 주님의 거룩한 생명으로 살아짐을 의미한다.

"예수께서 이르시되 나는 부활이요 생명이니 나를 믿는 자는 죽어도 살겠고 무릇 살아서 나를 믿는 자는 영원히 죽지 아니하리니 이것을 네가 믿느냐" – 요 11:25–26

부활 구원

세상 그 어디를 보아도 죄가 아닌 것이 없는 곳에서 사람은 살아간다. 그리고 믿음이 어릴 때는 그 죄가 무엇인지 어둠이 무엇을 말하는지 잘 분간하지 못한다. 그러나 주님을 믿으려면 무엇이 죄고 생명인지 무엇이 부활 구원을 말하는지 매사 분별해야 한다. 그리고 예배를 드리면 교인의 의무를 다하는 것으로 생각하나 규범적인 주일 예배만으로는 믿음 안으로 들어가지 못한다.
다만 오랫동안 교회에 다니면 되는 줄 아나 믿음이 깊어지려면 많이 달라져야 한다. 깨어있는 믿음이 되려면 오래된 믿음에서 주님의 부활 생명으로 다시 태어나야 한다.

죄와 사망에서 구원받은 후부터는 주님은 참된 사랑의 주인이심을 안다. 그것을 아는 사람은 가시덤불 같은 환경에서도 믿음을 붙들어야 한다. 사람이 마음이 슬프고 아플 때면 그것에 침몰당하면 안 된다. 그리고 주님은 성도에게 생애의 어려움을 극복하는 믿음을 주셨다.
주님은 담대하게 부활로 사는 믿음을 주셨다. 그리고 주님을 믿으면 주님은 그를 안전한 믿음의 항구로 인도해 주신다. 주님은 구원 그 자체로 믿음이 된다면 기쁘게 사는 길이 열리는 이것이 부활 구원으로 가는 믿음이 된다.

"물은 예수 그리스도께서 부활하심으로 말미암아 이제 너희를 구원하는 표니 곧 세례라 이는 육체의 더러운 것을 제하여 버림이 아니요 하나님을 향한 선한 양심의 간구니라" – 벧전 3:21

부활 영생

맑은 하늘은 청명함을 느끼게 한다.
상쾌한 바람이 솔솔 불어오는 순간은 마음을 밝은 곳으로 인도해 준다. 이 세상 자연도 만물도 하늘을 향해 기지개를 켜는 모습을 보면 그것이 은혜가 된다. 그러나 이 하늘도 때로는 검은 먹구름이 몰려오고 비바람이 밀려든다. 마음도 세상 근심으로 흐려진다면 이때는 마음을 믿음으로 돌려야 한다. 사람은 그 인생에 어려움이 올 때면 주님을 바라보아야 한다.
외로울 때 주님을 생각하고 주님을 떠올리는 일이 바로 부활로 가는 믿음이다. 극히 작은 근심 하나도 딛고 다시 일어나는 부활 믿음은 그를 영생의 길로 인도해 준다.

사람은 부활의 의미를 크게 생각한다.
그러나 세상 극히 작은 일 하나도 주님께 맡기는 믿음은 부활에 근거한다. 순간마다 주님을 의식하는 일은 부활로 가는 힘이 된다. 자주 주님 말씀을 떠올리는 마음도 부활로 가는 믿음이다. 주님을 자주 기억하고 사랑하는 마음이 오는 것도 바로 부활로 가는 믿음이다. 사람이 바르게 살아가다가 당하는 멸시도 믿음으로 이기는 힘만 오면 이것이 부활 믿음이 된다.
어디서나 외면받고 어려움을 당해도 부활 능력만이 그를 바르게 인도해 준다. 주님 생명인 부활 영생으로 들어가는 믿음만이 온 삶에 큰 소망이 되어 준다.

"내가 진실로 진실로 너희에게 이르노니 내 말을 듣고 또 나 보내신 이를 믿는 자는 영생을 얻었고 심판에 이르지 아니하나니 사망에서 생명으로 옮겼느니라" – 요 5:24

290

부활의 힘

주님은 십자가에 못 박히시고 부활하신 후 부활 생명으로 가는 길을 열어주셨다. 사람이 가는 사망 길을 보시고 주님은 불쌍히 여기셔서 영원히 사는 영생의 길을 선물로 주신다. 주님 은혜로 죄에서 생명으로 옮겨진 사람은 이 믿음을 기쁘게 받아야 한다.
주님이 부활 생명 길을 열어주시는 이유는 사람을 사랑하신다는 의미가 들어있다. 믿음이 되려면 주님 사랑으로 나음을 입은 후에는 검은 어둠의 세력을 딛고 다시 일어나는 삶이 되어야 한다.

사람이 주님을 아는 믿음을 모르면 세상 풍조에 물든 노예근성을 끊어 내지 못해서다. 그리고 여전히 어둠의 혼탁한 그 속에서 살아간다면 주님 은혜도 구원도 알지 못한다. 사람이 주님 은혜로 살아가려면 부활 믿음으로 나아가야 한다. 이 세상 어둠 권세를 믿음으로 끊어 내려면 바른 믿음이 되어야 한다.
주님 생명이 온 세상에 없는 곳이 없다는 것을 아는 사람은 이 믿음을 붙들어야 한다. 주님을 믿음으로 구원으로 들어가는 참된 힘은 부활 믿음으로만 가능하다. 부활 믿음이 그를 더 깊은 은혜로 인도해 준다는 사실을 아는 사람은 주님이 주신 부활 믿음을 따라가야 한다.

"오직 이것을 기록함은 너희로 예수께서 하나님의 아들 그리스도이심을 믿게 하려 함이요 또 너희로 믿고 그 이름을 힘입어 생명을 얻게 하려 함이니라" – 요 20:31

291

부활 능력

사람이 부활 은혜로 사는 믿음이 된다면 그것은 영적 부활이 된다. 영적 부활이란 자유에 도달한 최상의 영혼을 말한다.
그의 믿음이 세상에서 육신을 낮추면 영혼은 매우 자유롭게 된다. 주님 부활 사건은 육신의 지능이나 인식으로는 알 수 없고 주님 은혜의 빛 안에서만 발견되어야 한다.
주님은 사람에게 주님을 향하여 마음을 열라고 한다. 자신을 미워하고 박해하는 사람을 향하여 닫힌 마음을 열라고 외친다. 만일 주님 앞에 마음을 연다면 지금까지 경험하지 못한 풍성한 복을 누리는 날이 돌아올 것을 기대해야 한다.

부활이란 현재 주님 생명 안으로 들어가서 주님 생명으로 사는 것을 말한다. 부활 믿음은 사람이 세상 다른 차원인 주님 안으로 들어가 사는 것을 말한다. 사람이 우주 만물을 초월하는 주님 생명 안으로 들어가는 믿음이란 세상 그 무엇으로도 설명하지 못한다. 어린 애벌레가 전혀 다른 모양으로 새롭게 부화하듯이 부활 과정도 전혀 다른 모습으로 나타난다.
하늘나라는 주님을 믿는 사람이 들어가는 나라다. 천국은 믿는 자를 위해 준비된 나라다. 주님 승천 사건은 성도도 하늘을 나는 것같이 주님의 능력(대상 16:11)이 오면 부활로 승천하는 믿음이 열리게 된다는 의미다.

"이 첫째 부활에 참여하는 자들은 복이 있고 거룩하도다 둘째 사망이 그들을 다스리는 권세가 없고 도리어 그들이 하나님과 그리스도의 제사장이 되어 천 년 동안 그리스도와 더불어 왕 노릇 하리라 천 년이 차매 사탄이 그 옥에서 놓여" – 계 20:6–7

영적 자유

이 세상 애굽 땅에서 태어난 사람은 그 인생도 애굽에 속해서 살아간다. 애굽에 속한 삶이란 믿음이 없는 육신의 종이 되어 산 삶을 의미한다. 애굽의 특징은 죄 가운데서 태어나 죄에 물들어 살아가는 육신을 말한다.
이스라엘이 홍해를 건넌 사실은 주님을 믿음으로 영적 출생을 의미한다. 하나님 은혜로 홍해를 건넌 이스라엘 백성은 광야에서 방황하며 시간을 마음대로 소비하면서 살아간다. 이스라엘 백성은 가나안에 두 사람만 들어가고 광야에서 다 죽었다. 이 세상 삶은 바로 육신의 지배를 받는 삶을 의미한다. 이 육신이라는 말은 죄를 지은 사람이 십자가를 알지도 못하고 주님이 누구신지 모르고 살아가는 인간의 육적 상태를 의미한다.

광야 같은 세상에서 주님은 성도의 구주가 되어주신다.
그리고 주님 앞으로 나아가기만 하면 그리스도가 삶의 주인이 되어주신다. 성도가 세상을 살아가려면 온전한 믿음이 되어야 한다. 바른 믿음이 되려면 육신의 모든 능력이 전부 소진되기 전까지는 그리스도의 형상이 전혀 입혀지지 않는다. 주님 안에서 그리스도는 높아지고 자신은 비천해지고 낮아지는 일은 참된 믿음으로만 된다. 육신은 아무것도 아니라고 인정될 때만이 영적 자유에 이른다는 사실을 아는 사람은 주님을 믿어야 한다.

"또 어떤 이는 가시떨기에 뿌려진 자니 이들은 말씀을 듣기는 하되" – 막 4:18

영적 능력

사람이 애굽의 지배 속에서 살아간다면 그 삶은 사탄의 지배에 속한다. 사탄은 이 세상을 지배하는 영적인 존재로 세상 사람은 여기에 예속되어 살아간다. 광야는 믿음과 사탄이 공존하는 삶을 살아가는 곳이다.
가나안은 사탄이 온갖 방법으로 사람이 주님을 믿지 못하게 공격을 한다. 수시로 불화살을 쏘아대면서 믿음 안으로 들어가지 못하게 방해를 한다. 사탄은 삼킬 자를 찾아 두루 돌아 다니나(벧전 5:8) 성도는 깨어있는 믿음으로 나아가야 한다.

가나안은 영적 전투의 삶이 된다.
그의 믿음이 가나안에 들어가려면 처음부터 견고한 여리고 성이 우뚝 막아서 그 가는 길을 막는다. 사람 안에는 고집스럽고 견고한 자아의 성이 우뚝 서 있다. 이 견고한 자아의 성은 살아가는 동안 만들어진 관념과 사상과 고집 등을 말한다. 그의 믿음이 가나안으로 들어가려면 이 안되는 육신 안의 견고한 자아의 성을 믿음으로 다 무너뜨려야 한다. 사람이 주님을 믿으려면 견고한 자아의 성은 다 무너진 후 다시 새 성으로 세워져야 한다.
믿음으로 들어가는 가나안의 첫 관문 앞에서 그들을 이기는 영적 능력만 오면 견고한 진인 여리고 성(수 24:11)은 다 무너지고도 남는다.

"하나님이 우리에게 주신 것은 두려워하는 마음이 아니요 오직 능력과 사랑과 절제하는 마음이니" – 딤후 1:7

영적 노정

그리스도인의 영적 노정은 이스라엘 백성이 애굽에서 가나안까지 가는 여정을 말한다. 하나님은 이스라엘 백성에게 이미 가나안 땅을 약속해 주셨다. 마찬가지로 사람이 예수 그리스도를 영접하면 주님은 은혜로운 삶(가나안)을 약속해 주신다. 애굽은 이스라엘 백성이 40년 동안 노예로 살던 시절을 말한다.
그 의미는 사람이 믿기 이전에는 이 세상 노예로 산 세월을 의미한다. 홍해 사건은 이스라엘 백성이 애굽 땅에서 구원받은 사실을 말한다. 그것은 육신이 죄로부터 속량 받아 믿음 안에 오는 영적 출생을 의미한다.

사람은 그 믿음의 영적 상태가 현재 어디에 가 있는지 점검해 보아야 한다. 성도의 믿음 여정은 종착지 가나안 땅으로 들어가는 것을 말한다. 이스라엘은 가나안으로 들어가는 것을 생애의 소원으로 삼는다. 그러나 이스라엘 백성은 요단강을 건너가기 전에 십자가를 체험하는 고난이 있는 것을 알지 못했다.
고난을 통해서 믿음을 준비해야 하는 그 의미를 모르고 안심하고 살아가는 것이 이 세상 성도의 모습이다. 고난을 모르는 믿음은 연약하고 고난을 피하면 은혜도 승리하는 믿음도 없다. 이것을 아는 사람은 고난 속에서도 영적 노정의 길로 줄기차게 나아가는 삶이 되어야 주님 생명 안으로 들어감을 얻는다.

"시험을 참는 자는 복이 있나니 이는 시련을 견디어 낸 자가 주께서 자기를 사랑하는 자들에게 약속하신 생명의 면류관을 얻을 것이기 때문이라" – 약 1:12

295

영적 성장

일반적으로 영적 성장이란 죄 된 삶에서 돌이켜 예수 그리스도의 안에 거하는 믿음을 말한다. 그러나 성도의 삶이 진실하지 못하면 감정과 마음이 흔들린다. 세상 문제와 풍파에 흔들리면서도 주님을 진실로 찾아가지 못한다. 사람은 주님을 믿음으로 구원(벧전 2:2)을 통하여 하나님 생명 안으로 들어가게 된다.
그런데 사람은 믿음이 적어서 하나님 아들의 형상대로 살아가지(롬 8:29) 못해서 문제가 된다. 많은 사람은 교회에 다니나 말씀대로 살아가지 못하면 영적 성장은 이루지 못한다.

믿음의 영적 성장은 누가 대신해 줄 수 없는 것을 아는 사람은 주님을 붙든다. 사람이 말씀과 기도로 씨름을 해보지 않으면 믿음이 성장하는 길은 멀어진다. 나이가 들어 백발이 성성해도 주님 은혜가 무엇을 말하는지 알지 못하는 것은 믿음이 어리다는 뜻이다. 아이도 낳기만 하고 돌보지 않으면 자라지 못하듯이 믿음도 많이 달라져야 한다.
사람은 영적 성장을 이루기 위해 봉사를 하지만 믿음 성장으로 가는 길은 전혀 다르다. 희생하고 섬기는 일도 중요하나 이 제어할 수 없는 몸을 사로잡아 주님 앞에 엎드리는 일이 먼저 되어야 한다. 섬김에 앞서 성령으로 인도를 받는 진실한 믿음만이 영적 성장 안으로 들어가는 첩경이 된다.

"사랑하는 자들아 너희는 너희의 지극히 거룩한 믿음 위에 자신을 세우며 성령으로 기도하며 하나님의 사랑 안에서 자신을 지키며 영생에 이르도록 우리 주 예수 그리스도의 긍휼을 기다리라" – 유 1:20–21

사람의 영

믿음이 육신을 지배할 때는 은혜가 올라가고 사탄이 육신을 지배할 때 영적 상태는 내려간다. 이런 반복되는 오류 속에 든 육신은 어려움을 경험하면서 살아가야 한다. 성도가 그리스도와 연합을 추구하는 믿음이 바로 영적 성장으로 가는 길이다.
성도의 믿음은 영적 상승과 하강의 곡선 속에서 영적 성인이 되어간다. 때로는 마음이 평안하다가도 화살같이 날아오는 말 한마디만 들어도 마음은 추락한다. 느닷없는 사건이 와서 공포와 두려움에 싸이면 마음은 한없는 낭떠러지로 추락함을 경험해야 한다.

어려운 사건에서 다시 일어나는 칠전팔기 같은 믿음은 사람이 진실해야 한다. 온 삶이 편안하다가도 영적으로 절박한 상황이 오면 그때는 믿음을 붙들어야 한다. 사람이 경험하는 중생은 그 일이 바로 영적 성인이 된 것은 아직 아니다. 방언을 하나 그것이 아직 영적 성장을 이룬 것이 아니다. 그러면 어떻게 해야 바른 믿음이 되는가? 그것은 성령의 열매로 가득 채워져야 영적 성숙에 이르게 된다.

사람이 진실한 믿음이 되려면 주님 은혜가 안으로 들어와 영의 열매를 거두며 사는 삶의 실재가 계속 일어나야 한다.

"여호와를 사랑하는 너희여 악을 미워하라 그가 그의 성도의 영혼을 보전하사 악인의 손에서 건지시느니라" – 시 97:10

297

거룩한 영

대부분의 사람은 오래 믿은 후에야 영적인 분별을 위해 수고하지만 늘 실패를 한다면 믿음을 다시 돌아보아야 한다. 사람이 믿음 성장으로 나아가려면 그 믿음이 영적으로 상승이 되어야 한다. 그 믿음이 성공보다는 실패만 한다면 다시 생각해 보아야 한다. 사람은 섬김에 전념하나 그것은 영적 성장을 이루는 척도가 되지 못한다. 봉사와 섬김이 최선의 영성인 줄 알고 적극적으로 나아가지만 되는 일이 없음을 아는 사람은 이 믿음을 돌아보아야 한다. 이런 믿음의 방황은 심각하여 어떤 이는 교회를 바꾸고 기도원을 찾으나 그 일도 헛수고라는 것을 아는 사람은 믿음을 다시 생각해 보아야 한다.

온 힘을 다해도 안되는 믿음을 보면서 실망하는 세월이 많이 흐른다. 성도는 믿음에 마음을 다하나 영적 상승으로 나아가지 못하는 것이 문제가 된다. 그의 믿음이 승리보다 많은 실패 속에서 들어있다면 크게 영적 경각심을 가져야 한다.
이 육신으로 가는 믿음이 다른 이들이 보면 열성적으로 보이나 내면에 드리운 낙심하는 마음은 사람을 패배로 이끌어간다. 그러나 주님 은혜만 오면 주님과의 연합은 실재를 체험하게 된다. 성도가 주님과 친한 관계로 나아가려면 영적(사 55:3) 믿음이 되어야 한다.

"모든 사람과 더불어 화평함과 거룩함을 따르라 이것이 없이는 아무도 주를 보지 못하리라" – 히 12:14

낮추는 영

5.5

믿음의 변화는 느릴 수도 빠를 수도 있다.
그 어느 쪽이 되든 믿음의 성장 곡선은 올라가기도 하고 내려가기도 한다. 믿음은 올라가고 내려가는 반복 속에서 자라간다. 그러나 믿음이 내려간다고 해서 믿음 성장이 멈추는 것은 전혀 아니다. 거기서 조심해야 할 것은 믿음이 올라가려면 반드시 사탄이 공격한다. 사람 영이 긴 잠에서 깨어나면 잠자던 사탄도 같이 깨어나서 성도가 믿음 안으로 들어가지 못하게 방해를 한다.
사탄은 영적인 존재여서 사람의 가장 약한 부분을 알고 공격한다. 사탄은 하나님처럼 구원의 능력은 없으나 이 사탄을 물리치는 힘은 바른 믿음으로만 가능하다.

성도가 사탄을 물리치면 이기는 믿음이 된다. 그것을 보면 사탄도 주님 앞에서는 무력한 존재가 된다. 그리고 마음이 편안해지면 또다시 육신이 나서고 육신의 힘으로 나아간다. 믿음이 육신의 지배 속에서 산다면 사탄을 대항할 힘이 없는 것이 문제가 된다.
사람이 사탄을 이기는 바른 믿음이 되려면 자기를 부인하고 날마다 주님 십자가 앞으로 나아가야 한다(눅 9:23). 육신이 살아나서 마음대로 행동하는 이 사실을 해결하려면 자신을 죄에 대하여 죽은 자로 여겨야(롬 6:2) 한다.

"주 앞에서 낮추라 그리하면 주께서 너희를 높이시리라" – 약 4:10

승리의 영

그리스도께서 사람 안에 들어오시게 하시려면 불의한 육신의 본능을 처리해야 한다. 그리고 주님을 순종하는 삶이 되려면 믿음의 확신이 되어야 한다. 구약시대 이스라엘은 하나님을 불순종한 결과로 믿음 전투에서 처참하게 패배를 당했다. 그것을 보면 주님을 바르게 믿을 때만이 험한 악을 이기게 된다.
믿음이 되려면 고난의 역사가 온 후에야 비로소 그리스도 부활 권능에 참여하게 된다. 육신이 못 박히는 아픔이 있을 때만이 그리스도와의 연합으로 나아가게 된다. 성도의 믿음이 십자가 앞에 전적으로 순복할 때만 그 믿음은 승리하게 된다.

고난은 처절한 투쟁이 된다. 고난은 두려우나 주님이 같이 해주신다는 확신만 오면 다 이기게 된다. 주님께 순종하는 믿음은 처음부터 끝까지 주님 은혜로 되어야 한다. 무엇에든지 참되게, 경건하게, 옳으며, 정결하게 살아가려면 주님을 잘 믿어야 한다. 육신이 무엇을 말하는지 아는 사람은 육신은 그리 신뢰할 것이 못된다는 것을 안다.

육신의 허무함을 아는 사람은 세상과 육신을 신뢰하지 않는다. 사람이 순간마다 주님 은혜로 사는 믿음이 되면 그의 영혼은 날로 번성해져 영(사 40:31)으로 사는 승리하는 길이 열린다.

"끝으로 형제들아 무엇에든지 참되며 무엇에든지 경건하며 무엇에든지 옳으며 무엇에든지 정결하며 무엇에든지 사랑 받을 만하며 무엇에든지 칭찬 받을 만하며 무슨 덕이 있든지 무슨 기림이 있든지 이것들을 생각하라" – 빌 4:8

신앙의 빛

대부분의 사람은 천국은 죽어서 가는 곳으로 생각한다.
그러나 신앙은 현재 천국 같은 믿음으로 사는 일을 말한다. 주님을 아는 신앙 안에서 맛보는 은혜의 기쁨은 세상 그 무엇에도 비교되지 않는다.
신앙이란 과연 무엇을 말하나? 신앙은 주님 말씀을 듣고 순종만 하면 주님은 그에게 상급을 부어주신다. 주님 상급이란 바로 신앙 안에서 누리는 최고의 영광을 말한다.

신앙으로 산다는 것은 잘 믿기만 하면 믿음 안에서 오는 주님의 은혜를 말로 표현할 수 없다. 사람은 봉사로 수고하지만 수시로 오는 주님 은혜의 풍성함을 안다면 신앙은 그것을 얻고 누려야 한다. 신앙 안에 오는 하늘 영광 빛으로 빛난 사람은 세상을 그리 탐탁하게 여기지 않는다.
주님을 아는 사람은 주님 영광의 빛을 찾아가는 진실한 신앙이 되어야 한다. 주님 안에서 맛보는 영광 빛의 찬란함이란 바로 주님 안에 오는 현세 천국을 말한다. 신앙 안에서 오는 은혜의 풍성한 빛은 신앙 척도에 따라 다 다르게 나타난다.
성도의 신앙이 깊어질수록 비쳐오는 영광의 빛은 영혼과 몸을 충족시키고도 남는다.

"여호와는 나의 빛이요 나의 구원이시니 내가 누구를 두려워하리요 여호와는 내 생명의 능력이시니 내가 누구를 무서워하리요" – 시 27:1

신앙의 미래

신앙 안에 오는 주님 은혜는 매우 귀하다.
신앙으로 세워진 사람은 신앙의 묘미가 무엇인지 알기에 주님을 잘 믿는다. 신앙 안에서 귀한 하늘 보화인 주님 은혜가 들어만 오면 마음과 영혼은 날아가는 새와 같이 높이 날아오른다. 비록 몸은 이 땅에 사나 영혼이 주님으로 가득 채워만 지면 풍성한 주님 은혜로 사는 날이 돌아온다. 또 주님께 감사만 하면 이 일이 은혜로 들어가는 길이 된다. 순간마다 주님께 감사만 하면 이 감사가 상한 마음을 치유하는 묘약이 된다. 주님께 감사하는 마음이 참된 신앙이라는 것을 아는 사람은 주님께 늘 감사하면서 살아가야 한다.

바른 신앙은 인생을 행복한 미래로 인도해 준다. 바른 신앙의 사람은 주님 평안을 누리면서 살아간다. 주님은 성도에게 행복한 미래를 약속해 주신다. 그의 신앙이 주님 은혜로 깊어지면 심령이 만족해져서 기쁘게 산다. 신앙은 주님 은혜로 사는 삶으로 주님과 같이 살려면 주님 안으로 들어가서 주님과 함께 사는 법을 배워야 한다. 그리고 주님과 친밀한 관계로 나아가는 신앙이 온 생애의 목적이 되면 신앙의 미래는 밝아온다. 그러나 만일 신앙이 잘 안된다면 주님이 이끌어 주실 미래까지 잠잠이 오래 참아야 한다.

"여호와의 말씀이니라 너희를 향한 나의 생각을 내가 아나니 평안이요 재앙이 아니니라 너희에게 미래와 희망을 주는 것이니라" – 렘 29:11

302

신앙의 온전함

신앙이 온전해지면 주님이 마음을 열어 보이실 때가 있다. 신앙은 주님 은혜를 바라고 나아가는 것을 말한다. 사람은 신앙이 깊어지기를 원하지만 잘 안된다면 이 신앙을 다시 생각해 보아야 한다. 그러나 이 세상 삶은 주님을 믿는 귀한 순간이라는 것을 아는 사람은 온전한 마음으로 주님을 따라가야 한다. 세상은 잘 아는데 주님을 아는 마음이 부족하다면 이 신앙 안으로 들어가기 위해 애를 써야 한다. 그러나 주님을 아는 마음이 적어 신앙이 자라지 못한다면 어리석은 이 육신을 다시 생각해 보아야 한다.

신앙이 온전한 자리까지 나아가려면 많이 달라져야 한다. 사람과의 관계도 온전해지려면 오래 걸리는데 우주 만물의 신 중에 신이신 주님과 온전해지는 신앙은 거저 되지 않는다. 그리고 주님께 마음을 드리다가 오는 주님 은혜와 영광을 아는 사람은 신앙이 매우 좋은 줄 안다. 그러나 이 신앙을 너무 어렵게 생각하고 또 쉽게 생각해서도 안 된다. 사람에게 주님 은혜만 오면 무슨 일이든지 다 할 수 있는 이것이 신앙 안에 오는 큰 능력이 된다. 세상에서 많이 상하고 다친 사람이 주님께 나아가기만 하면 주님은 다 알아주신다. 세상이 아무리 어려워도 믿음만 되면 모든 문제도 이기는 힘이 오고, 이것이 온전한 신앙 안에 사는 큰 복이 된다.

"너희를 부르시는 이는 미쁘시니 그가 또한 이루시리라" – 살전 5:24

303

신앙의 열매

신앙은 아무에게나 주어지지 않는다.
주님을 믿는 신앙은 주님의 특별한 은혜지 육신의 힘이 아니다. 자신도 모르게 예정되고 선택되어서 하나님 자녀로 산다는 것 또한 주님 은혜로만 된다. 이것을 아는 사람은 열심히 주님을 붙든다. 신앙 안에 오는 주님 은혜는 믿음 안에 오는 귀한 선물이다.
이 신비한 신앙의 열매를 소유하기 위해 달려가려면 주님 은혜 안으로 들어가야 한다. 그리고 세상 육신의 힘으로 일군 모든 성공도 주님이 하신 것을 아는 사람은 신앙에 대한 인식도 많이 달라져야 한다.

그 인생의 모든 것을 주님이 주신다는 사실에 생각이 미치면 신앙도 육신의 힘이 아닌 것을 안다. 세상 모든 일을 인도해 주시는 주님을 아는 그 자체가 신앙의 복임을 아니 이것이 삶의 기쁨이 된다. 그리고 주님을 믿으면 주님은 변함없이 그를 돌보아 주신다. 주님은 주님 은혜로 사는 성도를 번성한 신앙 안으로 이끌어 주신다.
무익한 사람을 하나님의 자녀로 삼아주신 하나님의 사랑은 그를 거룩한 신앙의 사람으로 인도해 주신다. 이런 천상의 복을 아는 사람은 풍성한 신앙의 열매를 맺고 사는 그날이 오기를 항상 기대해야 한다.

"오직 성령의 열매는 사랑과 희락과 화평과 오래 참음과 자비와 양선과 충성과 온유와 절제니 이같은 것을 금지할 법이 없느니라" – 갈 5:22–23

신앙으로 살기

신앙이 깊어진 사람은 주님 은혜가 무엇을 말하는지 다 안다. 지금까지 살아온 삶도 특별한 주님 은혜임을 아는 사람은 세상 풍조를 따라가지 않는다. 신앙은 육신의 관점을 믿음으로 바꿔야 한다. 신앙은 육신의 지성과 인성을 넘어 늘 함께해 주시는 주님 사랑을 깨달아야 한다. 여기에 온 사람은 매사 모든 일도 주님 손길이 닿지 않은 곳이 없는 것을 안다.
사람이 주님을 사랑함으로 산다는 것은 인생에 기상천외한 큰 사건이 된다. 그의 삶이 예수 그리스도의 사랑으로 충전 받으려면 육신의 모든 욕망을 다 포기해야 한다,

육신의 힘으로 믿던 신앙도 바른 신앙이 아니면 다 아닌 것이 되어야 한다. 신앙으로 사는 법을 배우며 주님께 나아가는 신앙은 영혼을 더 거룩한 곳으로 인도해 준다.
이 신앙의 신비함을 아는 사람은 인생의 가치를 신앙에 두어야 한다. 육신은 힘으로 되지 못함을 아는 사람은 주님을 닮아가려고 노력해야 한다. 바른 신앙으로 살기 위해 애를 쓰고 주님께 마음을 드리는 일이 그의 영혼을 살린다.
바른 신앙으로 살려면 인간적인 가치와 논리를 넘어 몸과 마음을 주님께 다 드려야 한다.

"나의 의인은 믿음으로 말미암아 살리라 또한 뒤로 물러가면 내 마음이 그를 기뻐하지 아니하리라 하셨느니라" – 히 10:38

305

신앙 추구

사람이 바른 신앙 안으로 들어가려면 진실한 삶이 되어야 한다. 성도는 삶의 가치를 신앙에 두어야 한다. 그러나 세상에서 생각이 많고 걱정이 많은 것은 신앙에 별로 도움이 되지 않는다. 바른 신앙으로 살아가려면 생각과 마음을 깨끗이 해야 한다. 다른 종교는 고된 수행을 통하여 신앙의 길을 찾아간다.
그러나 이 세상을 평범하게 살아가면서 평범한 삶 속에서 그의 신앙이 영성을 이루어 간다는 것은 기독교만의 신앙이고 특권이 된다. 평범하게 살아가면서 풍성하게 신앙의 열매를 맺고 사는 일은 신앙이 성장하는 귀한 근거가 된다.

신앙은 개인 차이가 난다. 온전히 마음을 모으지 않으면 열리지 않는 신앙의 한계점에 이르면 그곳에서 해야 할 일이 무엇인지 돌아보아야 한다. 이 신앙이 자의대로 되지 않음을 아는 사람은 이 육신의 힘은 조금도 신앙에 도움이 되지 않는다는 것을 깨닫는다. 사람이 신앙 안으로 들어가기가 얼마나 어려운지 애를 써본 사람은 다 안다. 그리고 험한 시련으로 마음이 추락할 때면 거기서 의지할 이는 주님밖에 없다. 이런 힘든 고비가 없으면 안 되는 신앙을 아는 사람은 힘든 시련도 감사로 받아야 한다.
그 인생에 어떤 일이 생겨도 주님 진리를 꾸준히 따라가야 이기는 믿음이 된다.

"하나님을 따라 의와 진리의 거룩함으로 지으심을 받은 새 사람을 입으라" – 엡 4:24

306

신앙의 참됨

처음 사람이 믿을 때는 그 예배가 신기하고 말씀이 좋아서 잘 믿는다. 그러나 시간이 흐르면서 신앙도 무의미하게 느껴지면 정서적으로 허전함을 느낀다. 그것을 보면 신앙은 항상 좋은 일만 있는 것이 아니라 상황에 따라서 많이 좌우된다.
마음이 세상 쪽으로 흐르면 신앙도 세상으로 흘러간다. 그러나 바른 신앙이 되려면 바르지 못한 죄에서 돌아서야 한다. 주님을 믿어도 주님 은혜가 사라지면 다른 것을 따라가면 안 된다.
신앙은 생각과 감정이 아니라 주님 말씀을 따라가야 한다. 여기서 사람이 무엇을 따라가느냐에 따라 신앙의 갭(gap)은 크게 차이가 난다.

신앙은 사람 마음대로 되지 않는다. 세상에서도 마음대로 되는 것이 없는 것을 경험한 사람은 신앙도 어려워서 잘 되지 못한다. 신앙이 깊어지지 않으면 그 가는 길에는 파멸과 고생이 기다릴 뿐이다. 사람이 주님을 잘 믿으려고 애를 쓰나 그 무엇도 마음대로 되지 않는 것을 본다면 신앙도 신비해서 더욱 마음대로 되지 않는다.
그리고 기도원에 가고 새벽을 찾아도 안되는 신앙을 경험한다면 잠잠히 골방 안으로 숨어들어야 한다. 신앙의 목적을 믿음에 둔 사람은 깊은 골방 속에서 주님을 만나는 날이 돌아온다는 것을 반드시 믿어야 한다.

"또 누구든지 하나님을 사랑하면 그 사람은 하나님도 알아 주시느니라" – 고전 8:3

307

예수님의 음성

성도는 예수님 음성을 듣는다.
예수님 음성을 들을 때의 신비함은 예수님이 누구인지 아는 기회가 된다. 예수님은 돌같이 딱딱한 사람에게 사랑의 음성을 들려주신다. 그리고 예수님이 말씀하실 때 들리는 말씀의 위력은 들은 사람만 안다. 진실한 성도는 예수님 음성을 들으면서 그 믿음이 자라가야 한다. 예수님 음성은 잠든 영혼을 깨운다. 잠든 영혼이 깨어나는 의미는 예수님이 누구신지 아는 믿음을 말한다. 믿음으로 예수님 은혜가 마음에 들어오면 예수님 음성만이 생명을 살려준다는 것을 깨닫는다.

믿음이 되려면 한마디라도 예수님 음성을 들은 경험이 있어야 한다. 사람이 예수님 음성을 들으면 영혼에 커다란 지각변동이 일어난다. 그리고 큰 영적인 사고 전환과 더불어 마음 눈이 뜨이면 예수님은 생명 그 자체라는 것을 안다. 예수님은 영생으로 들어가는 길을 열어주시고 싶으셔서 오신다.
언제든지 변치 않고 오시는 예수님을 만나면 믿음이 귀함을 아니 이것이 은혜가 된다. 그리고 예수님 음성을 들은 사람은 그의 믿음이 육신 차원에서 영적 차원으로 바뀐다. 예수님의 음성은 영적이어서 한마디만 들어도 영혼이 살아나는 경험은 믿음에 대한 인식이 크게 바뀌는 기회가 된다.

"문지기는 그를 위하여 문을 열고 양은 그의 음성을 듣나니 그가 자기 양의 이름을 각각 불러 인도하여 내느니라" – 요 10:3

예수님의 임재

사람이 예수님을 믿으려면 진실한 믿음이 요구된다.
사람이 말로만 예수님을 믿는다고 하면서 행함이 없으면 죽은 믿음과 같다. 그리고 믿음이 되려면 예수님 이름을 부르면서 예수님 안으로 들어가야 한다. 그 믿음이 올라가려면 예수님과 깊은 관계 안으로 들어가야 한다. 예수님은 살아계시기 때문에 교회 마당만 밟는 믿음이라면 예수님과 깊은 관계 속으로 들어가지 못한다.
사람은 하루 속에서 먹을 때나 일할 때나 잘 때도 예수님을 의식하는 믿음이 되어야 한다. 참된 믿음이 되려면 순간마다 예수님께 마음을 드려야 한다.

믿음이 일과가 된 사람은 반드시 예수님 임재 안으로 들어감을 얻는다. 모든 것을 다 아시는 예수님은 그의 믿음을 의로 여기시고 그에게 주실 선물을 준비해 두신다. 예수님은 믿음에 합당한 은혜를 주시면서 믿음으로 살아가도록 인도해 주신다. 예수님께 인도를 받는 믿음은 매우 귀한 일이다. 그리고 마음이 없이 겉으로 나아가는 믿음은 매우 허무하다.
믿음은 마음이 되어야지 거저 되는 것이 아니다. 마음으로 예수님을 바라고 나아가다가 어느 날 은밀하게 임하시는 예수님을 만나면 예수님 임재 안에 오는 은혜는 하늘과 땅만큼 차이가 난다.

**"여호와는 의로우사 의로운 일을 좋아하시나니 정직한 자는 그의 얼굴을 뵈오리로다"
– 시 11:7**

309

예수님 말씀 듣기

믿음으로 예수님을 만난 사람은 세상 이치를 좋아하지 않는다. 그리고 예수님 마음을 느끼고 예수님 의도가 어떤지 분별을 한다. 사람은 삶에 오는 모든 일을 다 예수님 응답으로 받아야 한다. 여기에 온 사람은 예수님과 동행하는 믿음이 중요함을 아니 예수님만 따른다. 예수님과 동행하는 삶은 믿음이 자라야 한다. 그리고 예수님이 삶의 주인이 되시니 예수님을 의지해야 한다. 사람이 예수님을 믿으려면 예수님 말씀을 잘 들어야 한다. 예수님 말씀을 듣지 않고 마음대로 다니다가 많이 다치는 경험을 해야 믿음이 무엇을 말하는지 알게 된다.

예수님 말씀은 비천한 영혼에 큰 위로가 된다. 외롭고 곤한 사람이 예수님 말씀을 들으면 세상 어려움도, 한도 다 풀린다. 늘 예수님과 자연스럽게 교제만 되면 마음 안의 갈등과 분노와 불안도 다 사라진다. 세상에서 믿음만이 전부라는 것을 아는 사람은 예수님을 의지한다.
예수님의 아름다운 인격을 경험한 사람은 예수님 안으로 들어가려고 애를 써야 한다. 예수님을 구주로 받은 사람은 예수님 한 분으로 만족하면서 살아가면 이것이 은혜로운 믿음이 된다. 예수님의 은혜를 아는 성도는 예수님 말씀을 늘 순종해야 한다.

"너희는 귀를 기울이고 내게로 나아와 들으라 그리하면 너희의 영혼이 살리라 내가 너희를 위하여 영원한 언약을 맺으리니 곧 다윗에게 허락한 확실한 은혜이니라"
– 사 55:3

예수님은 방패

사람이 슬프거나 우울할 때 마음을 믿음으로 돌리기만 하면 다 이겨지는 것이 은혜가 된다. 어떤 힘든 일이 와서 마음을 괴롭힐 때도 예수님을 바라보면 모든 근심이 다 사라진다. 조용한 곳에서도 갑자기 밀려드는 걱정 근심은 마음을 상하게 만든다. 그리고 어려운 일이 있을 때 예수님께 피하는 믿음이 되면 모든 걱정도 다 이겨진다는 것은 진실한 믿음으로만 된다.
세상 시련도 예수님께 피하는 방법을 알기에 다 이겨진다. 이것을 아는 사람은 예수님만이 험한 이 세상 삶에 방패가 되어주심을 안다.

때로는 악한 어둠의 세력이 드러나 사방에서 공격을 해와도 예수님만 의지하면 이겨지는 능력은 바르게 믿음이 세워지는 동기가 된다. 무엇을 하든지 예수님 이름을 부르는 믿음은 참으로 신기하고 놀라운 일이 된다.
세상 어떤 일이 와서 힘들게 해도 예수님께 피하는 믿음만이 삶의 방패가 되니 마음이 든든해진다. 예수님 이름을 부르면 사탄도 악한 귀신도 다 떠나가는 현실을 본다면 예수님 이름의 위대하심도 안다.
사망 권세도 이기신 예수님은 사람 인생에 구주가 되어주신다. 믿음의 방패 되시는 예수님을 아는 믿음은 세상을 이기는 천하무적이 된다.

"하나님의 도는 완전하고 여호와의 말씀은 진실하니 그는 자기에게 피하는 모든 자에게 방패시로다" – 삼하 22:31

311

예수님 구원

사람이 세상에서 살아가는 방법은 다 다르다.
또 사람이 세상을 정복하는 방법도 다 다르다. 마찬가지로 사람이 믿음을 정복하는 길도 사람에 따라 다 다르다. 사람이 믿음으로 살아가려면 높은 산과 험한 골짜기, 바위, 강 같은 어려운 험지를 넘어가야 한다. 그리고 사람이 혼자서 도저히 가지 못하는 가시밭과 같은 험한 길을 믿음으로 헤쳐나가야 한다.
그 가는 길에 더위와 추위 같은 험한 기상 이변도 겪으면서 헤쳐가는 힘은 바른 믿음으로만 된다. 사람이 구원으로 들어가는 길은 그리 쉬운 길이 아니라는 것을 아는 사람은 마음 각오를 단단히 해야 한다.

예수님은 사람을 혼자 놔두지 않으신다. 사람과 늘 함께해 주시는 예수님을 안다면 예수님과 동행하는 믿음이 되어야 한다. 예수님께 마음을 모으고 정성을 다하는 일은 어려우나 예수님이 같이만 해주시면 믿음은 매우 즐거운 길이 된다. 성도의 믿음은 등산할 때 인솔자의 지시를 따라가듯이 예수님을 따라가야 한다. 예수님을 의식하는 믿음은 은혜로운 곳으로 그를 인도해 준다. 사람이 은혜로 산다는 것은 예수님의 심정이 온몸에 입혀져 사는 삶을 말한다.
세상에서 이 구원으로 가는 믿음을 모르고 그동안 얼마나 방황했는지를 아는 사람은 남은 생애를 다 예수님께 맡겨야 한다.

"하나님이 우리를 세우심은 노하심에 이르게 하심이 아니요 오직 우리 주 예수 그리스도로 말미암아 구원을 받게 하심이라" – 살전 5:9

십자가의 의미

주님이 지신 십자가가 무엇을 말하는지 아는 사람은 십자가를 지는 삶으로 나아가야 한다. 사람이 져야 할 그 십자가가 너무 힘들어서 십자가를 외면한다면 믿음은 내려간다. 성도가 십자가가 두렵고 무서워서 십자가를 지지 못한다면 예수님과 관계도, 의미도 사라진다. 믿음이 바르게 되려면 십자가로 끊어진 관계를 회복해야 한다.

사람의 의견과 고집을 포기함으로 사람 관계를 연결하는 것이 바로 십자가의 길이 된다. 그 험한 십자가를 보고 허다한 것을 십자가에 처리할 때만이 진실한 믿음이 된다.

성도는 육신의 의견과 고집을 십자가로 처리해야 한다. 육신의 의견을 포기함으로 다른 이를 살리는 것이 바로 십자가의 길이 된다. 자기를 포기하고 죽은 자로 여기는 길이 바로 십자가 믿음이다. 세상에서 의롭게 살아가다가 당하는 고난도 벌이 아니라 믿음 안에 오는 훈련 방법이 된다.

그의 믿음이 십자가를 지려면 십자가의 의미를 깨달아야 한다. 십자가 위에 주님의 상한 모습은 바로 사랑의 값을 피로 갚으신 고통으로 나타난다.

이 일을 아는 성도가 고통의 십자가를 지는 믿음이 되면 비로소 영적 성장으로 가는 길이 열린다.

"우리는 십자가에 못 박힌 그리스도를 전하니 유대인에게는 거리끼는 것이요 이방인에게는 미련한 것이로되 오직 부르심을 받은 자들에게는 유대인이나 헬라인이나 그리스도는 하나님의 능력이요 하나님의 지혜니라" – 고전 1:23–24

313

십자가의 제자도

십자가를 아는 사람은 믿음의 참 의미를 깨닫는다.
그리고 십자가는 육신의 고통과 수치를 나타내나 그 수치나 고통이 싫어서 사람은 모두 십자가를 피한다. 그곳에서 주님은 힘든 십자가를 사람에게 권하지 않으시고 스스로 십자가를 지신다. 사람들은 자기 것을 지키려고 하니까 십자가를 지지 못한다.
두려운 십자가 앞에만 가면 육신의 무능함과 무기력을 경험하고 그것이 아픔이 된다. 그러나 십자가를 지면서 사망 권세를 이기신 주님을 따르는 참된 제자만이 바른 믿음이 된다.

주님을 믿으려면 십자가를 져야 하고 십자가를 지려면 주님 제자로 살아가야 한다. 바른 믿음의 사람만이 주님 제자로 살아갈 수 있다. 모든 죄를 이기는 십자가 능력만 오면 세상 죄와 어둠은 쫓겨간다. 그러나 육신은 매우 연약해서 죄에서 벗어나려고 하면 할수록 더 깊은 죄의 함정으로 빠져든다.
험한 죄의 무서움을 아시는 하나님은 죄인을 건지시려고 예수 그리스도에게 십자가를 담당시키신다. 예수 그리스도를 십자가의 희생 제물로 내놓으신 하나님은 사망에서 생명으로 가는 길을 열어주신다. 성도가 주님을 죽기까지 따라가는 삶만이 주님 제자로 사는 바른 믿음이 된다.

"이와 같이 너희 중의 누구든지 자기의 모든 소유를 버리지 아니하면 능히 내 제자가 되지 못하리라" – 눅 14:33

314

십자가로 낮아짐

십자가의 죽음과 고통은 그 자체가 망하는 것이 아니라 생명을 살리는 능력이 된다. 사람은 주님이 찔리신 옆구리 상처를 보아도 그 죄로 감정이 무감각해져 아무것도 깨닫지 못한다. 이스라엘 백성은 죄 사함을 받으려고 매번 희생 제물을 제단 앞에 드리나 주님은 자기 자신을 십자가 희생 제물로 단번에 드림으로 주님 사랑을 확증해 주셨다.
주님 십자가의 죽음은 곧 사람을 살리기 위해 주님 스스로 몸을 드린 희생 제물이 된다. 사람은 십자가에서 피를 흘리시는 주님을 보고 비웃으나 믿음으로 살려면 그 십자가 희생의 의미를 알아야 한다.

주님이 십자가에서 흘리신 피의 의미는 성도도 희생으로 나아갈 것을 권한다. 주님이 흘리신 피의 희생은 그 자체만으로도 육신과 생명을 구원하는 능력이 된다. 믿음은 주님이 십자가에 못 박혀 죽으심, 그 자체가 사랑과 용서의 길임을 알려 준다.
성도는 죄 된 마음을 돌이켜 겸손한 자세로 주님을 따라가야 한다. 육신은 세상을 좋아하나 이 죄로 오염된 본성을 거절하고 낮은 자세로 나아가야 한다.
십자가의 길은 어려워도 이 십자가는 하늘 상급을 주시기 위한 주님 방법임을 안다면 기쁘게 이 십자가를 따라가야 한다.

"… 무릇 자기를 높이는 자는 낮아지고 자기를 낮추는 자는 높아지리라 하시니라"
– 눅 18:14(하반절)

315

십자가 믿음

성도는 예수 그리스도를 하나님의 아들로 받으면서 믿음에서 믿음의 길로 나아가야 한다. 주님은 세상 죄에 물들어 사는 사람을 긍휼히 여기시어 십자가에 못 박히신다.
죄 없고 흠 없으신 주님은 십자가를 피하지 않으시고 당신 희생으로 나아가신다. 주님 지신 십자가의 죽음은 바로 생명을 살리는 구원 길이 된다.
그 십자가가 주님 사랑의 표시인 것을 알아도 믿음의 방향은 달라져야 한다. 그리고 아주 작은 가시에 찔린 손 하나만 보아도 아프다면 십자가 고통의 의미를 되새겨 보아야 한다.

성도가 십자가 지는 믿음이 되면 세상 죄도 삶도 이겨진다.
다시 말하면 주님이 지신 십자가는 사랑의 십자가가 된다. 주님이 지신 십자가를 보고 제자들은 무서워 모두 피한다, 험한 십자가를 보고 피하는 것은 믿음이 없다는 뜻이다. 십자가란 죄인을 구원하시는 주님 은혜의 선물이다. 성도는 주님 십자가로 상하고 다친 마음이 나음을 입어야 한다.
삶의 보람을 십자가에서 찾은 사람은 십자가를 지는 힘으로 나아가야 한다. 세상은 어리석게 주님을 믿는다고 비웃으나 십자가를 지는 믿음만이 세상과 자신을 이기는 능력이 된다.

"내가 그리스도와 함께 십자가에 못 박혔나니 그런즉 이제는 내가 사는 것이 아니요 오직 내 안에 그리스도께서 사시는 것이라 이제 내가 육체 가운데 사는 것은 나를 사랑하사 나를 위하여 자기 자신을 버리신 하나님의 아들을 믿는 믿음 안에서 사는 것이라"
– 갈 2:20

십자가의 교훈

주님은 그 죄로 고통받는 죄인들 속으로 들어가 그들과 동행하시다가 미움을 받아 십자가에 못 박히셨다. 그것을 본다면 사람이 주님을 믿어도 성도는 세상 고통과 슬픔으로 산다는 사실이 큰 의문점이 된다. 믿음은 고통 속에서 성장하고 고통을 모르는 믿음은 힘이 없다. 주님이 지신 십자가의 희생은 곧 생명 구원을 위한 큰 능력이 된다. 십자가는 구원의 장소며 사랑의 길이고 사람 생명을 살린다. 주님이 지신 십자가에서 사랑의 피가 흘러나온다. 그 흘러나오는 사랑의 피가 모든 죄를 사하고 생명을 살리는 기막힌 효능이 된다.

십자가는 세상과 육신을 넘어가는 사랑의 표가 된다. 남의 고통을 의식할 줄 모르는 사람은 자신도 사랑할 줄 모른다. 이웃을 외면하고 자기끼리만 나누는 사랑은 참된 사랑이 아니다. 사람을 사랑하려면 아픔이 따르지만 참된 사랑은 고통으로부터 흘러나오는 것이지 고통이 없다고 행복해지는 것은 아니다.
고통은 사랑을 낳는다. 고통을 모르는 사람은 사랑도 무엇인지 알지 못한다. 성도는 이 믿음의 교훈을 주님 십자가에서 그 의미를 찾아야 한다. 성도의 삶은 십자가에 못 박히신 주님을 따라 십자가 희생으로 나아가야 한다. 고통의 의미를 주님 십자가 교훈(요이 1:9)에서 찾은 사람은 진실한 믿음으로 나아가야 한다.

"이에 예수께서 제자들에게 이르시되 누구든지 나를 따라오려거든 자기를 부인하고 자기 십자가를 지고 나를 따를 것이니라" – 마 16:24

317

십자가의 고난

인간은 고통을 피할 수 없다.
고통을 아는 사람은 십자가에서 그 의미를 찾아야 한다. 그리고 십자가를 믿음이 적은 사람에게 주님은 권하지 않으신다. 점차 믿음이 자라서 십자가를 질 능력이 오기까지 주님은 기다려 주신다. 다만 사람은 주님이 십자가를 지신 것처럼 각자의 십자가를 져야 한다.
그 인생 삶의 십자가는 누구나 있다.
그 져야 할 십자가는 버거우나 십자가를 지려면 진실한 믿음이 요구된다. 사람이 자신의 십자가를 다른 사람에게 떠맡기고 피하려고 한다면 십자가를 지는 신앙은 그만큼 어려운 일이 된다.

믿음이 없으면 십자가는 공허하게 보이지만 주님 십자가는 생명을 살리는 큰 능력이 된다. 성도는 자신에게 지워진 십자가를 기쁘게 질 뿐만이 아니라 사랑의 의미 또한 십자가에서 찾아야 한다. 십자가는 무섭고 두려운 것이지만 주님은 감당할 만큼 주신다. 사람은 그 십자가가 두려워서 십자가로 가까이 나아가지 못하나 믿음이 되면 능히 십자가를 질 힘이 온다.
그 십자가는 사람을 힘들게 하는 것이 아니라 하늘의 신령한 복을 주기 위한 주님의 방법이다. 그리고 십자가 고난 후에 맛보는 주님 은혜를 안다면 십자가를 지는 삶으로 나아가야 한다.

"그가 시험을 받아 고난을 당하셨은즉 시험 받는 자들을 능히 도우실 수 있느니라"
– 히 2:18

십자가 지기

그리스도의 생명이 안으로 들어오려면 십자가에 동참하는 삶이 되어야 한다. 그리고 주님을 믿으려면 육신의 능력과 지혜 등 모든 것이 십자가 앞에서는 아무것도 아니라고 생각해야 한다. 주님은 사람 안에 높아진 모든 능력이 다 쇠해지기까지 아무 일도 하지 않으신다.
육신 안에 모든 자원이 다 소진되기까지 일어나는 마음의 갈등은 십자가를 거절하려고 한다. 안 하고 싶어서, 안 죽으려고 버둥대는 자아의 본능은 십자가를 거절한다. 그러나 육신의 모든 능력이 다 소진되고 기진하여 죽을 수밖에 없다고 낙심할 그때가 되어야 십자가를 지는 힘이 온다.

자신은 아무것도 할 수 없다고 포기가 될 때가 되어야 마음이 주님 앞으로 돌아간다. 모든 것을 포기하고 실패로 보이는 그때가 되어야 십자가를 지는 힘이 온다. 욕심 많은 몸의 사욕을 거절할 때만이 주님 생명이 안으로 들어오고 주님 은혜로 사는 믿음이 된다. 이런 것을 아는 사람은 세상과 육신을 거절하고 믿음을 따라가야 한다.
사람이 아는 십자가는 쓰리고 아프나 십자가를 지는 일만이 주님 안으로 들어가는 길이라면 그 어떤 어려움이 와도 험한 십자가를 져야 한다.

"무릇 내게 오는 자가 자기 부모와 처자와 형제와 자매와 더욱이 자기 목숨까지 미워하지 아니하면 능히 내 제자가 되지 못하고" – 눅 14:26

319

영적 전투

육신과 영혼의 영적 암 덩이를 제거하려면 십자가를 사용해야 한다. 주님은 육신 안에 버티고 있는 죄를 제거하려고 고난을 사용하신다. 그 믿음이 영적인 진전이 없이 장기적인 세월이 흘렀다면 그 믿음을 다시 돌아보아야 한다.

세상을 사는 동안에 편하게 주님을 믿으면 언젠가는 주님 다루심 안으로 들어갈 때가 있다. 주님 다루심은 주님의 주권이고 권능이다.

주님의 다루심은 게으른 믿음을 변화 받는 곳으로 데려가고 싶으신 주님 사랑의 표현이라는 것만 알아도 믿음의 인식은 크게 바뀌게 된다.

인생이 고난받는 것은 고난을 통하여 실패를 경험한 후에 회복되는 믿음이 그 영혼을 살리기 때문이다. 그러나 그 믿음이 회복되는 기회는 금방 오지 않는다. 사람의 믿음은 올라가고 내려가는 반복 속에 믿음이 자라간다.

만일 그가 주님을 잘 믿는다면 자신을 이기는 능력이 온다. 사람이 고난을 통과하는 믿음은 각자 믿음의 분량에 따라 다 다르게 나타나나 치열한 영적 전투에서 승리하는 사람만이 이기는 믿음이 된다.

믿음으로 영적 전투를 통해 악을 쳐부순 후에 맛보는 풍성한 은혜는 주님 안에 사는 참된 안식(신 25:19)이 된다.

"강하고 담대하라 너는 내가 그들의 조상에게 맹세하여 그들에게 주리라 한 땅을 이 백성에게 차지하게 하리라" – 수 1:6

영적 고난

사람이 살아가는 동안 당하는 고난은 매우 힘들다.
문제나 사건이나 질병은 사람을 패배로 이끈다. 사람이 오래 고통에 시달릴 때 주님도 함께 고난을 받는다는 사실을 알면 고난을 아는 영성은 아름다운 것이다. 육신의 고난은 그냥 고난이 아니라 그리스도 고난에 참여하는 것(빌 1:29)이 되어야 한다. 그 이유는 그의 고난이 의를 행하다가 오는 고난이라면 주님께 맡겨야 하기 때문이다. 모든 죄도 세상에서 온다는 사실을 아는 사람은 그 죄를 처리 받기 위한 고난도 당연하다고 인정해야 한다.

그동안 육신의 의로움이 믿음이라고 착각한 사실을 보기만 해도 헛된 믿음을 알게 된다. 육신이 고난을 통과하면서 느끼는 죽을 것 같은 경험은 고난의 심각성을 알려준다. 그리고 고난 속에서 낙담하고 추락하는 마음을 보면 육신의 부패함이 무엇인지 깨닫는다.
사람은 믿음으로 산다고 하지만 믿음 안의 그 좋은 보화를 하나도 누려보지 못했다. 그래서 주님은 육신 안에 모든 자원이 완전히 소진될 때까지 고난의 짐을 벗겨주지 않으신다. 성도에게 고난이 오는 이유는 고난 후에 오는 깊은 영적 은혜로 살게 하기 위함에 있다.

"너는 그리스도 예수의 좋은 병사로 나와 함께 고난을 받으라" – 딤후 2:3

321

영적 회개

사람은 자신을 살피는데 많은 수고를 한다.
그러나 자신을 살피는 것은 삶에 큰 기쁨이 되지 않는다. 사실 자기를 살피는 것은 주님이 하신다(시 139:23-24). 그리고 육신 안에 이 추한 죄를 치우기 위해 애를 쓰는 일이 바로 믿음으로 사는 일이다.
주님은 성도의 육신 내면 안에 주님의 생명 빛을 비추어 주신다. 주님의 생명 빛이 검은 내면 안에 수시로 비쳐온다면, 그 영광된 빛 앞에서 죄를 보는 눈이 열리면 회개하지 않을 수 없다.
만일 사람이 주님의 생명 빛 안에서 육신의 더러움을 본다면 변하지 않을 수 없다.

사람이 육신으로 나아가는 한 믿음도 성령의 역사도 알지 못한다. 세상 육신만 중요하게 여긴다면 아무리 오랜 믿음이라도 은혜의 문은 열리지 않는다. 그러나 모든 죄의 근원이 자신에게 있음을 안다면 속히 주님 앞으로 돌아와야 한다.
바른 믿음이 되려면 회개함으로 주님의 빛 비추심을 따라가야 한다. 사랑의 빛, 생명의 빛, 말씀의 빛을 따르다가 육신의 모습이 얼마나 추한지 나쁜지 다 알게 되는 이것이 큰 은혜가 된다.
사람이 믿음 안으로 들어가려면 검은 악을 쳐부수는 영적 회개를 위해서 육신의 모든 능력이 총동원되어야 한다.

"만일 우리가 우리 죄를 자백하면 그는 미쁘시고 의로우사 우리 죄를 사하시며 우리를 모든 불의에서 깨끗하게 하실 것이요" – 요일 1:9

영적 현상

사람은 처음에는 주님을 세상 지식으로 믿는다.
그리고 믿음이 곁으로 돌면서 영적 실재가 된다는 것은 매우 어려운 일이다. 그 믿음이 영적 실재가 안되는 원인은 그 믿음의 사고가 육신 차원에 머물러 있기 때문이다. 주님 은혜는 세상 논리나 개념으로 되지 않는다.
사람은 주님 은혜는 소수의 선택받은 사람만의 것인 줄 알고 믿음을 열심히 추구하지 않는다. 그러나 예수 그리스도를 아는 풍성한 은혜는 바른 믿음 안에서만 들어온다는 것을 아는 사람은 주님을 진실하게 믿어야 한다.

굴욕과 고난, 수치와 멸시의 십자가를 모른다면 믿음 안에 오는 풍성한 은혜도 알지 못한다. 사람이 은혜 안으로 들어가려면 스스로 죽고 낮아져야 함을 모른다면 주님 은혜가 오는 길도 사라진다.
믿음은 주님 은혜와 영적 실재에 관심을 가지고 육신의 내면을 처리해야 한다. 주님은 믿음으로 내면이 처리된 사람을 아시고 모든 문제를 다 해결해 주신다.
사람이 순간마다 마음을 낮추고 주님을 바라보면 어느새 주님 은혜가 영적 실재로 다가옴을 경험한다. 사람이 주님과의 사이가 깊어지면 이것이 바로 영적 실재로 가는 믿음이 된다.

"이는 사람으로 혹 하나님을 더듬어 찾아 발견하게 하려 하심이로되 그는 우리 각 사람에게서 멀리 계시지 아니하도다"– 행 17:27

323

영적 유익

믿음은 전적으로 그리스도이신 주님을 믿고 따라가는 삶을 말한다. 여기서 전적이라는 말은 온전한 믿음을 말한다. 온전한 믿음은 앞으로 될 일이 무엇이든지 주님 방법으로 이루어 가시도록 모든 일을 주님께 맡겨야 한다(시 37:5).
만일 사람이 주님 앞에서 온전한 믿음이 된다면 성령님께서 그에게 그리스도를 나타내어 주시고 그리스도를 체험함으로 영적 실재가 되도록 인도해 주신다. 그리스도가 오시어 그리스도의 풍성한 믿음으로 산다는 것은 육신의 이성과 지성으로는 도저히 상상이 되지 않는다.

믿음이 되려면 온전한 삶으로 나아가야 한다.
그리고 주님은 그의 믿음을 기쁘게 받으시고 자신을 조금씩 나누어 주신다. 주님이 안에만 들어오시면 주님을 체험하는 영적 믿음으로 나아가게 해주신다.
그때가 되면 주님 은혜가 무엇을 말하는지 알게 된다. 그 크고 크신 주님이 극히 작은 마음에 들어오시는 사실은 우주적 사건과 같은 큰 기적이다.
우리 주님이 안으로 들어오시면 주님은 그의 소원을 다 이루어 주신다. 온전한 믿음은 주님 은혜가 들어와 영적 유익함으로 가는 삶을 말한다.

"살리는 것은 영이니 육은 무익하니라 내가 너희에게 이른 말은 영이요 생명이라"
– 요 6:63

영적 수술

사람은 육신의 감정이나 느낌을 따라가지만 믿음은 주님 은혜를 따라가야 한다. 그리고 주님을 믿음으로 주님 은혜가 들어오면 마음에 큰 변화가 일어난다. 그가 비록 믿음이 적어도 믿음으로 살고자 하는 사람에게 주님은 풍성한 은혜를 부어주신다. 돌아보면 육신은 너무 추해서 주님께 가까이 나아가지 못하는 죄인이다. 죄의 냄새가 진동해서 거룩하신 주님 앞으로 가까이 나아가지 못해서 방황하는 세월이 수없이 지나간다. 그런 육신의 불의함을 아는 사람은 주님이 그런 믿음을 알아주실리가 없다고 실망을 한다.

성도는 믿음이 경건하지 못한 사실을 보아야 한다.
믿음이 미지근한 사람은 어느 날 영적 대수술을 받을 날이 온다는 것을 깨닫지 못한다. 주님의 다루심, 즉 이면적인 수술을 피하려고 행해지는 모든 선행은 육신을 더 피곤하게 만든다. 사람이 믿음이 되려면 주님의 영적 다루심(출 14:14)만이 유일한 길이 된다. 믿음이 적은 사람은 게으르고 나태해서 주님을 잘 믿지 못한다. 그러나 그의 믿음이 실수와 실패 등 고난을 통해서 육신의 연약함을 발견할 때가 돌아온다. 그리고 게으르고 나태하게 주님을 믿으면서 앞으로 돌아올 영적 대수술 과정이 있음을 알지 못하니 이것이 큰 문제가 된다.

"우리를 구원하시되 우리가 행한 바 의로운 행위로 말미암지 아니하고 오직 그의 긍휼하심을 따라 중생의 씻음과 성령의 새롭게 하심으로 하셨나니" – 딛 3:5

325

말씀 은혜

날마다 묵상하는 주님 말씀의 은혜는 영혼을 살리고도 남는다. 오늘도 읽은 말씀을 마음에 새기기만 하면 삶에 큰 힘이 된다. 성도가 말씀을 읽는 중에 그 말씀이 레마로 들리기만 하면 말씀 안에 오는 주님 생명은 영혼을 살리고도 남는다. 그리고 주님 말씀을 들으면서 말씀이 생명으로 들리면 주님이 살아계심을 경험한다.
주님은 성령으로 들려주고자 하는 말씀을 성령으로 듣게 하신다. 성령께서 하시는 말씀 능력은 성도의 영혼을 소생시키는 기회가 된다.

사람이 전혀 다른 방향에서 들리는 주님 음성을 들으면 말씀의 위력이 무엇인지 알 때가 돌아온다.
주님은 말씀하시는 분이시다.
주님은 직접적이나 간접적이나 스스로 주님 되심을 말씀을 통하여 알려주신다. 그동안 문자로 보던 성경 말씀이 무한한 생명의 에너지를 담고 사람에게 영으로 전달된다. 그러면 말씀이 무엇인지, 은혜가 무엇인지, 주님이 누구신지 다가오면 믿음은 크게 변한다.
믿음 안에 주님 말씀만이 참 생명인 줄 아는 사람은 주님 말씀을 묵상하는 은혜로운 삶으로 나아가야 한다.

"주의 말씀의 맛이 내게 어찌 그리 단지요 내 입에 꿀보다 더 다니이다" – 시 119:103

말씀의 효과

주님 말씀은 살아서 움직이는 역동적인 생명이 있다.
성도가 주님 말씀을 듣고 마음에 담아 실천하는 삶이 된다면 주님은 그에게 귀한 은혜의 문을 열어주신다. 그리고 주님 말씀을 묵상하면서 말씀을 마음에 새기면 말씀이 주는 영향은 크고도 넓다. 주님은 천국 소망 안에서 살아가게 하시려고 성도에게 말씀을 주신다.
주님은 "내가 온 것은 양으로 생명을 얻게 하고 더 풍성히 얻게 하려는 것이라"(요 10:10)라고 말씀하신다. 사람은 주님 말씀을 듣는 것으로 끝나지 말고 주님 말씀을 삶 속에서 실천해야 믿음에 큰 도움이 된다.

사람이 주님 말씀을 마음에 새기고 따른다면 영혼에 큰 지각 변동이 일어난다. 성도는 믿음이 없이는 무슨 일을 하나도 할 수 없는 사람이다. 주님 말씀만이 최고의 진리인 것을 아는 사람은 이 말씀의 효과가 삶 속에 나타나야 한다.
날마다 주님 말씀을 따르다가 이 말씀이 생명으로 들리기만 하면 말씀의 효과가 무엇을 말하는지 알게 된다.
하늘의 신령한 은혜를 사모하는 사람이 말씀을 읽고 순종하면 그 일이 바로 은혜로 들어가는 길이 된다. 주님 말씀의 무진장한 효과를 아는 사람에게 주님은 복 위에 복을 더해 주신다.

"고난 당한 것이 내게 유익이라 이로 말미암아 내가 주의 율례들을 배우게 되었나이다"
– 시 119:71

말씀이 생명

주님 말씀은 생명 그 자체다.

사람이 성경 말씀을 읽으면 주님은 생명 길을 열어주신다. 말씀이 생명이 된다는 의미는 주님 말씀을 읽을 때 속 안에서 솟아오르는 영이 흐름이 있기 때문이다. 성도는 주님 말씀을 잘 들을 수 있도록 주님 앞에 마음을 열어야 한다.

주님 말씀이 역동적인 생명의 역사가 일어나려면 마음을 드려야 한다. 주님이 말씀을 주시기만 하면 믿음이 성장한다. 주님 생명은 사람 영혼을 살리는 큰 능력이 된다.

믿음이 되려면 주님 말씀을 읽어야 한다.

말씀은 그냥 읽고 지나쳐버리는 것이 아니라 마음에 새기고 간직해야 한다. 성도가 믿음으로 살려면 읽은 말씀을 입으로 되새김질해야 한다. 그리고 주님 말씀 생명이 마음에 스쳐 지나가기만 하면 말씀의 능력은 크게 차이가 난다.

성도가 주님 말씀을 가까이 묵상할 때만이 믿음도 은혜도 크게 깊어진다. 그의 믿음이 주님 말씀을 중요하게 여기면 주님을 기쁘시게 하는 삶이 된다.

성도가 말씀을 따르기만 하면 주님 말씀이 생명으로 들리는 날이 반드시 온다는 것을 믿어야 한다.

"나는 하늘에서 내려온 살아 있는 떡이니 사람이 이 떡을 먹으면 영생하리라 내가 줄 떡은 곧 세상의 생명을 위한 내 살이니라 하시니라" – 요 6:51

328

말씀의 위로

사람이 말씀 은혜 안에서 영적 치유를 경험하면 영혼에 오는 영향은 말로 표현이 안된다. 이 세상 육신은 위로가 필요하다. 그리고 언제나 위로해 주시는 이는 오직 주님 한 분뿐이라는 것을 아는 사람은 주님을 찾아간다. 사람은 위로를 받으려고 세상을 찾아다니지만 진정한 위로는 말씀으로 오시는 주님 안에서 발견되어야 한다.
주님 말씀이 사람을 위로하고도 남는 것을 아는 사람은 주님 말씀을 따른다. 세상은 말이 많아도 위로의 말 한마디도 듣기 어려운 현실 속에서 사는 사람에게 오는 진정한 위로는 주님 말씀뿐이다.

사람들은 위로를 받기 위해 세상을 찾아다니나 주님 안의 위로와 평안을 아는 사람은 돌아다니는 일도 헛수고가 된다.
사람이 문자로만 읽던 성경 말씀이 위로의 말씀으로 들리는 순간이 오면 주님 말씀만이 생명이라는 것을 안다. 주님 말씀은 살아있는 말씀이다.
주님 위로의 말씀이 마음 안에 생명으로 다가오기만 하면 그 말씀이 주는 영적 깨우침은 무엇에도 비교가 되지 않는다. 사람이 믿음으로 나아가다가 위로의 말씀이 사람을 살리면 마음은 크게 감동한다. 그리고 주님 말씀을 묵상하는 삶은 그 영혼을 더 깊은 주님 위로 속으로 인도해 간다.

"이 말씀은 나의 고난 중의 위로라 주의 말씀이 나를 살리셨기 때문이니이다"
– 시 119:50

329

믿음을 증언

사람이 믿음을 모르고 산 그날을 돌아보면 그동안 얼마나 형편없이 살아왔는지를 깨달아야 한다. 이런 자리에 오면 믿음 없이 산 세월의 헛됨을 아니 그제야 믿음을 붙든다. 믿음은 삶 속에서 많은 사실을 깨닫게 해준다. 그러나 믿음도 주님이 주신 것임을 아는 사람은 주님을 붙든다.

무모하고 어리석게 믿으면서도 잘 믿은 줄 알았던 믿음이 적은 전날을 돌아본다면 이 믿음을 다시 생각해 보아야 한다. 자신만 알던 믿음을 돌아보고 이 복음을 증언하는 삶으로 나아가야 한다.

사람은 살아계신 주님을 믿는다.

하나님 형상으로 창조된 사람의 모든 것을 아시는 하나님을 의식하는 믿음이 되면 그 앞에 사는 길이 열린다. 사람이 만일 하나님을 믿지 못했다면 어떻게 지금까지 살았을까? 생각만 해도 믿음의 소중함을 깨닫는다.

믿음만이 최고라고 생각하는 사람은 주님을 기쁘게 증언해야 한다. 믿음을 안다면 주님을 증언하는 삶으로 나아가야 한다.

주님은 사람을 위해 모든 것을 주셨는데 이 사실을 모르면 믿음도 모르는 것이다. 무식하게 주님을 믿은 지난날을 아는 사람은 은혜의 주님을 기쁘게 증언하는 일이 되어야 한다.

"내가 달려갈 길과 주 예수께 받은 사명 곧 하나님의 은혜의 복음을 증언하는 일을 마치려 함에는 나의 생명조차 조금도 귀한 것으로 여기지 아니하노라" – 행 20:24

믿음과 의

사람은 무슨 일을 해도 정성을 다한다. 마찬가지로 믿음이 되려면 주님께 정성을 다해야 한다. 주님은 성도에게 좋은 것을 주시려는데 그것도 모르고 게으르게 믿으면 안 된다.
세상도 성공하려면 많이 노력해야 하듯이 믿음도 게으르게 믿으면 안 된다. 죄인이 영광된 주님 앞으로 나아가려면 진실하게 믿어야 한다.
믿음은 마음 없이 되는 것이 없다는 것을 아는 사람은 믿음을 중요하게 여겨야 한다. 주님의 의와 진리로 가는 믿음은 마음을 다 쏟아야지 그냥 되지 않는다.

주님은 사람에게 말씀하신다. "내가 곧 길이요 진리요 생명이니 나로 말미암지 않고는 아버지께로 올 자가 없느니라"(요 14:6). 세상에서 주님은 사랑과 진리와 생명이 되신다. 성도는 참 진리, 참 생명, 참 의가 되신 주님만이 생애의 목표가 되어야 한다. 주님은 말씀하신다.
"누구든지 나를 따라오려거든 자기를 부인하고 자기 십자가를 지고 나를 따를 것이니라"(마 16:24)
믿음이 되려면 십자가를 지는 일이 삶의 목표가 되어야 한다.
믿음은 주님만이 참된 의가 되시니 주님 의를 따라가야 한다.
그 삶이 아무리 어려워도 주님 의를 따르는 일만이 바른길이니 이 의의 길로 기쁘게 나아가야 한다.

"곧 예수 그리스도를 믿음으로 말미암아 모든 믿는 자에게 미치는 하나님의 의니 차별이 없느니라" – 롬 3:22

331

믿음의 복

사람 인생은 희비의 연속 속에 들어있다.
그리고 그 인생이 가는 길에는 사망과 생명으로 가는 길이 앞에 놓여있다. 믿음으로 가는 길은 생명으로 들어가는 길이고 세상 육신이 가는 길은 사망으로 내려간다. 이 생명 길의 참됨을 아는 사람은 열심히 믿음을 붙든다. 세상 사람은 많은 복을 받으려고 애를 쓴다. 그러나 그 인생에 오는 참된 복은 주님이 주시는 신령한 복이라는 것을 안다면 이 믿음을 붙들어야 한다.
세상 복이란 자녀가 잘되고 성공하고 부유하고 건강함을 목표로 삼는다. 그러나 믿음이 주는 복은 세상 복 위에 더 큰 하늘의 신령한 복을 말한다.

주님은 성경에서 진정한 복으로 '팔 복'을 말씀하셨다.
팔 복이란 8가지 복으로 심령이 가난하고, 애통하며, 온유하고, 의에 주리고, 긍휼히 여기고, 마음이 청결하고, 화평케 하고, 의를 위하여 박해를 받는 자(마 5:3-10)를 뜻한다. 믿음으로 추구하는 이 복은 세상 것과 같지 아니하다고 한다.
이런 팔 복의 영성을 추구하는 성도는 주님의 영광된 길로 나아가는 믿음이 무엇인지 알아야 한다. 믿음은 주님만이 삶의 능력이 되어야 한다. 그리고 믿음 안에 오는 영혼 구원은 주님 부르심이 첫 출발이 된다.

"너희 하나님 여호와께서 너희에게 명령하신 모든 도를 행하라 그리하면 너희가 살 것이요 복이 너희에게 있을 것이며 너희가 차지한 땅에서 너희의 날이 길리라" – 신 5:33

믿음의 땅

하나님 자녀가 된 사람에게 하나님은 믿음의 땅(민 33:53)을 분배해 주셨다. 성도는 앞에 믿음 땅이 놓여있는 것을 안다면 그 땅을 열심히 개척해야 한다. 사람이 비록 넓은 땅을 유산으로 받아도 그 땅을 버려두면 아무 소용이 없다. 믿음이 되려면 그 땅을 일구어서 기름진 땅으로 개척하는 것이 바로 성도의 의무다. 하나님이 주신 그 땅은 돌과 잡초가 우거진 거친 땅이다.
그 땅을 믿음으로 갈아 파내고 돌과 우거진 잡초를 뽑아낼 때만이 그 땅은 기름지고 비옥한 땅으로 변한다.

믿음으로 땅을 개척하다가 비옥한 땅으로 변하면 믿음이 성장해서 그 영혼이 영광된 곳으로 들어만 가면 새롭게 사는 날이 돌아온다.
사람은 그 인생 앞에 놓여있는 믿음의 땅을 개척하는 삶이 되어야 한다. 육신 안에 든 척박한 마음 땅을 일구고 경작하는 일이 바른 믿음이다.
성도가 그 땅을 개척하려면 팔 복(마 5:1-10)의 영성으로 나아가야 한다. 팔 복의 중요함을 아는 사람은 이 믿음 길에서 스스로 낮추고 감추어 드러내지 않는다.
매사에 앞장서지 아니하며 뒤로 물러갈 줄 알고 대접을 받으려고 하지 않으며 비우는 삶으로 나아가야 한다.

"내가 너희의 조상 아브라함과 이삭과 야곱에게 맹세하여 그들과 그들의 후손에게 주리라 한 땅이 너희 앞에 있으니 들어가서 그 땅을 차지할지니라" – 신 1:8

333

믿음으로 받음

육신은 그 무엇도 선택할 수 없는 불가항력적인 삶 속에서 살아간다. 세상에 태어난 것도, 믿음도 인간의 선택이 전혀 아니라는 것을 안다. 세상 모든 것이 주권적인 주님 선택으로만 된다는 것을 아는 사람은 믿음을 붙든다. 믿음은 보이지 않는 주님의 손이 인생을 이끌어가신다는 믿음이 사람을 살린다.
믿음은 아무에게나 주어지지 않는다. 주님을 믿는 믿음은 세상 누구나 가지고 있는 것이 아니라는 것을 안다. 사람이 살아가려면 마음도 삶도 전적 모든 주권이 주님으로만 됨을 아는 사람은 주님을 붙든다.

몇십 년을 믿어도 중생하지 못한 사람이 있다. 몇십 년을 믿어도 그 믿음의 영적 상태가 육신 차원에 머물러 있다. 몇십 년을 믿어도 육신의 유익만 안다. 몇십 년을 믿어도 주님 은혜가 무엇을 말하는지 모르는 사람도 있음을 알게 된다. 그러나 주님을 알려면 믿음 안으로 깊이 들어가 보아야 한다.
믿음은 삶 속에서 주님의 인도하심이 무엇인지, 주님 사랑이 무엇인지 새롭게 인식되어야 한다. 믿음은 추상적이 아니라 실재적이고 현실적으로 알아가야 한다. 믿음이 무엇을 말하는지 아는 사람은 주님께 의지를 드리는 이 믿음을 기쁘게 영생의 선물로 받아야 한다.

"우리는 뒤로 물러가 멸망할 자가 아니요 오직 영혼을 구원함에 이르는 믿음을 가진 자니라" – 히 10:39

믿음으로 이룸

세상에는 등산을 좋아하는 사람이 많다.
나 역시 산을 오르면서 주님께 마음을 드리면 그것이 은혜가 된다. 산에 올라가 시원한 하늘을 바라보면 마음도 탁 트인다. 넓은 벌판과 하늘을 믿음으로 바라만 보면 세상이 매우 아름답게 보인다. 세상 그 요란한 소음을 피해 올라가는 비탈진 산길은 힘들지만 오르고 또 올라만 가면 시원한 하늘이 보인다.
믿음도 산을 오르는 것 같이 높으신 하나님을 바라보면서 올라가야 한다. 하나님을 향하여 나아가는 이 믿음은 세상 삶에 중요한 요소가 된다.

믿음은 높은 산을 오르는 것과 같다.
오르고 또 올라가는 믿음의 행진은 죽을 때까지 계속되어야 한다. 성도가 추구하는 믿음 길에 소망이 서린다면 믿음은 인생에 큰 힘이 된다. 주님이 믿음을 주신 이유는 세상을 믿음으로 정복하라는 뜻이다.
성도는 믿음을 정복하는 삶이 실재가 되어야 한다.
옷깃을 여미고 구원의 끈으로 허리를 동이고 복음의 신을 신고 가는 믿음은 구원 산을 오르는 것과 같다. 믿음을 여가로 아는 사람은 이 믿음 산을 오를 생각도 하지 못한다. 주님이 주시는 믿음의 분깃(민 18:20)을 아는 사람은 이 구원 산을 향해 줄기차게 올라가야 한다.

"믿음의 결국 곧 영혼의 구원을 받음이라" – 벧전 1:9

335

믿음의 상

이 세상은 아름답고 멋지다.
이 세상은 하나님이 만드신 창조물이어서 더 아름답게 보인다. 사람은 주님이 주신 세상에서 행복하게 살아가야 한다. 이 세상은 사람이 평생 살아갈 삶의 터전이다. 이 땅은 육신이 태어난 곳이고 우리 몸을 받아주고 감싸주는 곳이다. 사람이 세상에서 버림을 받고 이 땅에서 소외된다면 살아갈 의미도 사라진다.
이 세상은 믿음으로 살아가는 특별한 훈련 장소가 된다. 육신은 세상을 떠나서는 살 수 없다. 그러나 세상만 아는 육신은 믿음을 모르니 그 일이 큰 문제가 된다.

성경은 이 땅을 믿음으로 이기라고 한다.
이 땅을 정복하는 믿음으로 나아가라고 한다. 그리고 주님은 믿음으로 육신을 다스리라고 한다. 이 땅을 떠나서는 믿음이 자라가는 길은 없다. 이 땅은 주님을 믿는 소중한 기회가 되고 이 땅은 믿음으로 사는 곳이다.
세상에 태어난 인생은 이 땅에서 주님을 믿는 기회를 놓치면 안 된다. 이 세상 인생이 한 번 죽는 것은 당연한 일이지만 주님을 믿으면 영원히 사는 길이 열린다. 이 믿음을 아는 사람은 주님을 믿어 주님께 믿음의 상을 받는 진실한 삶이 되어야 한다.

"믿음이 없이는 하나님을 기쁘시게 하지 못하나니 하나님께 나아가는 자는 반드시 그가 계신 것과 또한 그가 자기를 찾는 자들에게 상 주시는 이심을 믿어야 할지니라"
– 히 11:6

부활 기쁨

사람은 주님 부활하신 소식을 듣고 육신은 반드시 죽어야 부활한다고 생각한다. 그러나 부활이 무엇인지 안다면 이 부활을 생활 속에 잘 적용해야 한다. 부활이란 무엇을 말하는가? 부활이란 아침마다 일어날 힘을 주신 것을 감사하는 것이 부활 믿음이 된다. 밥을 먹을 때도 건강을 주신 것을 감사하는 것도 부활로 가는 믿음이다.
일할 때도 그 일할 능력을 주신 것을 아니 감사가 된다는 이 믿음이 사람을 살린다. 부활 믿음은 순간마다 주님을 떠올리면서 사는 것을 말한다.

사람은 살아계신 주님을 믿는다. 살아계신 주님은 오늘도 성도를 다 아시고 사랑으로 찾아오신다. 성도는 모든 것을 다 아시는 주님을 기뻐하는 삶으로 나아가야 한다. 마음만 드리면 응답하시는 주님은 오늘도 세상을 살아갈 힘을 주신다. 그리고 주님을 기뻐하는 믿음은 부활 안에 오는 신비한 은혜가 된다.
마음이 우울할 때도, 주님만 바라보면 소망이 생기는 것도 부활로 나아가는 믿음이 된다. 무엇을 보거나 느껴도 주님을 떠올리는 믿음은 부활 생명을 적용하는 믿음으로만 된다. 세상에서 마음이 낙심할 때도 기쁨이 되시는 주님을 의지하면 기쁘게 사는 날이 돌아온다는 것을 믿어야 한다.

"… 이 날은 우리 주의 성일이니 근심하지 말라 여호와로 인하여 기뻐하는 것이 너희의 힘이니라 하고" – 느 8:10(하반절)

337

부활 은혜

믿음 안에서 경험하는 주님 은혜의 맛은 세상 무엇과도 비교가 되지 않는다. 육신의 힘과 능력으로 가던 육신의 무모함을 버린 후 믿음 안에서 날마다 맛보는 주님 은혜는 진실한 믿음으로만 된다. 주님이 십자가에서 죽고 부활하신 사건은 천지가 개벽할 정도의 큰 사건이다. 그 부활 사건이 오늘날 이 작은 사람에게까지 영향을 미친다는 것은 주님 은혜로만 된다.
주님 부활 은혜로 사는 삶은 신비하고도 거룩한 길이다. 그 어디를 가든지 세세하게 도움을 주시는 주님을 아는 사람은 부활의 주님께 감사해야 한다.

주님 부활 생명은 죽을 사람을 살려준다. 죄 많은 죄인이 천국 생명을 누리면서 사는 것이란 부활 은혜로만 된다. 그리고 사람은 때로는 질병으로, 고난으로 사건 속에서 쓴맛을 본다. 그러나 주님 부활 생명만 들어오면 그 어떤 어려움도 다 이겨진다. 마음이 아플 때 주님께 찬송을 드리고, 생각이 많을 때 주님을 바라보는 믿음은 부활로 가는 믿음이 된다.
이런 부활 믿음으로 가는 길이 있는데 그것을 모르는 사람은 믿음을 붙들 줄 모른다. 성도는 부활 은혜로 살아가야 한다. 믿음 안에 오는 부활 은혜는 세상 죄로 혼미해진 영혼을 밝은 곳으로 인도해 준다.

"만일 은혜로 된 것이면 행위로 말미암지 않음이니 그렇지 않으면 은혜가 은혜 되지 못하느니라" – 롬 11:6

부활 인내

사람은 하늘의 신령한 기쁨을 누리기 위해 많이 노력한다. 그러나 믿음이 어리면 왜 은혜가 없는지, 왜 기쁨이 안되는지 실망할 때가 많다. 사람이 이런 믿음을 모르면 주님을 아는 길도 나타나지 않는다. 세상 시련 속에서 낙심할 때면 마음은 절망으로 내려간다. 그러나 그 시련을 인내하는 힘은 바른 믿음으로만 되고 진실한 믿음은 영혼을 소망의 나라로 인도해 준다. 그 사는 현실은 힘들어도 주님을 향한 인내하는 믿음은 모든 것을 이긴다. 사람이 매사에 실패하고 넘어져도 다시 일어나는 인내하는 믿음만 오면 그것이 세상을 이기는 힘이 된다.

세상 의지할 데가 많아도 사람은 주님을 믿어야 한다. 주님을 붙드는 믿음은 절망에서 소망으로, 사망에서 생명으로 인도해 준다. 성도에게 주님 은혜가 들어오면 어둠도 악의 세력도 사탄의 위협도 다 이기게 된다.
사망의 잠에서 깨어나 부활의 주님을 붙드는 사람에게 주님은 믿음으로 가는 길을 열어주신다. 주님을 인내하면서 주님을 따르는 사람은 세상을 초월하는 믿음으로 나아가야 한다.
부활 믿음은 바로 그가 믿음으로 승리의 삶을 살고 있다는 증거가 된다. 이 믿음을 아는 사람은 세상 그 무엇도 만족시킬 것이 없다는 것을 안다.

"그러므로 너희는 하나님이 택하사 거룩하고 사랑 받는 자처럼 긍휼과 자비와 겸손과 온유와 오래 참음을 옷 입고" – 골 3:12

부활의 빛

성도는 주님이 십자가에서 돌아가신 후 살아나신 사건을 믿음으로 받는다. 제자들도 죽은 후 부활하신 주님을 만나면서 주님을 죽기까지 따른다. 성경은 그리스도께서 다시 살아나신 일이 없으면 믿음도 다 헛되다고 한다(고전 15:17).
사람은 육신이 죽은 후에는 부활 생명 안으로 들어가는 것은 다 안다. 그러나 부활 믿음은 주님의 새 진리, 새 생명, 새 빛으로 다시 일어나야 한다.
이 다시 세워지는 믿음은 부활 생명에 근거한다. 낙심하는 자리에서 일어나는 믿음은 새 빛, 새 영으로 가는 그 삶이 부활로 가는 참된 믿음이 된다.

나태하고 게으른 자리에서 다시 믿음으로 일어나는 사람에게 주님은 새 길을 열어주신다. 믿음 안에 오는 새 능력은 주님 은혜로만 된다. 게으르고 나태한 자리에서 방황하는 사람에게 부활 은혜의 빛이 환하게 비쳐온다면 다시 사는 길이 열린다.
이 새롭게 산 길은 주 예수 그리스도의 은혜로만 가능하다.
영생으로 들어가려면 새 진리, 새 빛 안에서만 가능하고 이 주님이 주시는 새 길은 주님 부활 안에서만 체험할 수 있다. 성도가 주님을 향해 나아갈 때만이 빛의 체험이 오고 이 부활의 빛은 믿음으로 이긴 자에게 오는 놀라운 은혜가 된다.

"진리를 따르는 자는 빛으로 오나니 이는 그 행위가 하나님 안에서 행한 것임을 나타내려 함이라 하시니라" – 요 3:21

부활 사랑

사람은 육신이 죽은 후에는 반드시 부활한다고 생각한다.
그러나 부활의 경험은 육신이 죽은 후가 아니라 죽기 이전, 현재 삶의 문제를 말한다. 밀알 한 알의 비유는 지금 살아있는 사람에게 하는 말이다. 부활 믿음은 죽기 이전, 현재 부활 믿음으로 살아가야 한다고 한다. 그리고 현재 믿음으로 살아계신 주님을 만나야 한다고 한다.
성경은 "어찌하여 살아있는 자를 죽은 자 가운데서 찾느냐"(눅 24:5)라고 한다. 그 당시 사람들이 가서 확인한 빈 무덤은 주님이 살아나신 사실을 증명하는 장소가 된다.

당시의 제자들은 주님이 나타나신 것을 보고 주님의 부활을 믿는다. 성경은 부활하신 주님을 기록한다(막 16:12). 주님은 하늘과 땅, 세상과 우주 그 어디에도 살아계심을 증명한다.
시공간 어디나 초월해 계시는 주님 부활은 이 세상과 전혀 다르다는 것을 알려준다. 부활 믿음은 주님 은혜로 다시 태어나는 것을 의미한다.
믿음으로 부활하신 주님을 경험한 사람은 주님처럼 새 생명의 빛 부활 믿음으로 나아가야 한다. 그리고 진실한 믿음이 오면 진리의 빛 안에서 참되게 살아가야 한다. 믿음으로 주님을 사랑하는 삶만이 부활로 가는 바른 믿음이 된다.

"우리가 아직 죄인 되었을 때에 그리스도께서 우리를 위하여 죽으심으로 하나님께서 우리에 대한 자기의 사랑을 확증하셨느니라" – 롬 5:8

기도의 길

주님을 믿으려면 기도를 해야 한다. 기도를 모르는 사람은 주님이 어떠하심도 알지 못해서 믿음도 자라지 못한다. 사람이 기도하지 않으면 살아계신 주님을 만날 기회도 사라진다. 그러나 기도가 육신 문제 해결에 목적을 둔다면 기도는 바르게 되지 못한다. 성도는 삶의 방향을 주님 앞으로 돌려야 한다. 그리고 모든 일을 잘 아시는 주님을 믿음으로 받아야 한다. 어려운 일이 오면 피하기보다는 이 일을 통하여 감사할 것이 무엇인지 알고 기도해야 한다.

그 어떤 어려움 속에서도 주님을 아는 사람은 묵묵히 인내하면서 믿음을 붙들어야 한다. 믿음은 좋은 일만 있는 것이 아니라 때때로 어려움이 온다. 그런 경험 속에서 기도로 모든 어려운 일을 이겨내는 이것이 바른 믿음이 된다.
사람은 기도를 통하여 주님을 찾아가야 한다.
그러나 기도 속에서 신앙 기적을 체험하려고 한다면 그것 역시 우상숭배와 다를 것이 없다. 성도의 기도가 육신의 유익으로 간다면 믿음 길은 영원히 열리지 않는다. 주님께 기도하는 것은 육신이 아니라 주님의 뜻이 삶 속에서 이루어지기를 위해 기도해야 한다.

"그런즉 너희는 먼저 그의 나라와 그의 의를 구하라 그리하면 이 모든 것을 너희에게 더하시리라" – 마 6:33

기도하는 사람

사람이 평생 기도 없이 주님을 믿었다면 은혜도 없고 나누어 줄 것도 없다. 기도 속에 주님 은혜를 아는 사람은 그 은혜를 나누는 삶이 되어야 한다. 매사에 사람이 기도하지 않으면 주님은 주시고 싶은 것을 주실 수 없고, 주님이 마음을 나타내는 길도 사라진다.
주님은 성도에게 은혜를 부어주시고 기도로 주님 인격을 만나 감동하는 그런 관계가 없으면 믿음은 속히 자라지 않는다.
사람은 대부분 세상 소식은 많이 들으나 기도로 하늘 소식을 듣는 시간은 가질 줄 모른다. 믿음의 기도 속에 오는 신비한 주님 은혜는 세상을 이기는 힘이 된다.

믿음으로 살아가려면 기도의 시간을 가져야 한다. 만일 사람이 기도하면서 천상의 신비한 소식을 듣고 살아간다면 기도가 소중하다는 것을 안다.
기도하는 시간에 주님의 은밀한 은혜가 영혼을 살리는 것을 아는 사람은 늘 기도해야 한다. 그러나 사람이 기도해도 기도를 삶에 적용하지 못하면 진실한 기도가 되지 못한다.
믿음으로 은밀한 가운데 주님께 기도하면 새 능력이 온다. 그 기도하는 순간이 주님 은혜를 덧입는 귀한 시간이라는 것을 안다면 즉시 기도하는 사람이 되어야 한다.

"너는 기도할 때에 네 골방에 들어가 문을 닫고 은밀한 중에 계신 네 아버지께 기도하라 은밀한 중에 보시는 네 아버지께서 갚으시리라" – 마 6:6

343

기도로 구하기

기도는 성도의 의무다.
사람이 하나님 자녀의 특권을 가지고 하나님께 나아가 담대히 기도하는 것은 그 무엇에도 비길 수 없는 큰 보람이 된다. 그러나 하나님은 무섭고 두려운 분이 아니라 사랑의 하나님이심만을 알아도 믿음의 의미는 많이 차이가 난다. 하나님이 영혼의 친아버지인 것을 알기만 하면 하나님 앞에서 못할 말이 없다.
성도가 하나님을 영적 친아버지로 인정하면 편안한 마음으로 기도를 한다. 믿음의 기도는 일방통행이 아니라 하나님과 사람 사이의 상호 관계 속에서 이루어져야 한다.

하나님의 풍성하신 은혜가 상한 마음을 감싸주면 육신도 영혼도 별 같이 빛난다. 성도가 하나님께 기도하는 방법은 다양하다. 특히 관상기도, 묵상기도, 침묵기도 등은 그의 믿음을 하나님께 인도해 준다.
사람은 기도의 시작 단계부터 기도가 잘 안되면 많이 방황해야 한다. 그러나 기도가 되려면 오래 걸리나 바른 기도는 주님께 그의 영혼을 이끌어 간다.
성도는 지속적인 기도 속에 오는 주님 은혜가 무엇인지 경험해야 한다(요 4:14). 그리고 깊은 믿음 안으로 들어가기 위해 매일 끊임없이 기도해야 믿음도 자란다.

"너희가 내게 부르짖으며 내게 와서 기도하면 내가 너희들의 기도를 들을 것이요 너희가 온 마음으로 나를 구하면 나를 찾을 것이요 나를 만나리라" – 렘 29:12–13

기도로 이루기

성도는 기도함으로 주님이 오심을 경험해야 한다.
마음 안에 주님이 오시면 주님의 은혜로 사는 날이 돌아온다. 믿음 안에서 기도의 신비함을 아는 사람은 기도하는 즐거움으로 나아간다. 그리고 주님을 찾고 구하고 두드리는 기도는 믿음이 성장하는 근거가 된다. 주님을 향해 믿음 문을 두드리는 기도에 집중하면 삶도 영혼도 평안해진다.
기도가 없는 믿음은 신앙도 게으르고 나태해서 되는 일이 없다. 그러나 기도 속에서 주님 사랑과 치유의 능력을 경험만 하면 주님이 그 기도를 기뻐하신다는 것을 알게 된다.

육신의 심리적인 병과 육체적인 질병에서 벗어나는 방법도 기도뿐이다. 참된 믿음은 세상 그 어떤 일을 만나도 기도를 통하여 주님께 도움을 구해야 한다. 그리고 중보기도를 통한 공동체 기도는 주님이 기뻐하시니 늘 기도해야 한다.
"너희가 짐을 서로 지라 그리하여 그리스도의 법을 성취하라"(갈 6:2)라고 한다.
믿음이 되면 그리스도의 법을 성취하기 위해서라도 기도를 해야 한다. 그리고 다른 사람의 죄 짐이 벗겨지기 위해서 기도를 해야 한다. 주님 은혜와 도움 없이는 살아갈 능력이 없는 믿음을 아는 사람은 주님께 기도해야 한다.

"너희가 내 안에 거하고 내 말이 너희 안에 거하면 무엇이든지 원하는 대로 구하라 그리하면 이루리라" – 요 15:7

기도로 성장

기도하는 사람은 주님 은혜의 어떠함을 경험한다.
주님 은혜를 경험하는 길은 기도밖에 없다. 주님께 하는 기도는 하면 할수록 생각도 마음도 단순해진다. 이 단순하고 간단한 기도가 되면 될수록 성령이 더 많이 역사하시고 성령이 더 많이 안에서 확장된다. 기도는 주님과 교제하는 통로로 성도가 주님 앞으로 가까이 나아가는 길은 기도밖에 없다. 그러나 기도는 인내가 요구된다. 사람은 기도 안에서 주님 은혜를 경험하지만 침묵하시는 주님 앞에서 기도한다는 것은 큰 중노동이 된다.

믿음으로 살아가려면 기도해야 한다.
주님을 힘입어 기도한다는 것은 상당한 인내가 따르나 기도도 주님 은혜로 해야지 바른 기도가 된다. 기도로 주님께 마음을 드리는 사람은 주님이 그 기도를 들으신다는 것을 아니 이것이 믿음 안에 기쁨이 된다. 사람이 끊임없이 주님 이름을 부르는 기도가 영을 살리고 마음을 살린다. 그리고 주님 이름을 부르면서 주님께 가까이 나아가는 기도는 영혼을 거룩한 곳으로 인도해 준다.
마음 안에서 안으로 들어가면서 집중하는 기도는 진실한 믿음으로만 된다. 성도가 기도함으로 믿음이 성장하면 영의 사람으로 바뀌게 되는 이것이 큰 기쁨이 된다.

"그러므로 자기를 힘입어 하나님께 나아가는 자들을 온전히 구원하실 수 있으니 이는 그가 항상 살아 계셔서 그들을 위하여 간구하심이라" – 히 7:25

기도로 이김

사람이 인생을 사는 동안 주님은 일용할 양식을 마련해 주신다.
주님이 일용할 양식을 주시는 이유는 "사람이 떡으로만 살 것이 아니요 하나님의 입으로부터 나오는 모든 말씀으로 살 것이라"(마 4:4)에 있다.
사람은 삶 속에서 먹을 것과 입을 것을 다 주님이 주신다고 믿는다. 또 성도는 주님 말씀을 일용할 양식처럼 먹어야 영혼이 소생함을 얻는다.
주님 말씀으로 소생함을 받은 영혼은 세상 어둠을 이기는 믿음으로 나아가야 한다. 세상 죄인을 용서해 주시고 구원해 주시는 주님 은혜는 마음을 편안하게 해준다.

기도는 믿음으로 실천할 성도의 중요한 과제다. 바른 믿음이 되려면 수시로 보고 느끼는 감정의 불의한 유혹에서 떠나야 한다. 사람이 주님을 따르려면 삶의 기복적인 환경에서도 떠나야 한다.
또 지속적인 기도로 어둠을 겪은 사람은 사탄을 물리치는 힘으로 나아가야 한다. 사탄의 유혹은 마음에서 나와 행동으로 표출된다. 성도는 눈으로 귀로 사탄의 유혹을 받는다.
이 사탄의 유혹과 악을 밀어내는 힘은 믿음뿐이다. 기도의 중요함을 안다면 사탄의 유혹을 이기기 위해서라도 더욱 기도해야 한다.

"이로 말미암아 모든 경건한 자는 주를 만날 기회를 얻어서 주께 기도할지라 진실로 홍수가 범람할지라도 그에게 미치지 못하리이다" – 시 32:6

347

기도로 깨어있기

사람이 주님 앞으로 나아갈 때면 육신의 무모함을 깨닫는다. 믿음이 너무 부족하다는 것을 아는 사람은 낮은 마음으로 기도해야 한다. 그리고 기도가 잘 안되는 날이면 잠잠히 주님을 바라보아야 한다. 성도가 믿음으로 산다고 말하는 동기는 주님께 기도하기 때문이다.

주님께 기도하면 마음이 담대해지고 기도로 무장한 사람은 매사를 분별하는 힘이 온다. 깨어있는 기도는 모든 악을 이기고 무엇이 옳은지 아닌지를 구별하는 지혜가 온다. 사람이 악을 물리치는 능력으로 일어나려면 깨어있는 기도가 되어야 한다.

주님을 향한 기도는 믿음에 진정한 무기가 된다. 믿음으로 무장하는 기도는 삶에 큰 파워를 일으킨다. 기도하다가 하늘 에너지로 흠뻑 온몸이 젖는다면 영혼이 만족하니 편안하게 살게 된다. 기도는 장소도 중요하나, 어느 곳이나 아니 계신 곳이 없으신 주님을 아니, 그 어느 곳에 가 있어도 기도해야 한다.

기도는 온종일 깨어서 하는 기도가 영혼을 살린다. 밥을 먹어도 일을 할 때도 만져주시는 주님의 은혜를 안다면 늘 깨어있는 기도로 나아가야 한다. 사람이 깨어서 기도하다가 주님 은혜가 오면 믿음으로 사는 것이 무엇을 말하는지 깨닫게 된다.

"기도를 계속하고 기도에 감사함으로 깨어 있으라" – 골 4:2

새 자아의 길

육신의 힘으로 믿던 믿음이 시련을 통하여 육신의 자아가 깨어지고 부서짐을 당한다. 그리고 그 일을 통하여 육신이 포기가 되면 새 자아의 힘으로 나아가야 한다. 새 자아란 주님 은혜로 변화된 육신의 믿음, 사고, 가치를 말한다. 자아가 새로워지는 힘은 오직 믿음으로만 되고 새 자아가 세워진다는 것은 주님 은혜로만 가능하다.
육신의 자아가 주님과의 관계가 바르게 되지 않으면 믿음은 허울 좋은 믿음에 불과하다. 성도가 믿음으로 옛 자아를 변화 받으면 주님 은혜 안에서 새 믿음과 새 능력으로 살게 된다.

믿음이 되려면 자아로 행하는 모든 일이 다 죄라는 사실을 인정해야 한다. 그리고 새 믿음으로 세워진 새 자아는 의로운 자아로 변화되기를 원해야 한다.
성경은 "일을 아니 할지라도 경건하지 아니한 자를 의롭다 하시는 이를 믿는 자에게는 그의 믿음을 의로 여기시나니"(롬 4:5)라고 한다.
이 말씀을 아는 사람은 새롭게 변화 받은 새 자아로 나아가야 한다. 믿음은 애씀이 없이는 아무것도 되지 않는다. 시온의 대로가 열리는 믿음 영성은 노력도 없이 거저 되지 않는다. 믿음으로 새롭게 변화된 새 자아만이 주님을 믿는 변화 되는 삶으로 나아갈 수 있다.

"너는 알지 못하였느냐 듣지 못하였느냐 영원하신 하나님 여호와, 땅 끝까지 창조하신 이는 피곤하지 않으시며 곤비하지 않으시며 명철이 한이 없으시며 피곤한 자에게는 능력을 주시며 무능한 자에게는 힘을 더하시나니" – 사 40:28–29

349

새 자아의 삶

주님은 성도가 은혜를 충만하게 체험하기를 원하신다.
그러나 대부분의 성도는 주님을 믿어도 주님 은혜를 알지 못하고 많은 근심 속에서 살아간다. 믿음은 거기에 머물지 말고 마음을 바꾸고 생각을 바꾸어 바르게 주님을 믿어야 한다. 주님은 "내가 온 것은 양으로 생명을 얻게 하고 더 풍성히 얻게 하려는 것이라"(요 10:10)라고 말씀하신다.
믿음은 주님을 신뢰할 때만이 큰 능력을 나타낸다. 그의 믿음이 주님을 신뢰하려면 주님께 마음을 드려야 한다. 경건에 이르는 연습을 통하여 성령이 역사하시고 내재하시는 내적 믿음이 마음 안에 세워져야 바른 믿음이 된다.

믿음은 봉사와 섬김도 중요하나 마음 안에서 누리는 주님 은혜가 먼저 되어야 한다. 다시 말하면 외적 행동보다는 주님으로 사는 내적 믿음이 되어야 한다. 즉 믿음은 내적 믿음인 성령의 역사 위에 세워져야 한다.
믿음이 내적으로 성령 안에서 세워진 사람은 새 자아의 삶으로 나아간다. 성령님 은혜로 자아가 변화를 받은 사람은 새 자아로 나아갈 수 있도록 주님은 힘을 주신다. 성령님의 인도하심으로 믿음의 새로움과 새 힘의 의미를 아는 사람은 새 자아로 나아간다. 새 자아로 변화 받아서 맺는 열매의 풍성함을 아는 사람은 반드시 주님을 믿어야 한다.

"오직 성령의 열매는 사랑과 희락과 화평과 오래 참음과 자비와 양선과 충성과 온유와 절제니 이같은 것을 금지할 법이 없느니라" – 갈 5:22 –23

새 자아의 사랑

사랑은 주님 말씀을 통하여 사랑이라는 말을 듣는다.

"서로 사랑하라 내가 너희를 사랑한 것 같이 너희도 서로 사랑하라"(요 13:34)

이 말씀을 보면 주님이 사람을 사랑하신 것 같이 서로 사랑할 것을 요구한다. 성경은 사랑의 중요함을 강조한다. 이 사랑이라는 말은 매우 간단해 보이지만 이를 실천하기란 매우 어렵다. 사람은 다른 이를 사랑해야 하지만 자신도 사랑하지 못하는 것을 안다면 다른 사람을 사랑하기란 매우 힘든 일이다. 자기 자신을 사랑하지 못하면 다른 사람도 사랑하지 못한다. 즉 다른 사람에 대한 사랑의 폭은 자기 자신을 사랑하는 정도에 달려 있다.

사랑하는 마음이 없으면 믿음도 자라지 못한다. 육신의 자아가 새롭게 변화 받아야 사람을 사랑하게 된다. 육신은 자신을 사랑하지 못하는 냉정한 자아를 발견해야 한다. 육신의 자아가 변화되지 못하면 사랑도 안된다는 것을 경험해야 한다.

믿음 안에 주님 사랑을 경험한 사람은 주님으로부터 사랑을 받음으로 다른 사람을 사랑하는 사람이 되어야 한다. 그리고 주님 사랑을 경험하면 다른 사람을 사랑하는 삶으로 나아가야 한다. 성도는 세상에서 사랑받지 못한 비천한 자아를 사랑으로 채워주시는 주님을 경험하면 그의 믿음도 변화가 된다.

"우리가 이 계명을 주께 받았나니 하나님을 사랑하는 자는 또한 그 형제를 사랑할지니라" – 요일 4:21

351

새 자아의 복

사람이 자기 자신을 사랑하지 못하면 다른 사람도 사랑하지 못한다. "하나님이 이같이 우리를 사랑하셨은즉 우리도 서로 사랑하는 것이 마땅하도다"(요일 4:11)라는 말씀을 마음에 새겨야 한다.
그리고 육신은 삶 속에서 부정적인 말 한마디에 상처를 받은 경험이 많은 사람이다. 그런 경험 때문에 사람 안에는 부정적인 자아가 내재되어있다. 육신과 부정적인 감정은 자신을 용서하지 못하게 방해한다.
이 지난날의 피해의식으로 잠재된 자아의식은 누구도 사랑하지 못하는 부정적인 생각으로 가득 차 있다.

믿음으로 새롭게 변화 받은 자아는 육신 안에 무익하고 어리석은 자아를 발견해야 한다. 부정적으로 살아온 자아의 허탈함을 아는 사람은 이 자아가 변화를 받아야 한다.
전날의 피해의식과 분노가 자리하던 곳에 주님 사랑만 들어오면 이 부정적인 감정이 다 떠나가는 것을 경험하면 믿음이 좋은 줄 안다.
육신은 세상에서 부정적인 것에 너무 많이 노출되어 살아왔다. 그러나 사람이 이 자아의 무가치함을 발견하면 그릇된 부정적인 자아에서 떠나야 한다. 이 세상의 옛 자아의 헛됨을 경험하는 사람은 새 자아의 복으로 사는 날이 올 것을 기대해야 한다.

"너희는 의인에게 복이 있으리라 말하라 그들은 그들의 행위의 열매를 먹을 것임이요"
– 사 3:10

인생의 허무

주님을 믿는 믿음은 주님이 주신다. 사람이 믿음으로 산다고 말해도 나 자신도 잘 믿지 못하는데 주님을 믿는다고 고백하는 힘은 어디서 오나? 나 하나도 잘 받아들이지 못하는데 저 크신 예수 그리스도를 믿는 믿음은 어디서 오는가? 그러나 믿음은 여기서 포기하면 되는 일이 하나도 없다.
성도의 믿음은 입으로 시인할 뿐 아니라 믿음으로 체험이 되어야 한다. 믿음으로 주님을 영접하는 믿음이 실재가 되려면 믿음이 깊어져야 한다. 그리고 그가 진정으로 주님을 만나려면 바르게 믿어야 한다.

성도 믿음은 주님을 만나는 영적 깨우침이 와야 한다.
주님을 바라봄으로 믿음에서 믿음에 이르기 위해 애쓰는 사람, 주님은 그에게 믿음을 열어주신다. 그가 믿음으로 체험하는 주님 은혜와 사랑만 오면 새롭게 사는 날이 돌아온다.
믿음이란 온 생애를 주님께 맡기는 것을 말한다.
모든 일을 주님께 맡기는 삶은 믿음의 근본이고 행복이 된다.
그리고 인생의 허무함을 느끼는 사람이 주님 안으로 들어가려고 애쓰다가 믿음이 올라가면 주님이 아실 때가 있다. 이 허무한 세상 삶에서 구원받은 인생은 거룩한 믿음으로 나아가야 한다.

"그런즉 근심이 네 마음에서 떠나게 하며 악이 네 몸에서 물러가게 하라 어릴 때와 검은 머리의 시절이 다 헛되니라" – 전 11:10

353

인생의 소망

사람은 믿음이 성장하는 정도에 따라 주님 은혜를 경험한다. 그러나 주님을 모르면 믿음 또한 무엇을 말하는지 알지 못한다. 또 그 마음에 믿음에 대한 회의가 들어오면 주님은 자신을 사랑하지 않는다고 생각한다. 주님은 육신의 생각과 허물을 보시면서도 그대로 간과하신다. 그런 주님을 안다면 게으르고 소극적인 믿음에서 벗어나야 한다.

그 인생 삶에 고난이 오면 인생을 돌보아 주시는 주님을 소망으로 삼아야 한다. 세상 삶 가장 절망적이고 극한 상황을 아시는 분은 주님이란 사실을 보아야 한다.

"그러므로 너희가 그리스도와 함께 다시 살리심을 받았으면 위의 것을 찾으라 거기는 그리스도께서 하나님 우편에 앉아 계시느니라"(골 3:1)

사람이 주님을 믿으면 산다는 이 말속에 사는 길이 열린다.

성경은 "너희는 이 세대를 본받지 말고 오직 마음을 새롭게 함으로 변화를 받아 하나님의 선하시고 기뻐하시고 온전하신 뜻이 무엇인지 분별하도록 하라"(롬 12:2)라고 한다.

과연 그 인생의 소망은 무엇인가? 사람이 주님을 믿으면 된다는 이 말 속에 진리, 생명, 사랑과 은혜로 가는 길이 들어있다는 것을 아는 사람은 인생에 소망인 믿음이 중요하다는 것을 깨닫는다.

"주를 향하여 이 소망을 가진 자마다 그의 깨끗하심과 같이 자기를 깨끗하게 하느니라" – 요일 3:3

인생의 힘

육신은 얼마나 어리석은지 자신이 죄인임을 전혀 깨닫지 못한다. 그러나 그 죄를 보는 힘은 마음 눈이 열려야 한다. 믿음 안에서 자신의 모습을 보면 변하지 않을 사람은 없다. 사람은 다른 사람은 잘 보면서 자신은 잘 보지 못한다.
이런 사실은 이전 믿음 없는 삶이 얼마나 무모한지 깨닫지 못하니 깊이 탄식하지 않을 수 없다. 그 인생은 주님 은혜로 구원은 받았으나 구원의 확신이 없으면 매우 불안하게 살 수밖에 없다. 그리고 게으르고 어정쩡한 믿음이라면 검은 머리가 희어져도 바른 믿음이 되지 못한다.

믿음이 은혜 분량에 이르지 못해 탄식하고 슬퍼하는 마음은 매우 귀하고 아름다운 것이다. 그 인생에 주님 은혜가 살아질까 근심하는 마음은 믿음 안에 오는 큰 유익이 된다.
사람은 믿음을 유지하기 위해 섬김과 선행을 따라가나 이것이 곧 은혜에서 떠나 율법에 얽매이는 일이 되기도 한다. 그리고 주님을 믿어도 온 삶이 근심 속에 사는 것은 믿음이 부족하다는 것을 뜻한다.
믿음으로 구원은 받으나 인생의 심리 장애와 어려움은 믿음이 성장하는 길을 막는다. 세상에서 믿음이 소중함을 아는 인생은 주님 은혜를 소망하는 삶이 기쁨이 되어야 한다.

"의인의 길은 정직함이여 정직하신 주께서 의인의 첩경을 평탄하게 하시도다"
– 사 26:7

355

인생의 회복

믿음은 끊임없이 성장의 길로 나아가야 한다.
그 인생이 주님 주시는 생명의 빛을 따라가려면 은혜의 길이 열려야 한다. 따라서 사람이 믿음을 따르면 주님도 그를 알아주실 때가 돌아온다. 주님은 나보다 나를 더 많이 잘 아신다. 그뿐만 아니라 내가 태어나기 전부터 나를 아신다. 저 멀고 먼 옛적부터 아시는 주님은 지금도 그 인생을 아시고 사랑해 주신다.
사람은 세상에서 사랑받지 못한 경험이 마음을 상하게 한다. 그러나 사람이 생명의 빛이신 주님을 만나기만 하면 그 인생 삶이 바로 믿음으로 들어가는 길이라는 것도 알게 된다.

인생은 믿음의 새로움으로 나아가야 한다.
믿음이 성장하려면 자기 불안, 불평, 불신, 원망 등 열등감이 주는 깊은 함정에서 벗어나야 한다. 아이가 부모의 사랑을 받아 자라가듯이 주님 사랑을 받으면 믿음이 성장으로 나아가야 한다. 사람이 주님을 믿어도 주님이 생명으로 느껴지지 않으면 믿음도 안된다. 그러나 그 인생이 죄에서 해방되는 기쁨만 오면 주님을 신뢰하는 삶이 된다.
주님 치유의 빛인 주님 생명만 들어오면 그 믿음이 성장하고 회복되는 삶으로 나아가게 된다. 마음 안에 그리스도의 빛이 들어오면 새 인생으로 회복된다는 이 진리가 그의 영혼을 생명의 나라로 인도해 준다.

"예수께서 또 말씀하여 이르시되 나는 세상의 빛이니 나를 따르는 자는 어둠에 다니지 아니하고 생명의 빛을 얻으리라" – 요 8:12

믿음과 소망

육신은 홀로 외롭게 살아가는 세상 나그네라는 사실을 아는 사람은 믿음의 중요함을 깨닫는다. 이 세상 곤하고 고독한 사람은 믿음을 붙들어야 한다. 그동안 믿음으로 주님을 붙든 세월이 많이 지나갔다. 주님을 믿어도 주님 은혜와 소망이 무엇을 말하는지 조금도 모르는 시간도 흘렀다.
그런 사람에게 믿음에 대한 회의와 불확실감이 오면 실망이 커진다. 그러나 돌아보면 믿음도 때와 시기가 있음을 깨닫는다. 사람이 날 때가 있고 죽을 때가 있듯이 주님을 믿을 때가 있고 주님 사랑을 받고 살 때가 분명히 있다.

성경은 "범사에 기한이 있고 천하 만사가 다 때가 있나니"(전 3:1)라고 한다. 사람이 만일 주님을 믿는다면 주님이 은혜를 주실 때가 있고 주님 사랑을 받고 누릴 때가 돌아옴을 믿어야 한다.
하나님은 사람에게 영원을 사모하는 마음을 주신다(전 3:11). 영생이 주님 것임을 아는 사람은 영원을 사모하는 힘으로 나아가야 한다.
성도는 주님을 믿으나 주님을 아는 지식이 부족해서 보이지 않는 주님을 사모하기란 매우 불가능한 일로 생각된다. 그러나 소망의 주님을 경험하기만 하면 기쁘게 믿음이 열리는 이것이 믿음 안에 사는 큰 소망이 된다.

"소망의 하나님이 모든 기쁨과 평강을 믿음 안에서 너희에게 충만하게 하사 성령의 능력으로 소망이 넘치게 하시기를 원하노라" – 롬 15:13

357

믿음의 약속

오늘도 길에서 오고 가는 사람을 만난다.
그들은 모두 표정도 생김새도 옷도 다르다. 그 속에 하나님 창조의 숨은 솜씨가 들어있음을 안다면 모두 하나님 신비로 받게 된다. 하나님을 의식하기만 하면 하나님이 기뻐하심을 아는 사람은 하나님을 의식하면서 살아간다. 그러나 마음이 되지 못하면 은혜도 되지 못하는 것을 보면서 믿음은 바로 마음의 문제라는 것을 안다.
순간마다 하나님 은혜를 경험하는 사람은 하나님의 신실한 약속을 바라보아야 한다. 믿기 이전에는 세상만 알던 사람이 하나님의 신실한 약속을 붙드는 일은 진정한 믿음이 되어야 한다.

사람은 이 세상 유한하게 존재하는 단 하나뿐인 삶이라는 사실에 관심을 가져야 한다. 하나님의 피조물인 육신은 하나님 손으로 창조된 사실에 주목해야 한다. 육신도 마음도 행동도 다 보시는 하나님 앞에서 사람은 하나님의 도움이 없으면 살아갈 수 없는 존재다.
그가 하나님의 자녀, 귀한 존재로 하나님 생명을 덧입어 사는 삶은 매우 귀한 일이 된다. 무지한 육신은 얼마나 연약한지 아주 작은 일에도 늘 요동하는 사람을 보면 신실하신 하나님 구원의 약속을 믿지 않으면 살 수 없는 육신(렘 17:5)이라는 것을 깨닫는다.

"볼지어다 내가 내 아버지께서 약속하신 것을 너희에게 보내리니 너희는 위로부터 능력으로 입혀질 때까지 이 성에 머물라 하시니라" – 눅 24:49

믿음의 확신

믿음이란 주님 안으로 들어가서 주님과 더불어 먹고 마시는 것을 말한다. 그러면 무엇을 먹고 마셔야 하는가? 주님이 십자가에서 흘리신 살과 피를 먹고 마셔야 한다. 주님의 그 살과 피는 무엇을 말하는가? 즉 주님이 주시는 말씀의 떡과 생수를 마셔야 한다는 것이다.
믿음은 사람을 죄와 사망에서 건지신 주님을 믿기 위해 최선을 다해야 한다. 믿음이 되려면 순간마다 주님이 흘리신 피를 마시고 속 안의 추한 것을 다 토해내야 한다. 또 말씀의 떡으로 영양을 공급받으면서 그 믿음이 자라가야 한다.

성경은 "너희는 믿음 안에 있는가 너희 자신을 시험하고 너희 자신을 확증하라"(고후 13:5)라고 한다. 이 세상에 온전한 사람은 아무도 없다. 사람은 믿음을 확신하는 방법을 섬김과 봉사로 표현하려고 한다. 그러나 잊으면 안 되는 한 가지 사실은 주님의 속 생명이 속 안에서 흘러나와야 한다는 것이다.
주님은 성도 마음 안에서 같이 사시는 분이시다. 성도 마음 안에서 주님 생명이 꿈틀거리고 넘쳐흐르기만 하면 이것이 바로 살아있는 믿음이 된다. 믿음의 정답 한 가지는 주님 생명이 안에서 솟아올라 흐르기만 하면 그것이 영혼을 살리는 힘이 된다는 것이다.

"사람이 의롭게 되는 것은 율법의 행위로 말미암음이 아니요 오직 예수 그리스도를 믿음으로 말미암는 줄 알므로 우리도 그리스도 예수를 믿나니 이는 우리가 율법의 행위로써가 아니고 그리스도를 믿음으로써 의롭다 함을 얻으려 함이라 율법의 행위로써는 의롭다 함을 얻을 육체가 없느니라" – 갈 2:16

359

믿음의 승리

미련하게 살 수밖에 없는 연약한 육신은 오늘도 주님을 의지해야 한다. 육신의 힘으로 살 수 없는 세상에서 주님을 믿고 산다는 것은 주님의 은혜로만 된다. 아무도 없는 고요한 순간에 주님을 생각하고 주님을 바라보는 일은 믿음 안에 큰 복이 된다. 외롭고 허전한 하루 속에 바라볼 곳이 있는 것이 삶의 큰 힘이 된다.

성도가 주님 안에서 살아간다는 것은 복 중의 큰 복이 된다. 육신도 믿음도 주님도 모르던 시절에 척박한 삶으로 인해 마음이 상하던 순간이 많았다. 그러나 육신의 공허한 감정이 바로 믿음 안으로 들어가는 동기가 된다.

세상 어렵고 힘든 삶을 살려면 주님을 믿으려고 애를 써야 한다. 그동안 은혜의 물 한 모금도 맛보지 못하던 시절이 많이 지나갔다면 더욱 잘 주님을 믿어야 한다. 그리고 들풀같이 번성하게 나타나는 잡념과 영적인 어려움을 겪는 경험은 주님을 붙드는 동기가 된다.

그 어려운 인생 가는 길에 사탄은 수시로 마음과 영혼을 공략한다. 특히 믿음으로 나아가려고 애를 쓰는 사람에게 사탄은 그 틈새를 노리고 방해를 한다. 믿음으로 가는 길에 나타나는 증상들, 곧 사탄들은 시도 때도 없이 나타나 방해를 해도 그들을 물리치고 승리하는 힘은 참된 믿음으로만 된다.

"무릇 하나님께로부터 난 자마다 세상을 이기느니라 세상을 이기는 승리는 이것이니 우리의 믿음이니라" – 요일 5:4

믿음의 확증

처음 주님을 믿을 때는 믿음의 의미를 잘 느끼지 못했다.
그러나 주님을 믿어야 한다는 말 속에 많은 의미가 들어있음을 안다면 게으르게 믿으면 안 된다. 사람은 믿음이 주는 유익을 알아볼 여유도 없이 막연하게 믿는다. 그런 이에게 주님은 말씀하신다.
"내가 곧 길이요 진리요 생명이니 나로 말미암지 않고는 아버지께로 올 자가 없느니라"(요 14:6)
주님을 믿으려면 주님에 대한 마음의 확증이 되어야 한다. 사람이 주님을 믿으면서 맛보는 아름다운 은혜는 영혼을 살리고도 남는다. 그리고 주님 은혜를 알면 그때가 되어야 믿음의 유익이 무엇인 줄 알게 된다.

그 믿음이 자라려면 진리와 생명이 무엇인지, 주님 말씀의 은혜가 무엇인지 깨달아야 한다. 믿음은 아무런 노력 없이 주어지는 것이 아니다. 믿음이 되려면 성장의 길로 끊임없이 나아가야 한다. 전적 무익한 사람을 주님의 구원 안으로 불러주신 크신 주님의 은혜를 아는 사람은 주님을 따라가야 한다.
삶 속에 아무 의지가 없을 때 바라볼 주님을 보면 믿음은 우연이 아니라는 것을 안다. 사람은 주님을 알고 찾아가는 그때가 되어야 주님 믿음을 확증하는 기회가 된다. 사람이 주님을 찾아가는 힘은 진실한 믿음의 확증으로만 가능하다.

"땅의 모든 끝이여 내게로 돌이켜 구원을 받으라 나는 하나님이라 다른 이가 없느니라"
– 사 45:22

361

은혜로 이김

믿음이 오면 주님이 좋아서 매사에 열심을 낸다.
믿음이 자라서 주님 은혜를 알면 주님 안으로 들어가기를 원해야 한다. 그의 믿음이 은혜에 집중만 하면 주님만이 참 생명이라는 것을 안다. 사람이 마음 안에 계신 주님을 경험한다면 주님 은혜의 흐름을 따라가니 삶이 변하지 않을 수 없다. 이 세상에서 주님을 믿는다는 것은 온 천지가 바뀌듯이 놀라운 일이 된다.
무지한 사람이 주님 진리 안에서 고정된 사고와 관점이 바뀌는 동기는 믿음뿐이다. 주님 은혜 안에서 주님의 사랑을 경험하면 세상을 이기는 삶이, 믿음이 바뀌는 동기가 된다.

믿음은 또한 마음대로 되지 않는다. 참된 믿음은 주님이 이끌어 주셔야 한다. 믿음이란 지금 주님을 바라보면서 주님께 마음을 드려야 한다.
사람이 주님을 믿으면 세상은 그를 어리석게 보지만 이런 것도 믿음 안에서는 다 이겨내야 한다. 어떤 어려움 속에서도 주님을 따르는 믿음이 되면 마음이 밝아지고 편해진다. 믿음이 자라면 사탄도 어둠도 물러가니 행복하게 사는 날이 돌아온다.
믿음 안에서 행복한 날이 돌아오는 것은 주님 은혜로만 된다. 주님께 마음을 드릴 때 오는 은혜의 경험은 험한 자신을 이기는 힘이 된다.

"죄가 너희를 주장하지 못하리니 이는 너희가 법 아래에 있지 아니하고 은혜 아래에 있음이라" – 롬 6:14

은혜의 향기

믿음이 오면 풍기는 인품도 삶도 달라진다.
믿음의 맛으로 달궈진 영혼은 은혜가 충만해서 주님을 전적으로 따른다. 주님 은혜가 풍성한 사람은 아름다운 꽃같이 은혜의 심오한 믿음 향기를 풍기는 삶으로 나아간다. 사람이 믿음의 미덕을 갖추려면 주님과 많이 같이 살아야 한다.
혼자 가는 삶이 아니라 주님과 동행하는 믿음은 삶에 많은 유익을 준다. 그 가는 길에서 주시는 은혜의 풍성함을 아는 사람은 주님과 같이 사는 삶이 바른 믿음이 된다.

믿음은 어떤 것이 주님 마음이고 아닌지를 분별해야 한다. 주님께 삶의 의사 결정권을 넘긴 사람은 주님 안에 편히 쉬는 것을 큰 행복으로 여긴다.
주님께 모든 것을 맡기고 산다는 것은 믿음 안에 고유한 특권이 된다. 이런 믿음이 되면 마음에 자유가 오고 자유함으로 오는 기쁨 속에 믿음이 깊어지면 알게 모르게 믿음의 향기가 난다.
어떤 환경 속에서도 자족하는 믿음 안으로 들어만 가면 그 영혼에 믿음의 향기가 솟아난다. 주님 은혜 안에 오는 거룩한 은혜의 향기로 익어가는 믿음은 성도가 추구할 삶의 목표가 되어야 한다.

"우리는 구원 받는 자들에게나 망하는 자들에게나 하나님 앞에서 그리스도의 향기니"
– 고후 2:15

363

은혜와 사랑

믿음이 어릴 때는 먹여주는 것만 받아먹지만 믿음이 성장하면 스스로 찾아내고 만들어 먹어야 한다. 믿음이 주님 은혜 안에서 성장한 사람은 어떻게 무엇을 해야 할지, 하루 삶도 어떻게 할지 주님 뜻을 따라가야 한다. 성도는, 주님을 사랑하니 이렇게 살면 안 된다는 것도 안다. 자식도 장성하면 부모에게 효도하듯이 믿음이 자라면 주님을 기쁘시게 하려고 애를 써야 한다. 믿음은 육신의 유익함으로 가는 것이 아니다. 그러나 주님을 믿음으로 주님 사랑으로 충족만 되면 주님을 사랑하는 진정한 자리까지 나아가야 한다.

사람이 마음을 비우고 사랑하고 섬기는 일은 아무나 하는 일이 아니다. 이웃을 섬기고 사랑하는 마음이 오면 그 일이 믿음의 밑거름이 된다. 사람이 희생하고 섬기는 일을 모르면 믿음이 성장하는 길도 나타나지 않는다.
믿음은 주님 말씀을 듣고 순종하면서 성장하는 것이지 아무것도 하지 않으면 되는 것이 없다. 이웃을 섬기고 사랑하는 일은 육신의 힘으로는 되지 않는다. 사랑은 어려우나 주님 은혜가 충만하면 무엇이든지 할 수 있는 능력이 온다. 주님 사랑으로 충만한 사람은 주님을 사랑할 줄 안다. 주님을 사랑하는 사람은 이웃을 섬기는 삶으로 나아가야 한다.

"사랑하는 자들아 우리가 서로 사랑하자 사랑은 하나님께 속한 것이니 사랑하는 자마다 하나님으로부터 나서 하나님을 알고" – 요일 4:7

은혜 위에 은혜

믿음이 되려면 사람 속에 감추어진 은밀한 것을 찾아내고 깨우쳐야 한다. 바른 믿음이 되려면 외적인 행위보다 온몸과 마음으로 주님의 신비를 찾아가야 한다. 믿음은 세상에서 말하는 육신의 IQ와 능력과 상식으로는 도저히 알 수 없고 깨달을 수 없는 진리의 세계가 그리스도 안에 감추어져 있다. 믿음은 단지 육신의 호기심만 가지고 믿음 안으로 들어간다고 말할 수 없다.
또 육신 안의 지적이고 능동적인 호기심은 믿음에는 유용하다. 그러나 바른 믿음은 하나님의 완전하심, 전능하심, 위대하심과 삼위일체의 하나님을 알아가기까지는 많은 신앙 훈련을 거쳐야 한다.

그의 믿음이 은혜의 자리까지 도달하려면 주님 안으로 들어가 보아야 한다. 하나님이 어떤 분인지, 성부 성자 성령의 임재가 무엇인지, 주님 은혜와 사랑이 무엇인지 알면 믿음이 깊어져야 한다. 만일 그가 주님의 은혜를 받으려면 하나님 은혜가 무엇인지 알아야 믿음이 요동하지 않는다. 세상 지식은 살아가는데 아주 요긴하나 믿음은 주님 안에 감추어진 깊은 진리를 몸과 마음으로 체감하고 깨닫기까지 나아가야 한다. 주님 안에 감추어진 진리와 생명이 사람 안에 깊이 감추어진 곳까지 세세히 미치고 깨우려면 은혜 위에 은혜로 사는 귀한 믿음이 되어야 한다.

"그러므로 우리는 긍휼하심을 받고 때를 따라 돕는 은혜를 얻기 위하여 은혜의 보좌 앞에 담대히 나아갈 것이니라" – 히 4:16

365

은혜와 신뢰

사람은 전혀 친하지 않은 이들과도 자주 만난다.
세상에서 신뢰할 수 없는 사람을 신뢰하면서 산다는 것은 매우 어려운 일이다. 신뢰란 서로가 신뢰할 때만이 그 관계도 오래 지속이 된다. 세상은 다른 사람에 대한 신뢰감도 중요하나 자신이 먼저 다른 사람에게 신뢰를 받음이 중요하다. 그리고 사람을 신뢰할 줄 모르는 사람이 주님을 신뢰하고 산다는 일은 진실한 믿음으로만 가능하다. 세상도 자신도 믿을 수 없는 사람이 다른 사람을 믿고 지낸다는 것은 주님을 신뢰하는 믿음으로만 된다.

세상 자연을 보면 매우 변화무쌍하다. 마찬가지로 사람 마음도 변화무쌍해서 날씨처럼 변한다. 세상에서 사람이 신뢰할 만한 이를 발견한다는 것은 기적 같은 일이 된다. 그것을 보면 육신의 불신이 얼마나 사람 관계를 파괴하는지 알게 된다. 생각하면 육신만큼 신뢰할 수 없는 존재도 없다. 강아지도 주인을 끝까지 따르는 것을 보면 강아지만도 못한 것이 바로 사람 육신이다. 그래서 주님은 사람에게 끝까지 버림을 받고 십자가를 지셨다.
십자가를 져도 주님은 하나님에 대한 신뢰를 끝까지 지키셨다. 고난의 십자가를 짐으로 우리에 대한 사랑을 확증해 주신 주님을 안다면 주님을 믿고 신뢰하는 은혜로운 믿음으로 나아가야 한다.

"그러나 이 모든 일에 우리를 사랑하시는 이로 말미암아 우리가 넉넉히 이기느니라"
– 롬 8:37

이 책을 읽고 받은 바 은혜나
깨달음이나 기도 제목 또는 감사할 일을 적어 보십시오.

9

남편을 위한 무릎 기도문

사랑하는 남편의
신앙, 건강, 성공 등을
이루게 하는 아내의 기도서!

10

아내를 위한 무릎 기도문

아내를 끝까지 지켜주는
남편의 소망, 소원,
행복이 담긴 기도서!

11

워킹맘의 무릎 기도문

좋은 엄마/좋은 직원/
좋은 성도가 되기위해
노력하는 워킹맘의 기도서!

12

손자/손녀를 위한 무릎 기도문

어린 손주 양육에
최선을 다하는
조부모의 손주를 위한 기도서!

13

자녀의 대입합격을 위한 부모의 무릎 기도문

자녀 합격을 위한
30가지 주제와
30일간 기도서!

14

대입합격을 위한 수험생 무릎 기도문

수험생을 위한
30가지 주제와
30일간 기도서!

A1

태신자를 위한 무릎 기도문

100% 확실한 전도를 위한
30일간의 필수 기도서!

A2

새신자 무릎 기도문

어떻게 믿어야 할지 모르는
새신자가 30일 동안 스스로
기도하게 하는 기도서!

A3

교회학교 교사 무릎 기도문

반 아이들을 위해
실제로 기도할 수 있게 하는
교회학교 교사들의 필수 기도서!

A4

선포(명령) 기도문

소리내 믿음으로 읽기만 해도
주님의 보호, 능력, 축복,
변화와 사탄(마귀)을 대적하는
강력한 선포기도가 됩니다!

망망한 바다 한가운데서 배 한 척이 침몰하게 되었습니다.
모두들 구명보트에 옮겨 탔지만 한 사람이 보이지 않았습니다.
절박한 표정으로 안절부절 못하던 성난 무리 앞에 급히 달려 나온 그 선원이
꼭 쥐고 있던 손바닥을 펴 보이며 말했습니다.
"모두들 나침반을 잊고 나왔기에… "
분명, 나침반이 없었다면 그들은 끝없이 바다 위를 표류할 수 밖에 없을 것입니다.

우리는 삶의 바다를 항해하는 모든 이들을 위하여
그 나침반의 역할을 하고 싶습니다.
우리를 구원하신 위대한 주 예수 그리스도를 널리 전하고 싶습니다.

"하나님은 모든 사람이 구원을 받으며
진리를 아는 데에 이르기를 원하시느니라"
(디모데전서 2장 4절)

오늘도 주님 안에서
굳건히 살게 하소서 365

지은이 | 강영희
발행인 | 김용호
발행처 | 나침반출판사

제1판 발행 | 2024년 4월 1일

등 록 | 1980년 3월 18일 / 제 2-32호
본 사 | 07547 서울특별시 강서구 양천로 583
블루나인 비즈니스센터 B동 1607호
전 화 | 본사 (02) 2279-6321 / 영업부 (031) 932-3205
팩 스 | 본사 (02) 2275-6003 / 영업부 (031) 932-3207
홈 피 | www.nabook.net
이 멜 | nabook365@hanmail.net
일러스트 제공 | 게티이미지뱅크

ISBN 978-89-318-1662-4
책번호 가-9094

값은 뒷표지에 있습니다.